# FiNALE Prüfungstraining

## Hauptschulabschluss 2018
Nordrhein-Westfalen

## Deutsch



Andrea Heinrichs
Harald Stöveken
Martina Wolff

Mit Beiträgen von
Peter Delp

westermann

# FiNALEonline.de

Liebe Schülerin, lieber Schüler,

**FiNALEonline.de** ist die optimale Ergänzung zu diesem Buch.
Hier findest du folgende Zusatzmaterialien:

- die Original-Prüfungsaufgaben 2017
  nach Eingabe des Codes: **DEa69zh**
- den kostenlosen FiNALE Online-Test
- allgemeine Tipps zur Prüfungsvorbereitung
- das FiNALE EXTRA-Training Rechtschreibung

**Mach den Test!**
Mit dem kostenlosen **FiNALE Online-Test** kannst du vorab deinen Leistungsstand ermitteln. Das Testergebnis verweist dann auf bestimmte Seiten in diesem Buch, mit denen du zu deinem Fehlerschwerpunkt üben kannst.

**Unser Download-Angebot für Lehrer und Lehrerinnen:**
die FiNALE Lehrerhandreichung zum optimalen Einsatz dieses Buches im Unterricht.

## Einfach mal reinschauen: www.finaleonline.de



westermann GRUPPE



Druck A[1] / Jahr 2017
Alle Drucke der Serie A sind im Unterricht parallel verwendbar.

Redaktion: Katrin Spiller
Kontakt: finale@westermanngruppe.de
Layout: Druckreif! Sandra Grünberg, Braunschweig
Umschlaggestaltung: Janssen Kahlert Design & Kommunikation, Hannover
Druck und Bindung: westermann druck GmbH, Braunschweig

ISBN 978-3-14-**171800**-3

# FiNALE
# Prüfungstraining

## Hauptschulabschluss 2018
Nordrhein-Westfalen

## Deutsch
## Lösungen

Andrea Heinrichs
Harald Stöveken
Martina Wolff

Mit Beiträgen von
Peter Delp

Lösungsheft zu 978-3-14-171800-3

westermann

# A Vorbereitung auf die Abschlussprüfung

## A 1.1 Die Zeitvorgaben in der Prüfung

**Seite 5**

1. Teil I der Prüfung: 8.00 bis 8.30 Uhr /
   Auswahl für Teil II: 8.30 bis 8.40 Uhr /
   Teil II der Prüfung: 8.40 bis 10.05 Uhr (mögliches Bsp.)

2. – Prüfungsbeispiele für Aufgaben zum **Leseverstehen**: S. 7 – 11, 53 – 58, 59 – 63, 80 – 84, 85 – 88, 101 – 105, 106 – 109, 122 – 125
   – Prüfungsbeispiele für Aufgaben zum **Aufgabentyp 2**: S. 24 – 30, 67 – 71, 72 – 75, 76 – 79, 128 – 131
   – Prüfungsbeispiele für Aufgaben zum **Aufgabentyp 4a**: S. 12 – 16, S. 31 – 39, 40 – 46, 92 – 96, 97 – 98, 99 – 100, 126 – 127
   – Prüfungsbeispiele für Aufgaben zum **Aufgabentyp 4b**:
   S. 47 – 52, 113 – 117, 118 – 119, 120 – 121

## A 2.1 Die Überprüfung des Leseverstehens

**Seite 8/9**

❶ – ❺ Die Aufgaben wurden richtig gelöst.

**Seite 9**

❻ Hier ist sich der Schüler/die Schülerin unsicher. Im Text werden die beiden verschiedenen Arten des Lesens, die in der Wissenschaft unterschieden werden, genannt: das zeitaufwendige tiefe Lesen, bei dem sich der Leser ohne Störung in eine andere Welt begeben will, und das informierende Lesen, bei dem es vor allem darum geht, möglichst schnell und genau viele Informationen aufzunehmen und zu verarbeiten. Somit ist die angekreuzte Lösung richtig.

**Seite 10**

❼ – ❽ Die Aufgaben wurden richtig gelöst.

❾ Die Menschen haben *„Freude am Lesen von Gedrucktem“*, weil:
- viele Menschen dem digitalen Lesen immer noch misstrauen, da sie es für flüchtig halten.
- weil sie glauben, dass man etwas nur behalten kann, wenn man es auf Papier gedruckt gelesen hat.
- sie beim Lesen kein technisches Gerät in der Hand halten wollen, sondern ein Buch aus Papier.
- man bei gedruckten Büchern die Seiten umblättern und das Papier fühlen kann.
- man das gedruckte Buch ins Regal stellen kann.

Einer dieser Gründe muss als wichtigster genannt werden und begründet werden:
Beispiel: Wenn ich ein Buch zum Genuss lese, möchte ich das Papier fühlen, die Seiten umblättern und auch mal zurückschlagen können, ohne im E-Reader auf Knöpfe drücken zu müssen. Dies ist mein wichtigster Grund für ein gedrucktes Buch.

**Seite 11**

❿ Die Antwort ist korrekt.

⓫ Der Schüler/die Schülerin hat bei dieser Antwort angegeben, dass der Anteil des Lesens an der Freizeitgestaltung von Jugendlichen ca. 15 Prozent betrug. Dazu wurden die Werte des Bücherlesens und des Lesens von Zeitschriften und Comics (10,8 Prozent + 2,4 Prozent + 1,5 Prozent) zusammengerechnet (14,7 Prozent = ungefähr 15 Prozent).

⓬ Die Antwort der Schülerin ist korrekt.

## A 2.2 Die Schreibaufgabe: ein Beispiel (Aufgabentyp 4 a)

**Seite 13**

3 a) Gliederung und Unterthemen der Schreibaufgabe:

- Einleitung (Z. 1 – 3):
  Benennung von Titel, Autor, Textart (Kurzgeschichte), Thema, Erscheinungsjahr

- Hauptteil (Z. 4 – 54):
  Z. 4 – 14: inhaltliche Zusammenfassung der Erzählung
  Z. 15 – 27: Darstellung dazu, welches Missverständnis zwischen Vater und Sohn besteht
  Z. 28 – 40: Darstellung der Gedanken des Sohnes durch formale und sprachliche Gestaltungsmittel (Erzählverhalten, Wiederholungen, Satzbau)
  Z. 41 – 54: Erläuterung, warum der Sohn letztlich den Kopf tief unter die Bettdecke steckt

- Schluss (Z. 55 – 79):
  Stellungnahme zu der Aussage des Schülers sowie Begründung und Textbelege

3 b) Untersuchung des Schülertextes:

- Aspekte der Aufgabenstellung:
  - Aufgabe ❶ a): Z. 1 – 3
  - Aufgabe ❶ b): Z. 4 – 14
  - Aufgabe ❶ c): Z. 15 – 27
  - Aufgabe ❶ d): Z. 28 – 40
  - Aufgabe ❶ e): Z. 41 – 54
  - Aufgabe ❶ f): Z. 55 – 69

- Überprüfung, ob Absätze sinnvoll gesetzt sind:
  Der Schüler hat durchgängig passende Absätze gesetzt. Sie erleichtern den Lesefluss und die Bewertung, da er nach Beendigung eines jeden Aufgabenaspektes mit einem neuen Absatz beginnt.

- Genannte Textart und ihre Merkmale:
  Der Schüler hat die Textart „Kurzgeschichte“ richtig zugeordnet und in seiner Einleitung benannt. Da die Aufgaben dies nicht erfordern, muss er in seiner Aufgabe nicht weiter darauf eingehen. Er hätte ebenso schreiben können, dass es sich bei dem Text um eine kurze Erzählung, also einen epischen Text, handelt.

- Beispiele für Aussagen mit Textbelegen:
  Z. 16: Textbeleg zum Inhalt
  Z. 17: wörtliches Zitat zur Erläuterung der Bedeutung der Personalpronomen
  Z. 19 – 27: Textbelege zur Erläuterung des Inhalts von ausgewählten Textstellen
  Z. 28 – 30: Textbeleg und wörtliches Zitat als Beispiele zur Erzählform
  Z. 30 – 32: wörtliches Zitat zur Veranschaulichung der Krankheit des Sohnes
  Z. 34 – 35: wörtliches Zitat zu den Gedanken über den Vater
  Z. 34 – 36: Belege für sprachliche Gestaltungsmittel
  Z. 37 – 39: Beleg für die eigene Beobachtung
  Z. 41 – 42: Textbeleg und wörtliches Zitat als konkrete Bezüge zum Aufgabenaspekt
  Z. 46 – 47: Textbelege zur Erläuterung des Inhalts von Textstellen
  Z. 48 – 50: Textbelege für eigene Beobachtungen
  Z. 50 – 55: wörtliche Zitate zur Veranschaulichung des Verhaltens und der Gedanken des Vaters

  Textbelege und wörtliche Zitate belegen und veranschaulichen die eigenen Beobachtungen und Ergebnisse aus der Analyse. Es sollte darauf geachtet werden, dass nicht durchgängig gleiche Textstellen angeführt werden. Zudem ist es in der eigenen Analyse möglich, die Anzahl zu reduzieren. Es sollte aber immer belegt und zitiert werden, wenn dies in der Aufgabenstellung gefordert wird.

- Mögliche Ergänzungen oder Streichungen:
  - Der Schüler hat die Absätze bereits sinnvoll gesetzt, um die Erarbeitungen zu den einzelnen Aufgabenaspekten voneinander abzugrenzen.
  - In der Einleitung wird zwar das Thema der Kurzgeschichte dargestellt, doch die Absicht des Verfassers könnte als Vermutung ebenfalls einbezogen werden, um das erste Verständnis des Textes zu verdeutlichen, z. B.: *Der Autor Wolfgang Borchert möchte ein kommunikatives Missverständnis darstellen, das entstehen kann, wenn die Aufmerksamkeit zweier Personen auf andere Dinge gerichtet ist.* Oder: *Borchert möchte verdeutlichen, dass auch kleinere Dinge in Notzeiten zu Missverständnissen führen können.*
  - Die Anzahl der Textbelege und wörtlichen Zitate könnte bei Zeitmangel gekürzt werden, z. B. zu den Teilaufgaben ❶ c und ❶ e, da in diesen Aufgaben Textbelege nicht explizit erforderlich sind. Ebenso könnte der Text aus Sicht des Vaters (Teilaufgabe ❶ f) gekürzt werden.

- Text aus der Sicht des Vaters nachvollziehbar: Wichtig ist, dass der Text in der Ich-Form verfasst ist, die Fragen aus der Aufgabenstellung entsprechend beantwortet werden und der Text zum Inhalt der Erzählung passt.

- Ausdrücke und Wendungen, die ich mir merken sollte:
  In der Kurzgeschichte … von … aus dem Jahr … wird beschrieben, wie … / Zunächst … / Außerdem … / Zu Beginn der Erzählung … / Vermutlich … / Daher … / Also … / Die Gedanken werden deutlich, da … / Dabei … / Durch den parataktischen Satzbau … wird betont, denn … / Dadurch … / Dafür gibt es zwei mögliche Erklärungen: … / Einerseits … / Andererseits … / Außerdem wird durch die Redeanteile deutlich, dass … / Durch die Erklärung zeigt sich, dass … / Hinzu kommt, dass … / Da das Ende offen ist, … / Ein Mitschüler meint, … / Ich teile die Meinung (nicht/zum Teil), weil … / Und so … / Daher stimme ich dem Mitschüler (nur zum Teil) zu, denn …

**Seite 16**

1. Bewertung:
   Die Lösung zur Analyse scheint insgesamt sinnvoll hergeleitet und verständlich. Sie enthält Erarbeitungen zu allen Aufgabenaspekten, ist sachlich richtig und zum Teil sehr genau und ausführlich. Ebenso werden im gesamten Text Textbelege oder wörtliche Zitate zur Veranschaulichung herangezogen. Stellenweise ließe sich der Text etwas straffen. So kann man erkennen, dass der Schüler sich sehr genau mit der Kurzgeschichte und den Teilaufgaben dazu beschäftigt hat. Diese Art der Darstellung entspricht in allen Teilen dem Bewertungsraster und ist daher sehr gut gelungen.

## B Arbeitstechniken und Strategien zur Bearbeitung von Schreibaufgaben

### B 1 Arbeitstechnik: Im Wörterbuch nachschlagen

**Seite 17**

1. – exzessive Nutzung: übertrieben, übermäßig, maßlos
   – Risiken (Mehrzahl von Risiko): Gefahren, Gefährdung
   – die Probanden (Mehrzahl von Proband): Testpersonen oder Versuchspersonen
   – permanentem Kommunikationsdruck: ununterbrochen, dauernd, ständig

2. diskutieren, einzigen, Menge, überflüssige (ein Wort), Mitteilungen, gestresst

### B 2 Arbeitstechnik: Texte erschließen und Inhalte zusammenfassen – literarische Texte

**Seite 18**

1. individuelle Schülerlösung

## B 3 Arbeitstechnik: Texte erschließen und Inhalte zusammenfassen – Sachtexte

**Seite 20**

1. individuelle Schülerlösung

## B 4 Arbeitstechnik: Schaubilder auswerten

**Seite 22/23**
**Schaubild A:**

a) Thema: Mediennutzung von Jungen und Mädchen in der Freizeit (2015); Zahlenangaben: in Prozent; hellblaue Balken: Jungen; dunkelblaue Balken: Mädchen; Vergleiche zwischen: Nutzung einzelner Medien durch Jungen und Mädchen in der Freizeit

b) Bei den Jungen liegen Internet, Handy, Fernsehen und MP3 sowie PC-/Konsolen- und Onlinespiele auf den ersten vier Plätzen der Medien, die sie in der Freizeit am häufigsten nutzen. Bei den Mädchen sind es Handy, Internet, Fernsehen und Radio. Auf dem letzen Platz ist bei Jungen und Mädchen das Kino zu finden, gefolgt vom E-Book.

c) Die Mediennutzung von Jungen und Mädchen unterscheidet sich darin, wie oft sie ein Medium in ihrer Freizeit nutzen. Welche Medien wichtig bzw. weniger wichtig sind, ist bei Jungen und Mädchen oft ähnlich. Das beliebteste Medium bei Jungen ist das Internet, bei Mädchen ist es das Handy. Der größte Unterschied bei der Mediennutzung durch Mädchen und Jungen besteht bei der Nutzung von PC-/Konsolen- und Onlinespielen.

**Schaubild B:**

a) Unterschiedliche Lebensweisen (Familie, Paare ohne Kinder, Alleinstehend); Zahlenangaben: in Prozent; Kreisausschnitte: unterschiedliche Farben zur Kennzeichnung der verschiedenen Lebensweisen; Vergleiche zwischen 1996 und 2012

b) In je einem Kreisdiagramm für das Jahr 1996 und 2012 wird der Anteil von Familien, Paaren ohne Kinder und Alleinstehenden an Gesamtbevölkerung wiedergegeben. Auffällig ist, dass sich die Anzahl der Paare ohne Kinder so gut wie gar nicht verändert hat. Die Anzahl der Familien hingegen hat um sieben Prozent abgenommen, während die Anzahl der Alleinstehenden um sechs Prozent zugenommen hat.

c) Am meisten zugenommen hat die Lebensweise der Alleinstehenden. Die Anzahl der Paare ohne Kinder hat sich nicht wesentlich verändert. Auffällig ist, dass die Anzahl der Familien um sieben Prozent abgenommen hat, während die Anzahl der Alleinstehenden um sechs Prozent zugenommen hat.

**Schaubild C:**

a) Thema: Preisentwicklung für Telekommunikation, Zahlenangaben: ausgehend vom Verbraucherpreisindex für 2010 = 100; dunkelgraue Kurve: Festnetz und Internet, hellgraue Kurve: Mobilfunk, blaue Kurve: Gesamt; Vergleiche zwischen: Festnetz und Internet, Mobilfunk sowie Telekommunikation insgesamt im Zeitraum von 2000 bis 2013

b) Die Preise für Telekommunikation stiegen zwischen 2001 und 2003 besonders stark für den Mobilfunk an.
Nachdem die Preise bis 2001 für Mobilfunk, Festnetz und Internet gefallen sind, stiegen die Kosten für Mobilfunk bis 2003 stark an, während Festnetz und Internet nur etwas teurer wurden. Bis 2006 glichen sich die Kosten in allen Bereichen an und fallen seitdem jedes Jahr. Telekommunikation wird immer günstiger.

c) In einem Kurvendiagramm wird die Preisentwicklung für Telekommunikation im Zeitraum von 2000 bis 2013 dargestellt. Verglichen wird dabei die Preisentwicklung für Mobilfunk mit der für Festnetz und Internet. Außerdem wird die Preisentwicklung für den gesamten Bereich dargestellt. Nachdem die Preise bis 2001 für Mobilfunk, Festnetz und Internet gefallen sind, stiegen die Kosten für Mobilfunk bis 2003 stark an, während Festnetz und Internet nur etwas teurer wurden. Bis 2006 glichen sich die Kosten in allen Bereichen an und fallen seitdem jedes Jahr. Telekommunikation wird immer günstiger.

## B 5 Schreibaufgabe zu einem informierenden Text in sechs Schritten erarbeiten

**Seite 24**

2. Adressat: Schülerinnen/Schüler, Lehrerinnen/Lehrer, Eltern
Situation/Thema: Namensgebung; Schule soll nach der Autorin Mirjam Pressler benannt werden
Schreibziel: Adressaten gut über die Autorin Mirjam Pressler zu informieren

3. individuelle Schülerlösung

4. individuelle Schülerlösung

**Seite 28/29**

5.–10. siehe Lösungsheft, Seite 23

**Seite 30**

11. Mögliche Schülerlösung:
**Wissenswertes über die Autorin Mirjam Pressler**
Unsere Schule soll nun nach der Autorin Mirjam Pressler benannt werden. Deshalb sollten alle Beteiligten genauer wissen, wer Mirjam Pressler eigentlich ist. Die Autorin wurde 1940 in Darmstadt geboren. Bevor sie zum Schreiben kam, übte sie unterschiedliche Jobs aus, unter anderem war sie Inhaberin eines Jeansladens. Aber auch ein einjähriger Aufenthalt in einem Kibbuz in Israel ist in ihrem Lebenslauf zu finden. Heute lebt sie in Bayern.
Mirjam Presslers Bücher sind sicher deshalb so beliebt, weil sie darin Themen aufgreift, die für uns alle eine große Bedeutung haben und mit denen sich viele identifizieren können, zum Beispiel geht es um Außenseiter, um Flucht und Vertreibung, das Leben mit

Behinderungen oder um Kinder, die in schlimmen sozialen Verhältnissen aufwachsen. Mirjam Pressler greift Themen auf, die nicht die „heile" Welt schildern. Ihre eigenen Lebenserfahrungen lässt sie dabei nicht außen vor, sie lassen sich gut mit der Lebenswelt der Figuren ihrer Bücher verknüpfen. Das Leben der Figur „Halinka" aus dem Buch „Wenn das Glück kommt, muss man ihm einen Stuhl hinstellen" weist große Ähnlichkeit mit Presslers Kindheit auf. Auch Mirjam Pressler verbrachte ihre Kindheit bei Pflegeeltern und in einem Heim. So wie Halinka in ihrer Phantasie mit Huckleberry Finn auf Reisen geht, erfand Pressler in Gedanken die Geschichten von Karl May weiter. Sicher haben Presslers eigenen Erfahrungen als Heimkind dazu beigetragen, die Gefühle des Heimkindes Halinka so einfühlsam wiedergegeben zu können. Auch die Eigenart von Halinka, sich Sprüche und Sätze aufzuschreiben, die ihr durch den Kopf gehen, hat sicher etwas damit zu tun, dass für Pressler das Erfinden und Schreiben von Geschichten immer von großer Bedeutung war. Hier finden sich also einige Parallelen.
Für Mirjam Pressler sind wir Jugendlichen und Kinder eine wichtige Lesergruppe, da es ihr ein besonderes Anliegen ist, Kinder ernst zu nehmen und sie darin zu bestärken, stabile Persönlichkeiten zu werden. Sie zeigt dabei großes Einfühlungsvermögen. Zugrunde liegt ihrer Haltung der Begriff der „beschädigten Kindheit". Sie meint damit Zustände, in denen Kinder aufwachsen, die fern der „heilen" Welt sind. Sie stellt fest, dass Kinder die Situation, in der sie sich befinden, selbst nicht ändern können. Sie dürfen daran aber nicht zerbrechen, daher will Pressler ihnen durch ihre Bücher vermitteln, dass sie selbst keine Schuld an den Verhältnissen haben. Sie möchte, dass sie frei über ihre Situation reden, um sie so bewältigen zu können. Ganz wichtig dabei ist ihr, ihnen klar zu machen, dass ihnen die Situation an sich und das Sprechen darüber nicht peinlich sein muss. Sie möchte diese Kinder vor allem entlasten.
Durch ihr großes Einfühlungsvermögen und ihren Einsatz für das Kindeswohl ist Mirjam Pressler sicher eine würdige Namensgeberin für unsere Schule.

Ich habe für meinen Text Informationen aus den Materialien 1, 2, 3, 4 und 5 genutzt.

## B 6 Schreibaufgabe zu einem erzählenden Text in sechs Schritten bearbeiten

**Seite 31**

2. - eine Einleitung schreiben (hier: Titel, Autor, Thema)
   - den Inhalt zusammenfassen
   - das Besondere an der Beziehung darstellen
   - erklären, warum Therese zu Hause nichts von Bull erzählt
   - Gründe für den inneren Konflikt Thereses erläutern und sprachliche und formale Mittel herausarbeiten, die den Konflikt verdeutlichen (Erzählform und -verhalten, Satzbau)
   - Text aus der Sicht von Therese in der Ich-Form verfassen
3. individuelle Schülerlösung
4. individuelle Schülerlösung
5. Beziehung von zwei Jugendlichen mit unterschiedlichen Wertvorstellungen und Lebensweisen; unterschiedliche Definitionen von Freundschaft; Freundschaft nicht um jeden Preis; Veränderung einer Beziehung von Zuneigung zu Abneigung; Thereses Enttäuschung; Ehrlichkeit siegt etc.

**Seite 35 – 38**

6.–12. siehe Lösungsheft, Seite 24/25

**Seite 39**

13. Möglicher Schülertext:
In der kurzen Erzählung „Der Freund" von Gina Ruck-Pauquèt, die diese im Jahr 1987 verfasst hat, geht es um die freundschaftliche Beziehung zwischen zwei Jugendlichen. Diese sind sehr unterschiedlich, denn sie haben unterschiedlichen Wertvorstellungen und Lebensweisen. Die Freundschaft endet aufgrund der Enttäuschung des Mädchens durch den Jungen.
Therese und Bull sind befreundet, obwohl sie sehr verschieden sind. Therese kommt aus behüteten Verhältnissen, während Bull mit seinen 14 Jahren nicht einmal die Schule besucht und auch nicht das tut, was Erwachsene von ihm erwarten würden. Ebenso arbeitet er nicht. Therese bringt ihrem Vater, der nicht besonders gesprächig ist, häufiger Essen in die Gärtnerei. Zumeist kümmert er sich nicht weiter um sie, weil er viel arbeitet. In der Gärtnerei trifft sie Bull zum ersten Mal. Er liegt im Gras und spielt Mundharmonika. Bull erzählt, dass er aus einer schlechten Gegend kommt. Sie treffen sich fortan jeden Tag und vertreiben sich die Zeit mit Spielereien. Therese genießt diese lustige Zeit mit Bull, obwohl sie vermutet, dass er stiehlt. Dann wird in der Schule ein gelber Wollschal gestohlen. Therese stellt Bull deswegen zur Rede, weil sie vermutet, dass er ihn genommen hat, doch er leugnet die Tat und lacht sie aus. Sie zweifelt daraufhin an der Freundschaft und muss sich anstrengen, lustig zu sein. Tage später fehlt in der Schule eine dicke Winterjacke. Therese ahnt, wer sie gestohlen hat. Als sie zur Gärtnerei kommt, sieht sie Bull in der Jacke und fordert ihn auf, diese herauszugeben. Er reagiert schroff und belustigt und glaubt nicht, dass sie ihn verrät. Therese verfällt in einen inneren Konflikt und überlegt sich in Gedanken Entschuldigungen für Bulls Tat. Schließlich fasst sie aber einen Entschluss. Sie fährt zur Lehrerin, um ihr die Wahrheit zu sagen.
Im ersten Absatz wird erzählt, dass Therese keine Schulfreunde hat (Z. 4–7). Auch zu ihrem Vater scheint sie kein inniges Verhältnis zu haben (Z. 37–38, Z. 45–47), obwohl sie ihm oft das Essen in die Gärtnerei bringt ( Z. 29–31). Dabei lernt sie Bull kennen, der dort einfach im Gras herumliegt (Z. 28–29). Bull genießt das Leben und ist unkompliziert (Z. 48–56), was Therese zunächst fasziniert. Die Beziehung ist für Therese besonders, weil Bull einfach in den Tag hineinlebt. Seine Lebensweise unterscheidet sich sehr von der ihren (Z. 7–11, Z. 23–27), denn sie lebt mit ihren Eltern eher konservativ und traditionell, während

Bull das tut, was ihm Spaß macht. Er kennt allerdings auch keine Regeln, was sie später stört. Das Besondere an der Beziehung ist, dass sie sich gut verstehen und miteinander Spaß haben können, z. B. Mundharmonika spielen, Sonnenblumenkerne weit spucken oder Seifenblasen pusten (Z. 73–82, Z. 95–100). Im Text steht, dass Therese denkt: „Mit Bull war alles anders, leichter, fröhlicher." (Z. 98–99).

Thereses Mutter bezeichnet die Häuser am Stadtrand als „Silos" (Z. 68). Sie meint, dass in den „Wohnmaschinen" (Z. 69) nur „Gesindel" (Z. 71) leben würde. Durch diese Bezeichnung wertet sie Bull als Person ab, denn der ist in dieser Siedlung zu Hause. Therese weiß auch, dass ihre Eltern die Lebensweise Bulls nicht gutheißen würden („Seifenblasenfabrikant", Z. 93–94), denn sie selber arbeiten den ganzen Tag (Z. 33–36) und erziehen Therese nach den gängigen Werten und Normen der Gesellschaft. Ihnen ist Ehrlichkeit wichtig, und das merkt man später an Thereses Handeln (Z. 199–203). Therese glaubt, dass die Eltern nicht verstehen würden, warum sie sich so gut mit Bull versteht (Z. 101–103). Deshalb erzählt sie zu Hause nichts von ihm, denn sie würden den Umgang mit ihm vermutlich nicht gutheißen, ihn vielleicht sogar verbieten. Zudem vermutet Therese auch, dass Bull die Sonnenblumenkerne aus der Gärtnerei ihres Vaters gestohlen hat (Z. 84–88).

Bull kann nicht damit aufhören, zu stehlen. Er besorgt sich die Dinge, die er im Leben braucht, einfach ohne zu fragen und ohne dafür Geld zu bezahlen. Er bestiehlt Thereses Vater und ihre Klassenkameraden (Z. 84–88: Sonnenblumenkerne, Z. 112–116: gelber Wollschal, Z. 158–161: dicker, grauer Janker). Das ärgert Therese maßlos und sie wünscht sich zu Beginn noch, dass sie Unrecht mit ihren Vermutungen hat. Im weiteren Verlauf der Erzählung erfährt sie aber, dass Bull unehrlich ist und stiehlt, während sie selber eher offen und ehrlich ist. Daher spricht sie den Diebstahl des gelben Wollschals in der Schule in seiner Gegenwart an (Z. 120–123), doch Bull grinst nur und sagt gar nichts dazu (Z. 126–127). Daraus zieht sie ihre Schlussfolgerungen und verurteilt sein Handeln: „Das war gemein von dir!" (Z. 119–120). Nach dem dritten Diebstahl wird Therese richtig wütend (Z. 174–182), denn Bull meint, das gehe sie nichts an (Z. 178). Nach ihrer Drohung, etwas zu sagen, macht er sich sogar über sie lustig („Das machst du nie!" Bull lachte.", Z. 178–181. Sie zählt bis drei (Z. 181) und da sie ein konsequenter Mensch ist, fährt sie weg. Genau diese Konsequenz stürzt sie in einen inneren Konflikt, denn sie mag Bull eigentlich, doch durch die Er-/Sie-Erzählform mit personalem Erzählverhalten werden auch die Gedanken Thereses deutlich, und zwar als Aufzählung von Nebensätzen (Z. 185–188). Sie sucht zunächst nach Entschuldigungen für Bulls schlechtes Verhalten. Dann reagiert sie vernünftig, denn ihr ist klar, dass Bulls Verhalten nicht zu tolerieren ist (Z. 190–193): „Dass er es trotzdem nicht durfte. Weil kein Mensch das Recht hat, einem anderen etwas wegzunehmen." Die gewählte Erzählform und das Erzählverhalten sorgen dafür, dass der Leser Thereses inneren Zwiespalt und ihren Entschluss, der Lehrerin am Ende die Wahrheit zu sagen (Z. 194–203), nachvollziehen kann. Gleichermaßen lassen die kurzen Dialoge mit Bull Rückschlüsse auf dessen Charakter zu, denn er reagiert ihr gegenüber gar nicht beschämt oder einsichtig. Dass ihr die Entscheidung nicht leicht fällt, wird ebenfalls durch das personale Erzählverhalten deutlich: „Noch bevor sie anfangen würde zu weinen." (Z. 202–203).

<u>Text aus der Sicht von Therese:</u>

Bull ist und lebt so ganz anders als ich, deswegen fand ich ihn gleich interessant. Er geht nicht mehr in die Schule und macht nur das, worauf er Lust hat. Außerdem interessiert er sich für mich und ich kann mit ihm lachen und Blödsinn machen. Ich verbringe gerne Zeit mit Bull, denn mit ihm ist alles leichter und fröhlicher. Und seit ich Bull kennen gelernt habe, bin ich endlich nicht mehr so alllein.

Der erste Verdacht, dass Bull stiehlt, kam mir, als ich ihn in der Schule gesehen hatte; danach fehlte ein Schal. Nachdem ich ihn zur Rede gestellt hatte, grinste er nur – und ich wusste, dass er mich anlog, als er sagte, er würde nicht stehlen. Ich war verzweifelt, schließlich ist Bull mein Freund. Trotzdem hat er nicht das Recht andere Menschen zu bestehlen. Am nächsten Tag fehlte dann auch Jochens Wolljanker. Und nachmittags hatte Bull genau diesen den Janker an. Nachdem ich ihm auf den Kopf zugesagt habe, dass er den Janker gestohlen hat und Bull wieder abweisend reagierte, wurde es mir zu viel und ich habe beschlossen, Bull meiner Lehrerin zu melden. Das hat mich sehr traurig gemacht, weil ich wusste, dass er das Gefühl haben würde, dass ich ihn verraten habe. Mir war klar, dass unsere Freundschaft vorbei ist und ich wieder allein sein würde. Außerdem hat es mich sehr bedrückt, dass Bull nicht ehrlich zu mir war, eben weil ich dachte wir seien Freunde. Er hätte mir doch sagen können, dass er Hilfe braucht, dann hätte ich ihm auf ehrliche Weise Winterkleidung besorgt.

## B 7 Schreibaufgabe zu einem lyrischen Text in sechs Schritten bearbeiten

**Seite 40**

1. schreibe, benennst, fasse zusammen (Inhalt), stelle dar (Einstellung zur Beziehung), erläutere (Unterschied Wolke 4/7), erläutere (sprachliche Mittel), nimm Stellung, begründe (Stellungnahme)

2. individuelle Schülerlösung

3. individuelle Schülerlösung

4. individuelle Schülerlösung

5. Beziehung zwischen zwei Partnern/aus der Sicht von lyrischem Ich/Beschreibung u. Unterschied von Wolke 4 und Wolke 7/Einschätzung der Beziehung durch das lyrische Ich

**Seite 42–44**

6.–11. siehe Lösungsheft, Seite 26

**Seite 45**

12. Mögliche Schülerlösung:

Im Liedtext „Wolke 4“ von Philipp Dittberner und Marv aus dem Jahr 2015 beschreibt das lyrische Ich aus seiner Sicht die Situation seiner jetzigen Beziehung.

Das lyrische Ich bittet seine Partnerin bzw. seinen Partner darum, auf der jetzigen Beziehungsstufe, die es als „Wolke 4“ bezeichnet, zu bleiben, da es bereits einmal in einer anderen Beziehung auf der „Wolke 7“ gewesen ist und dort schlechte Erfahrungen gemacht hat. Das lyrische Ich setzt den derzeitigen Beziehungszustand mit der Wolke 4 gleich und vergleicht ihn mit dem Beziehungszustand der Wolke 7. Dazu nennt es Beispiele aus dem jetzigen Beziehungsalltag. Die Beziehung des lyrischen Ich wird von ihm gleichgesetzt mit „Wolke 4“ (V. 1). Das heißt, es teilt seine Beziehungen in Stufen ein. In einer früheren Beziehung war es bereits auf Wolke 7, aber es wurde enttäuscht (V. 3). Im Liedtext werden die Wolke 4 und die Wolke 7 miteinander verglichen, das heißt im Vergleich, auf Wolke 4 kann das lyrische Ich nicht so sehr verletzt oder enttäuscht werden wie auf Wolke 7 („bin zu tief gefallen“ (V. 3). Das heißt aber auch, dass man auf der Stufe der Wolke 4 nicht so glücklich sein kann wie auf Wolke 7. Ganz ohne Partner oder Partnerin möchte das lyrische Ich jedoch auch nicht sein (V. 4). In Strophe 2 schildert es seinen gegenwärtigen Alltag. Es passiert nichts Großartiges, nur Kleinigkeiten (V. 5/6). Das heißt, es gibt derzeit keine Höhen und Tiefen in seinem Alltag. Diese Wahrheit will es jedoch nicht wahrhaben. Es verdrängt die Wirklichkeit („maskiert“, V. 7) und fühlt sich gut damit (V. 8). In Strophe 4 geht das lyrische Ich noch einmal auf seine frühere Beziehung auf Wolke 7 ein. Es hat nicht in die Zukunft geblickt (V. 13) und so nicht geahnt, was ihn erwartet. Offensichtlich ist das Ende der Beziehung sehr plötzlich gekommen und es ist dann sehr verletzt worden (V. 14). Das lyrische Ich scheint immer noch großen Liebeskummer zu haben.

Seine Tage sind für ihn dunkel (V. 15) und auch das Lächeln der neuen Partnerin bzw. des neuen Partners tröstet es nicht (V. 16). Es ist aber beständig. So muss es sich wohl keine Gedanken machen, dass es erneut verlassen wird.

Die Einstellung des lyrischen Ich zu seiner derzeitigen Beziehung wird besonders durch die Wortwahl deutlich. Es ist derzeit nur auf „Wolke 4“, während die Redewendung „Wolke 7“ soviel heißt, wie „auf Wolken schweben“, also sehr glücklich zu sein. Diese Redewendung aktiviert beim Leser sofort eine genaue Vorstellungskraft, sodass die Beziehung gut eingeschätzt werden kann. Ihm reicht jedoch offensichtlich „Wolke 4“ (V. 1), da er mit einem höflichen Imperativ seine neue Partnerin bzw. Partner darum bittet, auf dieser Stufe bleiben zu können. Durch die Personifikation, dass die Wirklichkeit eine Maske trägt (V. 7) wird deutlich, dass das lyrische Ich die Wahrheit nicht sehen will und sie verdrängt.

Dass es sich derzeit wohl nicht um die große Liebe handelt, kann man daran erkennen, dass die Sprache sehr sachlich und wenig romantisch gewählt wird („gut zu wissen“, „funktioniert“). Das lyrische Ich hat wohl großen Liebeskummer. Sein Herz wurde „zerbombt“ (V. 14), also völlig zerstört und nicht nur verletzt. Auch das „Lächeln“ seiner neuen Partnerin bzw. seines Partners kann man nur als „kleine“ Freude bezeichnen. Auch da ist es nur auf der Stufe der Wolke 4. Auf Wolke 7 würde sicherlich eher laut gelacht werden und nicht nur gelächelt.

Eine Schülerin sagt über den Liedtext, sie finde, das lyrische Ich würde seine Freundin bzw. seinen Freund nicht richtig lieben und schlägt vor, es sollte die Beziehung beenden. Damit meint sie, dass die Beziehung der beiden keinen Sinn mehr hat, weil das lyrische Ich den Freund bzw. die Freundin nicht aufrichtig liebt.

Ich bin der Meinung, dass die Schülerin mit ihrer Aussage recht hat. Es ist nicht die große Liebe, denn das lyrische Ich gibt sich mit weniger zufrieden. Es scheint, als möchte es einfach nur versorgt sein, denn die Wolke 4 ist für ihn besser als gar keine Beziehung. Das finde ich der neuen Freundin bzw. dem Freund gegenüber sehr unfair, denn diese oder dieser wird es sicher mehr lieben und hat es nicht verdient, nur als zweite Wahl bereitzustehen.

## B 8 Schreibaufgabe zu Sachtext und Schaubild in sechs Schritten bearbeiten

**Seite 47**

2. Die Materialien M 1 bis M 3 untersuchen, miteinander vergleichen und die Fragen in einem zusammenhängenden Text beantworten.

3. individuelle Schülerlösung

4. individuelle Schülerlösung

5. Material 1:
   - Computerspiele ermöglichen das Lernen
   - Computerspiele sind Lernspiele und auch Lernhilfe
   - Computerspiele fördern Kompetenzen in 5 Bereichen: Sensomotorik, kognitive Kompetenz, Medienkompetenz, soziale Kompetenz, persönlichkeitsbezogene Kompetenz
   - hinter diesen Kompetenzen stehen Fähigkeiten, die im Berufsleben des 21. Jahrhunderts dringend benötigt werden (→ Auge-Hand-Koordination, Geschicklichkeit, logisches Denken, Konzentrations- und Planungsfähigkeit, der Umgang mit Computersoftware, Teamfähigkeit, Kommunikationsfähigkeit, der Umgang mit Erfolg und Misserfolg, usw. )

6. Material 2:
   Ein Medienforscher sagt:
   - zur Feststellung einer Sucht sind mehrere Anzeichen über einen längeren Zeitraum notwendig, beispielsweise die stetige Steigerung der Spielzeit (oft trotz Verbot), das Verheimlichen des Spielkonsums, der Rückzug aus dem Freundeskreis, das Vernachlässigen bisheriger Interessen und Hobbies
   - weitere Anzeichen: schulische Auffälligkeiten (Verschlechterung der Noten, zunehmende Fehlzeiten)
   - wer mehrere Stunden am Tag spielt, leidet meist unter lästigen Nebenwirkungen (Rückenbeschwerden, Augenschmerzen, Verspannungen; oft auch

Übermüdung, ungewöhnliche Stimmungswechsel, Teilnahmslosigkeit oder Agressivität)
- die Folgen von Computerspielen mit gewalttätigen Inhalten auf die Spielenden sind nach wie vor umstritten; die Spiele allein rufen keine Gewalttaten hervor, können aber eine deutlich aggressionsfördernde Wirkung haben → Abstumpfen gegenüber Gewalt, verringertes Mitleidsgefühl

Material 3:
- Säulendiagramm: Spieldauer von Jugendlichen (Jungen/Mädchen) am Computer pro Woche
- 0–3 Std. in der Woche: Jungen mehr als 20 Prozent, Mädchen mehr als 70 Prozent
- 4–7 Std. in der Woche: Jungen bei 20 Prozent, Mädchen bei etwas mehr als 10 Prozent
- 8–14 Std. in der Woche: Jungen bei über 20 Prozent, Mädchen bei weit unter 10 Prozent
- mehr als 14 Std. in der Woche: Jungen bei ungefähr 25 Prozent, Mädchen bei ungefähr 2 Prozent

Fazit: Jungen spielen weitaus länger als Mädchen, mehr als 60 Prozent der befragten Jungen spielen mehr als 4 Std. in der Woche, davon etwas mehr als ein Drittel mehr als 14 Std. in der Woche!

**Seite 50/51**

7.–14. siehe Lösungsheft, Seite 27/28

12. Ein Medienforscher hat gesagt, dass er dafür sei, dass Jugendliche unter 18 Jahren Computerspiele mit aggressivem Inhalt nicht kaufen können. So soll verhindert werden, dass junge Menschenn süchtig bzw. sozial auffällig werden.

13. Meiner Meinung nach kann man zwar fordern, dass Spiele mit gewalttätigen Inhalten nicht an Jugendliche unter 18 Jahren verkauft werden dürfen, aber in der Wirklichkeit lässt sich das nicht so leicht durchsetzen. Ein Verbot des Verkaufs von solchen Spielen, die oft über das im Internet vertrieben werden, lässt sich nur schwer kontrollieren: Ich selbst habe einige Freunde, die bereits 18 sind, und die mir ein entsprechendes Spiel besorgen würden. Außerdem ist noch nicht sicher nachgewiesen worden, dass Computerspiele mit gewalttätigem Inhalt sich negativ auf die Spielenden auswirken.

**Seite 52**

15. ❶ / ❷ Mögliche Schülerlösung:

Es liegen drei Materialien vor. Material 1 ist ein Text des Autors Harald Stöveken aus dem Jahr 2016 mit dem Titel „Computerspiele als Chance". Der informierende Text wurde unter Verwendung von Informationen aus verschiedenen Internetartikeln bzw. Zeitschriftenbeiträgen erstellt.

Bei M2 handelt es sich um ein Interview mit dem Medienforscher Markus L., das am 18.09.2016 im Neustädter Tageblatt erschienen ist und sich kritisch mit dem Thema Computerspiele auseinandersetzt.

Das Säulendiagramm M3 gibt die Spieldauer von Jugendlichen am Computer pro Woche an, es stammt von der Internetseite www.bk-amwasserturm.de.

Alle Materialien beschäftigen sich also aus unterschiedlichen Blickwinkeln mit dem Thema Computerspiele.

Der Autor vom M1 bezeichnet Computerspiele als Chance, weil sie wie alle Spiele, anregend sind und vielerlei Fähigkeiten fördern. Eine der wichtigsten Fähigkeiten ist das Lernen selbst, schließlich müssen die Spielenden die Regeln, die Geschichte, den Inhalt, die Strategien und die Handlungsmöglichkeiten des Spiels meistern und ihr Können ständig neu an die Anforderungen des Spiels anpassen. Darüber hinaus fördern Computerspiele die Kompetenzen der Spielenden in den Bereichen Sensomotorik, kognitive Kompetenz, Medienkompetenz, soziale Kompetenz und persönlichkeitsbeszogene Kompetenz. Hinter diesen Kompetenzen steht eine Vielzahl an Fähigkeiten, wie zum Beispiel die Auge-Hand-Koordination, die Geschicklichkeit, das logische Denken, die Konzentrations- und Planungsfähigkeit, die Fähigkeit zum Umgang mit Computersoftware, Kommunikationsfähigkeit, usw. All diese Fähigkeiten werden im Berufsleben des 21. Jahrhunderts benötigt. Deshalb können Computerspiele auch eine Chance für die Spielenden darstellen, eben weil mit ihrer Hilfe eine Vielzahl an wichtigen Kompetenzen und Fähigkeiten erworben werden kann.

In M2 wird ein Medienforscher dazu befragt, wie süchtig Computerspiele eigentlich machen. Der Medienforscher gibt in diesem Zusammenhang zu bedenken, dass eine eindeutige Antwort auf diese Frage nur schwer zu finden ist, und zum Feststellen einer Sucht mehrere Anzeichen über einen längeren Zeitraum vorliegen müssen. In diesem Zusammenhang wird unter anderem eine stetige Steigerung der Spielzeit genannt, oft auch trotz Verbot. Weitere Anzeichen sind z.B. der Rückzug aus dem Freundeskreis, mangelndes Interesse an Familienaktivitäten, das Vernachlässigen bisheriger Hobbies oder schulische Auffälligkeiten wie die Verschlechterung der Noten oder zunehmende Fehlzeiten. Außerdem geht der Medienforscher auf die körperlichen Folgen ein, die übermäßiges Computerspielen mit sich bringt, beispielsweise Rückenbeschwerden, Augenschmerzen oder Verspannungen.

M3 bildet die Spieldauer von Jugendlichen am Computer pro Woche ab. Das Diagramm zeigt, dass Jungen weitaus länger spielen als Mädchen. Während die große Mehrheit der befragten Mädchen, nämlich 70 Prozent, pro Woche höchstens zwischen 0 und 3 Stunden am Computer spielt, spielen mehr als 60 Prozent der befragten Jungen mehr als 4 Stunden pro Woche. Auffällig ist auch, dass gut ein Drittel der befragten Jungen sogar mehr als 14 Stunden in der Woche am Computer spielt. Solche „Vielspieler" finden sich unter den Mädchen kaum. Der Anteil der Mädchen, die pro Woche zwischen 8 und 14 Stunden oder gar mehr als 14 Stunden spielt, beträgt nicht einmal 10 Prozent.

M1 befasst sich ausschließlich mit den positiven Auswirkungen, die Computerspiele auf die Spielenden haben können und bezeichnet Computerspiele deshalb als Chance für die Spieler. Wirft man einen genaueren Blick auf die anderen Materialien, so wird aber deut-

lich, dass Computerspiele nicht immer eine Chance für die Spielenden darstellen. In M2 wird nämlich ein Medienforscher ausführlich dazu befragt, wie süchtig Computerspiele eigentlich machen. Zwar äußert sich dieser ganz sachlich zu dem Thema und betont, dass es schwer ist, allgemein gültige Antworten auf diese Frage zu geben (Z. 9–10), dennoch macht M2 deutlich, dass Computerspiele ein hohes Suchtpotential bergen und gerade übermäßiger Spielkonsum auch gesundheitliche Folgen nach sich zieht. M2 zeichnet also ein ganz anderes, viel kritischeres Bild von Computerspielen als M1. Nach dem Lesen von M2 wird deutlich, dass Computerspiele nur dann eine Chance für die Spielenden darstellen, wenn sie in Maßen gespielt werden. Dies wird schon an der eher kritisch gewählten Überschrift von M2 deutlich („Sind 6 Stunden täglich zu viel?“).
Im Gegensatz zu M1 und M2 geht M3 nicht direkt auf die positiven oder negativen Auswirkungen von Computerspielen ein. Stattdessen informiert das Diagramm allgemein und umfassend darüber, wie lange Jugendliche pro Woche am Computer spielen. Dem Diagramm lässt sich entnehmen, dass es unter den Jugendlichen durchaus eine nennenswerte Zahl an Vielspielern gibt, insbesondere unter den Jungen. Somit unterstreichen die Zahlen aus M3 gewissermaßen die Aussagen aus M2, indem sie betonen, dass eine Sucht nach Computerspielen bei Jungen eine realistische Gefahr darstellt. Auch dieses Material macht deutlich, dass das Spielen von Computerspiele insbesondere für Jungen nicht von vornherein ein Chance darstellt, die sie im Leben weiterbringt, sondern durchaus ein bestimmtes Gefahrenpotential birgt.
Die Aussage des Medienforschers, der fordert, dass Computerspiele mit aggressivem Inhalt nicht an Jugendliche unter 18 Jahren verkauft werden sollen, damit diese nicht süchtig bzw. sozial auffällig werden, kann ich zum Teil nachvollziehen. Ein Verbot des Verkaufs von solchen Spielen lässt sich meiner Meinung nach aber nur schwer kontrollieren. Wer will sicher überprüfen, ob der Käufer schon 18 ist? Ich habe z.B. Freunde, die bereits volljährig sind, und die mir durchaus ein entsprechendes Spiel besorgen würden. Außerdem ist der Zusammenhang zwischen Computerspielen mit aggressiven Inhalten und Gewalttaten nicht eindeutig nachgewiesen (M2, Z. 55–58). Fest steht, dass solche Spiele auf einzelne Spieler eine deutlich aggressionsfördernde Wirkung haben können, weil sie zu einem Abstumpfen gegenüber Gewalt und verringertem Mitleidsgefühl führen können. Nicht jeder der „Ballerspiele“ spielt, wird aber sofort gewalttätig. Dabei spielen noch andere Faktoren, wie z.B. die Persönlichkeit des Spielers und sein soziales Umfeld, eine wichtige Rolle. Deshalb aber Spiele mit aggressivem Inhalt generell nicht an Jugendliche unter 18 Jahren zu verkaufen, halte ich für falsch. Ich finde, man sollte Jugendliche eher über die Gefahren aufklären, die Computerspiele bergen können, da diese durchaus ein Suchtpotential haben, wie M2 und M3 zeigen. Ein komplettes Verbot einer bestimmten Art von Spielen macht diese für die Jugendlichen doch nur noch interessanter.

## C Prüfungsaufgaben zum Themenbereich „Sprachkultur und Leselust“

### C 1 Leseverstehen: Durchblättern statt anklicken

**Seite 55**

1 a) trifft zu.

2 b) trifft zu.

3 Damit ist gemeint, dass es sich bei der einen Seite der Buchbinderei um das traditionelle Handwerk handelt, mit Handarbeit und kleinen Werkstätten. Dann gibt es noch die andere Seite der Buchbinderei, die industrielle Produktion in modernen Hallen.

**Seite 56**

4 c) trifft zu.

5 d) trifft zu.

6 c) trifft zu.

7 Elektronische Medien, wie beispielsweise das E-Book, ersetzen das gedruckte Buch immer stärker. Dennoch gibt es auch für das gedruckte Buch immer noch Interessenten bzw. einen Markt.

**Seite 57**

8 Die Arbeit ist mit Lichtquellen ohne Strom möglich. Es werden in der Buchbinderei Rahe-Rohling außerdem noch traditionelle Werkzeuge genutzt, die auch ohne Strom funktionieren.

9 a) trifft zu.

10 a) 3; b) 2; c) 5; d) 6; e) 1; f) 4

**Seite 58**

11 b) trifft zu.

12 Ich glaube nicht, dass in fünfzig Jahren keine Bücher aus Papier mehr hergestellt werden. Auch wenn das E-Book immer beliebter wird, gibt es immer noch Situationen, in denen das gedruckte Buch einfach praktischer ist. So lässt sich ein Katalog in ausgedruckter Form leichter und schneller durchblättern als eine digitale Fassung am Computer. Viele Menschen wollen auch nicht abends beim Lesen auf der Terrasse noch einen Bildschirm in der Hand halten. Und nicht wenige Menschen schätzen auch gerade die sinnliche Erfahrung eines gedruckten Buches. Die Inhaberin der Universitäts-Buchbinderei E. Rahe-Rohling berichtet zum Beispiel davon, dass sie Kunden hat, die sich extra ihre alten Koch- oder Gästebücher luxuriös gestalten lassen (Z. 57/58). Solche aufwändig gestalteten Bücher erfüllen einen ganz anderen Anspruch als ein E-Book bzw. dienen einem anderen Zweck. Deswegen wird es meiner Meinung nach auch immer gedruckte Bücher neben den E-Books geben.

## C 2 Leseverstehen: Bis(s) zum Weltruhm

**Seite 60**
1 c) trifft zu.

**Seite 61**
2 b) trifft zu.

3 Der Beatles-Effekt bezieht sich auf die berühmte englische Rockband aus den 1960er Jahren. Auch davon waren Fans begeistert und feierten ihre Idole euphorisch.

4 a) und d) treffen zu.

5 c) trifft zu.

**Seite 62**
6 a), b) und f) treffen zu.

7 Damit ist gemeint, dass die Tatsache, dass sich das Mädchen Bella zwischen zwei Männern entscheiden muss, für die Fans besonders interessant ist. Dass es sich dabei um einen Vampir und einen Wolf handelt, ist nebensächlich.

8 a) durch die Verbreitung im Internet (Verlinkung)
b) durch spezielle Foren, die von Schülerinnen erstellt und verlinkt werden

9 d) trifft zu.

**Seite 63**
10 a = 2/ b = 3 / c = 1

11 b) trifft zu.

12 Ich stimme der Aussage des Schülers, der sagt, dass es keinen Unterschied macht, ob Twilight oder Harry Potter und bald schon alle begeistert von der nächsten Fantasy-Idee sind, nicht zu. Ich habe zwar alle Harry-Potter-Bücher gelesen und bin auch sonst ein großer Fantasy-Fan, aber ich mache nicht jeden Trend einfach so mit. Die Twilight-Saga interessiert mich zum Beispiel überhaupt nicht. In meinen Augen handelt es sich dabei auch nicht vorrangig um Fantasy-Literatur, sondern (wie im Text beschrieben) eher um eine Liebes- bzw. Dreiecksgeschichte: ein Mädchen muss sich zwischen zwei Jungen entscheiden (siehe auch Z. 50 – 53). Außerdem ist mir die ganze Hysterie und der Hype um die Reihe zu viel. Wenn also die nächste neue Fantasy-Reihe auf den Markt kommt, werde ich vorher auch erst einmal prüfen, ob sie mich interessiert, bevor ich die Bücher kaufe oder die Filme schaue.

## C 3 Was bedeutet die Aufgabenstellung „Informiere ..."?

**Seite 64**
1. Adressat: Schülerinnen und Schüler, Lehrkräfte, Eltern
Situation/Thema: Aufführung des Theaterstücks „Robinson Crusoe"
Schreibziel: Adressaten gut über die Figur Robinson Crusoe zu informieren

2. • Erläutere, in welcher außergewöhnlichen Lebenssituation sich Robinson Crusoe nach dem Schiffbruch befindet und welche Folgen sich daraus für sein Leben und Handeln ergeben.
• Schlussfolgere anhand der Materialien und eigener Überlegungen, warum Menschen heute im Urlaub so leben möchten wie Robinson Crusoe.
• Notiere unterhalb des Textes die von dir genutzten Materialien.

## C 6 Aufgabentyp 2: Robinson Crusoe

**Seite 70**
1. individuelle Schülerlösung

2. – 6. Lösungshilfen zu den Aufgaben befinden sich direkt im Arbeitsheft sowie in der nachfolgenden Musterlösung zur Schreibaufgabe.

**Seite 71**
7. Mögliche Schülerlösung:
**Warum wollen Menschen heute im Urlaub leben wie Robinson Crusoe?**
Die Figur des Robinson Crusoe wurde von dem englischen Schriftsteller Daniel Defoe erfunden und ist in der ganzen Welt bekannt.
Robinson Crusoe kommt 1632 in der englischen Stadt York als Sohn eines Kaufmannes zur Welt. Nach seiner Mutter, deren Familienname Robinson war, und seinem deutschstämmigen Vater wird er Robinson Kreutzner genannt. Daraus wird in England mit der Zeit der Name Robinson Crusoe. Crusoes Vater wünscht sich, dass sein Sohn einmal Jurist wird. Als Crusoe erwachsen ist, entscheidet er sich jedoch, gegen den Willen seiner Eltern zur See zu fahren.
Im Jahre 1659 gerät das Schiff, auf dem sich Robinson Crusoe gerade befindet, vor einer unbewohnten Karibikinsel in einen schweren Sturm und sinkt. Robinson kann sich als einziger Überlebender auf die Insel retten und verbringt dort 28 Jahre. Ihm gelingt es, Unwetter, Kannibalen und vor allem die unendliche Einsamkeit zu überleben.
Nachdem Robinson Crusoes Schiff gesunken ist, findet sich dieser allein auf einer unbewohnten Karibikinsel wieder. Dort fehlen ihm natürlich alle wichtigen Dinge des täglichen Lebens. Er muss nun lernen, diese selbst herzustellen. Dies ist sehr mühsam, sodass er jeden Tag mit Ausdauer, Geschicklichkeit und Willenskraft um sein Überleben kämpfen muss. Zunächst einmal muss er sich jedoch mit Nahrung und Kleidung versorgen. Er lernt, Feuer zu machen wie die Steinzeitmenschen, baut Getreide an und beginnt zu jagen. Außerdem näht er sich Kleidung aus den Fellen wilder Ziegen, die auf der Insel leben.
Um nicht zu vergessen, welcher Tag ist, erfindet Crusoe eine Art Kalender, in dem er das Datum seiner Ankunft auf der Insel in ein großes Holzkreuz schnitzt und für jeden weiteren auf der Insel verbrachten Tag

eine Kerbe in das Kreuz ritzt.
Weil er Kannibalen und wilde Tiere fürchtet, baut Crusoe sich außerdem eine kleine Festung, die er mithilfe von Gewehren, die er vom Schiff gerettet hat, bewaffnet. Diese Festung nutzt er auch als Behausung.
Crusoes größter Feind auf der Insel ist jedoch die Einsamkeit. Zwar führt er ein Tagebuch, um sich die Zeit zu vertreiben, irgendwann geht ihm jedoch die Tinte aus, sodass er seine Aufzeichnungen nicht weiterführen kann.
Glücklicherweise weiß Robinson Crusoe zu Beginn seiner Zeit auf der Insel nicht, dass er 28 Jahre unter einfachsten Bedingungen dort ausharren muss, ansonsten wäre es ihm wohl sehr schwergefallen, die Hoffnung auf Rettung nicht aufzugeben.
Die Romanfigur Robinson Crusoe und sein Kampf ums Überleben beeindrucken uns auch heute noch. Nicht umsonst gibt es mittlerweile Reisebüros, die Urlaub auf einer unbewohnten Insel anbieten. Dort kann man zehn Tage lang so leben wie Robinson Crusoe. Vorher muss man allerdings einen zweitägigen Einführungskurs machen, um bestimmte Techniken zu lernen, z. B. den Umgang mit einer Machete, das Fangen von Fischen mit dem Speer oder das Kochen auf offenem Feuer.
Warum aber wollen Menschen heutzutage freiwillig ihr bequemes Leben aufgeben und im Urlaub ein ähnlich entbehrungsreiches Leben führen wie Robinson Crusoe? Bei der Beantwortung dieser Frage hilft vielleicht ein Blick auf unsere Lebensumstände. In einer Zeit der totalen Vernetzung, einer durchtechnisierten Welt voll von Lärm, Stress und Hektik ist es für viele Menschen ein Herzenswunsch, einfach und naturverbunden zu leben. Man möchte einfach einmal für einige Tage weder Telefon noch Handy oder Internet benutzen und unserer hektischen Welt entfliehen, um zur Ruhe zu kommen und zu entspannen.
Viele Menschen bewundern Robinson Crusoe sicher auch dafür, dass er in einer Extremsituation über sich hinausgewachsen ist und die Situation letztendlich gemeistert hat. Sie wünschen sich, ähnlich extreme Situationen zu erleben, zu überwinden und daran zu wachsen. Hinzu kommt wahrscheinlich auch eine große Portion Abenteuerlust und der Wunsch danach, eine besondere Erfahrung zu machen. Auch das Fernweh spielt sicherlich eine Rolle, denn die oben beschriebene Insel liegt schließlich in der Südsee.
Allerdings ist ein Abenteuerurlaub wie oben beschrieben nur bedingt mit der Situation Robinson Crusoes vergleichbar, denn die Urlauber haben die Sicherheit, dass sie nach zehn Tagen wieder nach Hause fahren können und sind nicht wie Robinson Crusoe 28 Jahre auf sich allein gestellt. Außerdem bietet die Insel den Gästen doch einiges an Komfort. Es gibt Hütten, in denen sie schlafen können und sogar Kerosinlampen für die Nacht. Für den Notfall haben die Urlauber außerdem ein Handy dabei, um jederzeit Hilfe holen zu können. Der Aufenthalt auf der Insel ist daher eher „ein Urlaub der anderen Art“. Für Robinson Crusoe war sein Aufenthalt auf der Insel hingegen ein harter Kampf ums Überleben.
Für meinen Text habe ich die Materialien M1, M2, M3, M4 und M5 verwendet.

## C 7 Aufgabentyp 2: Vampire in Büchern und Filmen

### Seite 72

Mögliche Schülerlösung: **Von Vampiren infiziert – Blutsauger in den Medien so aktuell wie nie**
Was muss man sich unter einem Vampir eigentlich vorstellen? In Zeiten wie diesen, in denen Vampire aus den Medien nicht wegzudenken sind, und in allen Generationen auf Interesse stoßen, sollte erst einmal Klarheit herrschen, wovon die Rede ist. Ein Vampir ist zunächst ein Untoter, der über übernatürliche Kräfte verfügt. Zum Glück handelt es sich dabei um eine fiktive Figur, das heißt, Vampire begegnen uns ausschließlich in der Literatur und in Filmen. Gesichert ist aber, dass der Glaube an Vampire ursprünglich aus Osteuropa stammt.
Die Vorstellungen, die jeder von uns mit Vampiren verbindet, können vor allem auf Bram Stoker zurückgeführt werden. Seine Romanfigur „Dracula“ ist sozusagen der Prototyp für alle weiteren Vampirfiguren. Nach Erscheinen des Buches im Jahr 1897 gilt Stokers darin geschilderte Vorstellung von Vampiren als Vorbild für alle späteren Bücher und Filme.
Demnach sieht ein Vampir fürchterlich blass aus, verfügt aber über blutrote Lippen. Mit seinen spitzen Zähnen ist er nachts auf der Jagd nach frischem Menschenblut. Dann überfällt er die Schlafenden und saugt ihnen das Blut aus. Wehren kann man sich gegen Vampire nur, indem man ihnen mit Knoblauchgeruch oder einem Kreuz droht. Wer achtsam ist, erkennt das Erwachen eines Vampirs daran, dass Hunde und Wölfe ein fürchterliches Heulen ausstoßen. Den Tag verbringt der Vampir in seinem Sarg, denn er meidet das Tageslicht aufs Äußerste.
Während wir Schülerinnen und Schüler zu allererst die smarten, edel denkenden und handelnden Vampirgestalten aus Stephenie Meyers „Twilight“-Saga vor Augen haben, ist das Vampirbild unserer Eltern und Großeltern aus Filmen noch deutlich furchteinflößender. Je weiter man in der Zeit zurückgeht, umso gruseliger werden die Vampirfiguren dargestellt. Dem ersten Filmvampir „Nosferatu“ aus dem Jahre 1922 würde wirklich niemand begegnen wollen, da er das absolute Monster widerspiegelt. Auch seine Nachfolger sind weitgehend blutrünstig und gewalttätig. Im Laufe der Zeit entwickeln die Vampire im Film jedoch immer positivere Seiten und werden zunehmend menschlicher. Das Paradebeispiel hierzu ist sicher „Edward“ aus der Twilight-Saga. Er hadert sogar mit seinen übernatürlichen Fähigkeiten, stellt seine Vampirgelüste zurück und setzt sich bedingungslos als Beschützer seiner großen Liebe Isabella ein.
Warum aber sind sowohl wir Jugendlichen als auch unsere Eltern und Großeltern immer noch fasziniert von Vampirfilmen und -büchern? Den großen Reiz macht sicher die Unsterblichkeit der Vampire aus. Wer verfolgt nicht gerne, was ein Vampir über Jahrhunderte hinweg erlebt? Dazu kommt, dass wir alle doch insgeheim ebenfalls gerne so frei leben würden wie die Vampire. Sie haben niemanden zu fürchten, außer natürlich Knoblauch und Kreuze, nicht mal mehr den Tod. Mittlerweile sind Vampirgeschichten auch so vielfältig angelegt, dass jeder sein Lieblingsthema dort wiederfindet, sei es Liebe, Spannung, Krimi oder Abenteuer. Das führt dazu, dass jede Generation etwas mit dem Genre anfangen kann. So bleiben selbst die Vampirgeschichten wohl auch über die Jahrhunderte hinweg unsterblich.
Für meinen Text habe ich die Materialien M2, M3, M4, M 5a und 5b sowie M6 genutzt.

## C 8 Aufgabentyp 2: Winnetou

**Seite 76**
Mögliche Schülerlösung:
**Winnetou – Auf ewig Häuptling der Apachen**
Bald werden wir ihn leibhaftig erleben – Winnetou, Häuptling der Apachen und Held vieler Leser- und Zuschauergenerationen. Doch wer und was steckt hinter diesem Idol und fasziniert uns noch heute?
Winnetou, Indianerhäuptling des Stammes der Apachen, ist eine erfundene Figur des Schriftstellers Karl May. Gemeinsam mit seinem Blutsbruder Old Shatterhand und Sam Hawkens kämpft er für Frieden und Gerechtigkeit im Wilden Westen.
Wir alle haben sicher ein genaues Bild von Winnetous Aussehen vor Augen. Das liegt an den vielen Filmen und auch den Buchcovern, auf denen Winnetou stets sehr ähnlich abgebildet ist, mit langen dunklen Haaren und traditioneller indianischer Kleidung aus Leder.
Das Bild, welches wir heute von Winnetou haben, hat zudem Pierre Brice geprägt, der als Schauspieler in die Rolle des Apachenhäuptlings geschlüpft ist und dadurch weltberühmt wurde. Pierre Briece verlieh Winnetou ein edles, schönes, aber auch ernstes Aussehen. Neben seiner schönen äußeren Erscheinung besitzt Winnetou viele gute Eigenschaften. Er gilt als ehrlich, mutig, verlässlich und treu. Außerdem wird er als gerecht dargestellt. Er kann natürlich sehr gut reiten und schießen. Dazu ist er gebildet, denn er kann lesen, schreiben und verschiedene Sprachen sprechen.
Karl May hat sich offensichtlich so sehr mit seinen erfundenen Winnetou-Geschichten identifiziert, dass er immer wieder behauptete, selbst Old Shatterhand zu sein. In seinem Buch „Winnetou I“ lässt er den Vermesser Karl zu Old Shatterhand werden. Hier gibt es also eine Namensgleichheit zwischen Karl May und dem späteren Winnetou-Gefährten. Der spätere Old Shatterhand stammt zudem auch aus Deutschland. Mays Leser des 19. Jahrhunderts dachten wirklich, May wäre ein erfahrener Reisender und Experte für den Wilden Westen, doch waren seine Geschichten pure Fantasie. Erst als er 66 Jahre alt war, reiste May tatsächlich in die USA, ohne aber dort auf Apachen zu treffen.
Es ist schon unglaublich, wie sehr die Figur Winnetou Leser und Zuschauer fasziniert hat und heute immer noch begeistert. Doch wer fiebert nicht gerne mit, wenn ein gut aussehender, edler Indianer gemeinsam mit seinem besten Freund und Blutsbruder bei tollen Hintergrundbildern durch den Wilden Westen reitet? Winnetou ist einfach ein wahrer Freund, der immer wieder seinen Blutsbruder Old Shatterhand beschützt. Heldenhafte Taten und wahre Freundschaft werden in unserem Alltag immer seltener, sodass wir gerne den Apachen-Häuptling Winnetou bei seinen Abenteuern begleiten. Auch die vielen Medien, wie Kinofilme, Hörspiele, Comics und Theaterstücke über Winnetou sorgen dafür, dass der Apachen-Häuptling in jeder Generation bekannt bleibt.
Sicher wird die geplante Theateraufführung auch uns Zuschauer begeistern und wir werden eifrig mitfiebern. Also freut euch schon auf eine tolle Schulveranstaltung!
Ich habe den Informationstext mithilfe der Materialien M 1, M 2, M 3, M 4 und M 5 zusammengestellt.

## D Prüfungsaufgaben zum Themenbereich „Eine Frage der Beziehung“

### D 1 Leseverstehen: Familie und Ehrenamt sind wichtiger als Internet und Smartphone

**Seite 81**
❶ d) trifft zu.

**Seite 82**
❷ a) trifft zu.

❸ b) trifft zu.

❹ c) trifft zu.

❺ a), b) und d) treffen zu.

**Seite 83**
❻ a), b) und c) treffen zu.

❼ a) und d) treffen zu.

❽ a) trifft zu.

❾ Ein Ehrenamt ist eine regelmäßig ausgeübte freiwillige Tätigkeit in einem Verein, einer Gruppe oder Institution, für die man keine oder nur geringe Bezahlung erhält.

**Seite 84**
❿ a) Mit zunehmendem Alter der Jugendlichen verändert sich das Freizeitverhalten, **weil** bestimmte Aktivitäten weniger werden und andere zunehmen.
b) Das persönliche Treffen innerhalb der Freundesgruppe ist die häufigste Freizeitaktivität der 12- bis 19-Jährigen, **während** die Bedeutung von Partybesuchen für diese Altersgruppe etwas abgenommen hat.

⓫ Die enge Bindung zwischen Jugendlichen und ihren Großeltern wird dadurch deutlich, dass vier von fünf Jugendlichen ihre Großeltern mindestens einmal im Monat persönlich sehen, sie also besuchen oder von ihnen Besuch bekommen. Ebenso viele Jugendliche telefonieren in diesem Zeitraum mit ihren Großeltern. Immerhin ein Zehntel der Zwölf- bis 19-Jährigen kommuniziert über „WhatsApp“ mit den Großeltern. Online-Dienste spielen aber bei der Kommunikation mit den Großeltern noch eine weitaus geringere Rolle als das Telefon. Mädchen telefonieren dabei etwas häufiger mit ihren Großeltern als Jungen (26 Prozent gegenüber 22 Prozent).

⓬ Mögliche Schülerantwort:
Der Aussage der Frau, dass die Jugendlichen sich heute nur noch für sich selbst interessieren und kein Interesse an Freundschaft oder Familie haben, stimme ich nicht zu. Wie man dem Text entnehmen kann, sagen die Zahlen der JIM-Studien etwas anderes aus. Nach wie vor ist das persönliche Treffen innerhalb der Freundesgruppe die häufigste Freizeitaktivität der Zwölf- bis 19-Jährigen: 78 Prozent der Mädchen und Jungen ver-

abreden sich regelmäßig (täglich/mehrmals pro Woche) mit Freunden oder Bekannten (Z. 21 – 25). Wenn die Jugendlichen keinen Wert auf Freundschaft legen würden, würde sicher eine andere Freizeitaktivität an erster Stelle stehen.
Die JIM-Studien beweisen auch, dass 36 Prozent der Jugendlichen mehrmals wöchentlich etwas gemeinsam mit ihrer Familie unternehmen. Dieser Wert hat sich übrigens seit 2005 sogar mehr als verdoppelt (2005: 16 Prozent). Das zeigt für mich ganz deutlich, dass die Familie den Jugendlichen heute sogar viel wichtiger ist als früher.

## D 2 Leseverstehen: Ein Freund, ein guter Freund

**Seite 86**

1. In dem Text geht es um das Thema **Freundschaft**. **Einen** Freund zu haben, ist wichtiger als **hunderte/viele** Kontakte im Internet.

2. b) trifft zu.

**Seite 87**

3. e) trifft zu.

4. Damit ist gemeint, dass jeder sich besonders darstellt, z. B. durch schöne Fotos von sich selbst, durch Fotos von tollen Urlaubsorten oder Events, auf denen man war. Man postet kluge Sprüche und welche Schulabschlüsse man hat. Alles, um wichtiger und besser zu erscheinen als andere.

5. a) und d) treffen zu.

6. d) trifft zu.

7. a) = 5 / b) = 2 / c) = 4 / d) = 1 / e) = 3

**Seite 88**

8. Damit ist gemeint, dass Mädchen und Jungen voneinander lernen können. Sie haben andere Interessen und Einstellungen. Durch einen Austausch untereinander erfahren sie Dinge, die ihnen sonst verborgen bleiben würden.

9. a) trifft zu.

10. Ich stimme der Aussage der Schülerin, die sagt, dass eine echte Freundschaft zwischen Jungen und Mädchen nicht möglich sei, nicht zu. Natürlich kann es immer passieren, dass einer mehr für den anderen empfindet und die Freundschaft dann darunter leidet. Aber es wäre schade, allein schon deshalb auf eine mögliche Freundschaft zu verzichten, die durchaus bereichernd sein kann: Ich selbst bin mit einem Jungen, den ich aus meinem Sportverein kenne, sehr gut befreundet. Als ich kürzlich Streit mit meinem Freund hatte, hat mir das Gespräch mit diesem Jungen sehr geholfen, weil ich plötzlich den Standpunkt meines Freundes viel besser nachvollziehen konnte.

## D 3 Was wird bei der Aufgabenstellung „Analysiere ...“ erwartet?

**Seite 89**

2. (1)
   - Fasse den ersten Teil des Textes (Ausgangssituation, Z. 1 – 21) kurz zusammen.
   - Beschreibe, wie Daras Mitschüler reagieren, als sie von Daras Little-Miss-Maine-Sieg erfahren.
   - Erläutere, wie Dara sich fühlt, nachdem alle von ihrem Little-Miss-Maine-Sieg erfahren haben.
   - Dara versucht ihren Little-Miss-Maine-Sieg als unbedeutend darzustellen. Erläutere, wie dies durch sprachliche Mittel deutlich gemacht wird (möglicher Aspekt: Wortwahl).
   - *„Sie hätte mich genauso gut schlagen können.“* (Z. 41 – 42)
     Ein Schüler sagt zu diesem Satz aus dem Text: *„Diese Reaktion von Dara ist übertrieben.“*
     – Nimm Stellung zu der Aussage des Schülers.
     – Begründe deine Meinung.
     – Belege deine Ausführungen am Text.

3 b) Es wird nach konkreten sprachlichen Besonderheiten gefragt.
c) Die Bewertung ergibt sich durch die Aufgabe, Stellung zur Aussage nehmen zu müssen.

## D 6 Aufgabentyp 4a: Megan Frazer: Von Wahrheit, Schönheit und Ziegenkäse

**Seite 94 – 96**

1. individuelle Schülerlösung

2.– 8. Lösungshilfen zu den Aufgaben befinden sich direkt im Arbeitsheft sowie in der nachfolgenden Musterlösung zur Schreibaufgabe.

**Seite 96**

9. Möglicher Schülertext:
In dem vorliegenden Auszug aus dem Jugendroman „Von Wahrheit, Schönheit und Ziegenkäse“ aus dem Jahre 2012 stellt die Autorin Megan Frazer die ungewollte Bloßstellung einer Schülerin im Unterricht durch eine vom Lehrer gestellte Aufgabe dar. Als dieser die Schüler dazu auffordert, eine eigene Biografie zu verfassen, wird die Ich-Erzählerin Dara von ihrer Vergangenheit eingeholt.
Der erste Abschnitt des Textauszuges (Z. 1 – 21) beginnt damit, dass der bei den Schülern beliebte Lehrer Mr. Fitz seine Schüler dazu auffordert, eine Autobiografie zu schreiben, um ihr Interesse an Literatur zu verstärken. Sie sollen dazu einen wichtigen Moment aus ihrem Leben darstellen. Die Schüler sollen sich intensiv mit sich selbst auseinandersetzen und erhalten Zeit, um Ideen zu sammeln. Dara sitzt vor ihrem Blatt; ihr fällt nichts ein. Sie ist der Meinung, dass sie bisher noch nichts Erzählenswertes erlebt hat. Dann soll sie ihre Ideen vor der Klasse vorstellen.
Daras Mitschüler reagieren unterschiedlich, als Dennis nachfragt, ob Dara nicht mal an einer Misswahl teilgenommen habe (Z. 22). Zunächst ist die Klasse erstaunt, alle starren Dara an (Z. 26 – 27). Die meis-

ten Mitschüler wirken neugierig, da nicht alle Dara von früher kennen. Auch Dennis war nicht mit Dara in der Grundschule (Z. 23–25), er muss also von jemandem über die Misswahl gehört haben. Melissa weiß Genaueres und nennt Daras Titel: „Little Miss Maine“. Sie wirkt aufgeregt, weil sie gut Bescheid weiß, aber auch etwas hämisch (Z. 27). Katie reagiert dagegen überrascht und etwas ungläubig. Als sie realisiert, dass Dara tatsächlich eine Miss-Wahl gewonnen hat, scheint sie beeindruckt (Z. 38–39). Sie schlägt Dara vor, über diese Wahl und die Zeit danach zu schreiben (Z. 39–41).

Die Ich-Erzählerin ist verlegen und wird rot, als das Thema von Dennis angesprochen wird („Ich spürte, wie mein Gesicht heiß wurde.“, Z. 22–23). Das Thema ist ihr peinlich, zumal einige Schüler, wie z. B. Melissa (Z. 26–27) die Teilnahme eindeutig belächeln oder sich dies kaum vorstellen können. Dara wünscht sich, dass in der Klasse nicht weiter darüber gesprochen würde und stellt den Sieg als unbedeutend dar, da sie zu wissen glaubt, was die anderen darüber denken (Z. 31–32), denn sie hat sich seit der Miss-Wahl äußerlich sehr verändert und ist dick geworden (Z. 45). Sie vergleicht sich sogar mit einem Elefanten (Z. 42–44). Katies Aufforderung, doch darüber zu schreiben (Z. 39–42), ist für Dara wie ein Schlag ins Gesicht. Sie fühlt sich schwer getroffen und verletzt.

Dara wertet den Wettbewerb durch Adjektive ab, indem sie sagt: „Nichts Besonderes“ (Z. 27) oder „So interessant ist es auch nicht“ (Z. 29), um die Aufmerksamkeit der anderen zu verringern und die Miss-Wahl als unbedeutend darzustellen. Sie verändert außerdem das beschreibende Nomen „Schönheitswettbewerb“ (Z. 34/35) in „Talentwettbewerb“ (Z. 35), um die Aufmerksamkeit ihrer Mitschüler darauf zu lenken, dass sie auch singen und steppen musste, da das Wort „Schönheit“ ihrer Meinung nach nicht mehr auf sie zutrifft. Dara glaubt zu wissen, dass alle über sie lachen, weil sie sich nicht vorstellen können, dass Dara ein niedliches Kind war (Z. 38), während sie jetzt eher dick ist (Z. 45). Ihre Gedanken werden durch die Ich-Erzählform und die inneren Monologe deutlich (z. B. Z. 31–32).

„Sie hätte mich genauso gut schlagen können.“ (Z. 41–42), Ein Schüler sagt, dass diese Reaktion auf Katies Wunsch, Dara solle über die Show schreiben (Z. 39–41), übertrieben sei. Er meint damit vermutlich, dass Dara sich zu viele Gedanken macht und vielleicht sogar unter Komplexen aufgrund ihrer Körperfülle leidet. Ich teile diesen Standpunkt allerdings nicht, denn Katie ist die Mitschülerin von Dara. Sie kennt Dara gut und weiß auch, dass sie dick ist. Ich denke, dass Dara deswegen Katies Reaktion durchschaut und ihren Wunsch so deutet, dass sich Katie überhaupt nicht vorstellen kann, warum gerade Dara einen Schönheitswettbewerb gewonnen hat. Dara glaubt, Katie mache sich lustig über sie (Z. 33–35) und wolle provozieren, dass Dara vor allen zugeben muss, dass sie früher hübscher war. Sie empfindet Katies Aussage (Z. 39–41) daher als Beleidigung und Bloßstellung. Zwar erfährt der Leser im Text lediglich die Interpretation des Verhaltens von Katie aus der Sicht von Dara, dennoch wirkt Dara selbst auf mich glaubwürdig und auch sympathisch, denn sie kann auch z. B. auch loben (Z. 1–3). Daher finde ich ihre Reaktion nicht übertrieben, sondern nachvollziehbar, denn sie ist verletzt.

## D 7 Aufgabentyp 4a: Theda Jacoba Olsen: Ich, meine Schwester

### Seite 97

Möglicher Schülertext:

In der kurzen Erzählung „Ich, meine Schwester“ von Theda Jacoba Olsen aus dem Jahr 1996 wird der innere Zwiespalt der Jugendlichen Solveig beschrieben, die gemeinsam mit ihren Eltern die ältere Schwester Linda nach deren einjährigen Auslandsaufenthalt vom Flughafen abholt. Die Erzählung spiegelt den Konflikt zwischen jüngeren und älteren Geschwistern und zeigt an diesem Beispiel, dass sich jüngere Geschwister häufig von den älteren zurückgesetzt fühlen.

Linda, Solveigs große Schwester, kehrt an diesem Tag nach einem Jahr Aufenthalt aus Amerika zurück. Solveig weiß nicht, ob sie sich darüber freuen oder sich davor fürchten soll, denn sie hat Sorge, neben ihrer großen Schwester noch unscheinbarer als vorher zu wirken. Als das Auto Richtung Flughafen fährt, erinnert sich Solveig an den Tag, als sie Linda dorthin gefahren haben. Ihre Schwester war aufgekratzt und Solveig war gleichzeitig stolz und neidisch auf sie. Als sie am Flughafen angekommen sind, eilt ihre Mutter voran. Solveig ist ebenfalls aufgeregt. Als Linda durch die Zollsperre kommt, schreit die Mutter vor Freude. Solveig wundert sich, dass Linda sich so verändert hat. Alle sind glücklich. Auf der Rückfahrt erzählt Linda ohne Pause, was sie alles in Amerika erlebt hat. Solveig fühlt sich wieder zurückgesetzt und reist in Gedanken in den Garten ihrer Tante.

Bereits zu Beginn der Erzählung wird der innere Zwiespalt Solveigs deutlich. Sie fühlt sich durch ihre große Schwester zurückgesetzt und glaubt, dass sie, wenn diese wieder daheim ist, weniger wichtig ist. Deshalb freut sie sich einerseits, andererseits fürchtet sie sich aber auch vor der Rückkehr Lindas (Z. 4), mit der sie „Ruhm“ (Z. 6) verbindet und neben der sie sich selbst ganz klein fühlt (Z. 8–9: „durchsichtig, zerbrechlich“).

Ihre innere Zerrissenheit bezüglich der Rückkehr ihrer Schwester wird durch eine gegensätzliche Darstellung verdeutlicht: „Wie sehr hatte Solveig diesen Tag herbeigesehnt, wie sehr hatte sie diesen Tag gefürchtet.“ (Z. 2–3). Dieser Eindruck wird durch Fragen verstärkt: „[...] weiß sie noch nicht, was überwiegt: die Freude? Die Furcht?“ (Z. 4–5). Diese Gedanken Solveigs werden mithilfe der Er-/Sie-Erzählform für den Leser klar gemacht. Mit einer Metapher werden die Gründe für Solveigs Gedanken deutlich. Sie vergleicht ihre eigene Person mit „farblose[m] Glas“ (Z. 7), das „[...] leer oder gefüllt nach Belieben der anderen, durchsichtig, zerbrechlich“ (Z. 8–9) ist. Es scheint so, als würde sie immer im Schatten ihrer Schwester stehen. Während der Fahrt zum Flughafen erinnert sich Solveig in einem Rückblick an die Abfahrt Lindas nach Amerika (Z. 10–25). Bereits damals hat Linda im Mittelpunkt gestanden (Z. 13–20). Einerseits war Solveig damals stolz, andererseits aber auch neidisch (Z. 23). Dies verdeutlicht die starke Persönlichkeit ihrer Schwester.

Die Autorin beschreibt das Wetter: „Die Wolken sind

leer geregnet. Nur noch vereinzelt fällt Wasser auf die Erde, stattdessen strömt Sonnenlicht durch die Zweige [...]“ (Z. 26–29). Diese Beschreibung wirkt wie eine Vorausdeutung auf das Erscheinen der großen Schwester. Hinter dem Ausdruck „schmächtige[n] Bäumchen“, die noch wachsen (Z. 28/29), könnte sich eine Andeutung auf die kleine Schwester Solveig verbergen, die noch keine starke Persönlichkeit ist wie Linda. Solveig betrachtet sich selbst und denkt daran, dass sie selbst auch größer geworden ist (Z. 31–32). Durch die folgende Aufzählung (Z. 35–36) wird deutlich, dass sie aber doch eine positive Aufregung in sich verspürt: „Geburtstagsstimmung, Lotteriefieber [...]“.
Lindas Erscheinen wird durch einen kurzen Hauptsatz eingeleitet: „Und da kommt sie!“ (Z. 44). Die Mutter reagiert, wie Solveig es erwartet hat, sehr emotional (Z. 46–47). Sie lässt Solveig los und reißt die Arme hoch (Z. 46–47). Solveig ist zunächst etwas erstaunt über Lindas Erscheinungsbild: „stämmige[s] Mädchen mit dem gebräunten, runden Gesicht“, „ausgewaschene[n] Latzhose“ (Z. 47–49), „Haare sind kurz“, „Ellenbogen etwas schorfig und gerötet“ (Z. 49–50), „Mundgeruch“, „fleischiger und strammer“ (Z. 52–53) etc. Dann aber ist alles wie immer, denn Linda redet während der gesamten Autofahrt (Z. 57) und erhält die ganze Aufmerksamkeit der Eltern. Was sie alles thematisiert, wird in einer Aufzählung angerissen (Z. 57–61). Recht schnell stellt sich bei Solveig das altbekannte Gefühl wieder ein: „Solveigs Aufregung hat sich zu einem kleinen, festen Klumpen in der Magengrube zusammengeballt.“ (Z. 62–63). Dies zeigt, dass sie sich neben ihrer Schwester wieder klein und unscheinbar fühlt. Ihre Furcht hat sich bewahrheitet. Deshalb flüchtet sie sich in die Erinnerung an den Garten ihrer Tante (Z. 64–69). Dort gibt es Pflänzchen, die nicht aus eigener Kraft in die Höhe wachsen können. Sie brauchen einen Baumstamm, an dem sie sich hochranken können. Diese Gedanken stellen die Beziehung zu ihrer Schwester Linda dar, denn neben ihr fühlt sie sich unreif und unscheinbar.
<u>Text aus der Sicht von Solveig:</u>
Jetzt ist schon ein Jahr vergangen, seit wir Linda nach Amerika verabschiedet haben. Ich freue mich darauf, sie endlich wiederzusehen, aber ich habe gleichzeitig auch Angst davor. Mein Leben lang stand ich in Lindas Schatten, nie war ich so klug, erfolgreich, lustig oder hübsch wie sie. Auch wenn ich Linda unheimlich vermisst habe, hat mir ihre Abwesenheit doch auch gut getan. Endlich haben die Leute einmal mich, Solveig, gesehen und nicht nur Lindas kleine Schwester. Ich bin viel erwachsener und selbstständiger geworden. Ich denke, dass ich nun endlich gleichberechtigt neben Linda stehen kann und nicht nur an zweiter Stelle hinter ihr. Soll Linda doch kommen und die neue Soveig kennenlernen!
Aber nun ist Linda wieder da und schon ein paar Minuten nach ihrer Landung ist wieder alles beim Alten: Linda redet und redet und alle haben nur Augen und Ohren für sie. Ich weiß nicht, ob ich es auf Dauer schaffen kann, mich gegen sie zu behaupten. Vielleicht werde ich immer nur Lindas kleine Schwester bleiben ...

## D 8 Aufgabentyp 4a: AnnenMayKantereit: Oft gefragt

**Seite 99**
Möglicher Schülertext:
Bei dem lyrischen Text „Oft gefragt“ handelt es sich um einen Songtext der Gruppe AnnenMayKantereit aus dem Jahre 2015. Thematisiert wird die Beziehung des lyrischen Ich zu einem anderen Menschen, den es mit seinem Zuhause gleichsetzt. Vermutlich handelt es sich dabei um die Mutter.
Das Lied besteht aus insgesamt drei Strophen, die zweimal durch einen Refrain unterbrochen werden. Inhaltlich geht es um eine Reflexion des lyrischen Ich, das in seine Vergangenheit zurückblickt und die Dinge aufzählt, die die angesprochene Person für es gemacht hat bzw. die es mit dieser erlebt hat. Die Person hat sich um das lyrische Ich gekümmert und sich Sorgen gemacht. Das lyrische Ich schätzt die Person dafür und setzt sie mit seinem Zuhause gleich.
In der ersten Strophe (V. 1) zählt das lyrische Ich auf, wie sich die angesprochene Person gekümmert hat: „angezogen, ausgezogen, großgezogen“. Aufgrund dieser Aufzählung lässt sich schließen, dass es sich um eine Mutter-Kind-Beziehung oder eine Großeltern-Kind-Beziehung handeln muss, je nachdem, wer für die Erziehung des Kindes zuständig war. Rückblickend nennt das lyrische Ich, dass sie „umgezogen“ (V. 2) sind. Fast bedauernd stellt es fest, dass es die Person, obwohl diese sich stets gesorgt hat, „angelogen“ (V. 2) hat. Dies lässt wiederum die Rückschlüsse zu, dass die folgenden Aussagen (V. 3 und 4) nicht richtig sind: Der Jugendliche hat Drogen genommen und war auch nicht immer in der Schule. Auch im Refrain wird deutlich, dass sich die Person (V. 5 „Du“) häufig um das lyrische Ich gesorgt hat, dass dieses aber nicht immer alles erzählt hat, sodass die Person in Ungewissheit lebte (V. 8). Auch in der nächsten inhaltlichen Strophe wird dargestellt, dass die sich kümmernde Person immer für das lyrische Ich da war: „abgeholt und hingebracht“ (V. 12). Zudem waren beide zusammen häufig im Urlaub unterwegs; die Städte werden wiederum aufgezählt: „... in Prag, Paris und Wien/In der Bretagne und Berlin“ (V. 15–16). Darauf folgt wieder der Refrain, der sich lediglich in einem Vers unterscheidet: „Ich habe aufgehört, mich das zu fragen.“ (V. 18), was sich eher ein bisschen resigniert anhört. Zusammenfassend ist festzuhalten, dass sich die angesprochene Person intensiv um das lyrische Ich gekümmert und gesorgt hat, beinahe alles dafür getan hat, damit es diesem gut geht.
Die Beziehung zwischen dem lyrischen ich und der angesprochenen Person ist durch eine Veränderung gekennzeichnet. Während das lyrische Ich in einem Rückblick darstellt, was diese Person alles für es getan hat (z. B. Aufzählung, V. 1), wird durch die Kommentare deutlich, dass es nun, vermutlich mit Abstand und nach einem Reifeprozess, zum Teil bereut, was es damals angestellt und wie es sich verhalten hat: „[...] ich hab dich angelogen!“ (V. 2). Es scheint die Erziehung und auch die Tatsache, dass sich jemand beinahe rührend um es gekümmert hat, erst jetzt zu erkennen und wertzuschätzen: „Ich hab in letzter Zeit zu oft daran gedacht“ (V. 14). Daher beantwortet es die Frage der Person, die im Refrain mehrfach wiederholt wird („Und dich gefragt, was du noch für mich bist“, V. 8, V. 9, V. 20, V. 21), damit, dass die Person das

Zuhause darstellt. Folglich sieht es die Art der Beziehung erst im Rückblick als besonders positiv und liebevoll, was auch die Motivation für das Lied erklären könnte. Daher wird die Aussage „Du bist zu Hause für immer und mich“ zur Kernaussage (z. B. V. 25). Demzufolge ist das Lied als Dank an einen liebevollen Menschen zu sehen, der dem lyrischen Ich ein Zuhause gegeben hat. Den Wert einer solchen Jugend kann man sicher erst viel später richtig einschätzen.
Die beiden Verse, die jeweils im Refrain wiederholt werden („Zu Hause bist immer noch du/Zu Hause bist immer nur du“, V. 10–11) zeigen, dass sich das lyrische Ich auch einer längeren Zeit und im höheren Alter („immer noch“, V. 10) immer noch gerne an seine Kindheit erinnert, denn es kann jetzt wertschätzen, was die Person für es getan hat bzw. wie die Person ihre Rolle ausgefüllt hat. Es setzt in diesen Versen die Person mit dem Ort gleich, an dem es Schutz findet und wo es sich geborgen fühlt. Diese Tatsache wird sich, so die Aussage im Liedtext („immer noch“, V. 10) auch mit vergehender Zeit nicht ändern.
Eine Schülerin vermutet zum Lied, dass das lyrische Ich schon älter sei, denn so wertschätzend denke man noch nicht in jungen Jahren von seinen Eltern. Sie meint damit, dass das lyrische Ich schon mit etwas zeitlichem Abstand über seine Kindheit und Jugend nachdenkt. Es gibt zu, Fehler gemacht zu haben (V. 2) und sich auch nicht immer richtig verhalten zu haben (V. 6–7). Ich stimme der Vermutung der Schülerin zu, denn einerseits wird dies auch im Text deutlich (V. 14) und andererseits fühlt man sich in der Jugend von seinen Eltern oft gegängelt. Nicht immer weiß man daher zu schätzen, dass sie im Grunde nur das Beste wollen und ihre Kinder auf den richtigen Weg bringen möchten. Ich vermute, dass das lyrische Ich nun selbst für Kinder sorgen muss oder selber in einer melancholischen Stimmung ist (V. 18), denn es denkt etwas wehmütig an die alten Zeiten zurück.

## E Prüfungsaufgaben zum Themenbereich „Medien und mehr“

### E 1 Leseverstehen: Fernsehsendungen sind ein Renner bei den sozialen Netzwerken

**Seite 102**

1 c) trifft zu.

**Seite 103**

2 a) trifft zu.

3 b) trifft zu.

4 c) trifft zu.

5 a) und b) treffen zu.

**Seite 104**

6 a) und c) treffen zu.

7 a) und b) treffen zu.

8 a) trifft zu.

9 c) trifft zu.

**Seite 105**

10 Ein Ritual ist eine immer wiederkehrende Handlung, eine Art religiöser Brauch, in diesem Fall der Brauch, sich jedes Jahr im Januar für 14 Tage das „Dschungelcamp“ im Fernsehen anzuschauen.

11
- umfangreiche Werbung vorher
- es bleibt lange unklar, wer mitmacht
- Spannung, wer herausgewählt wird
- Spannung, wer gewinnt
- hohe Präsenz der Zuschauer in den sozialen Medien
- viele Diskussionen über die Sendung
- ständige Kommunikation unter den Zuschauern über die sozialen Medien
- Unterhaltungswert für alle, die die Nachrichten der Zuschauer lesen

12 Mögliche Schülerantwort zu A:
Dieser Ansicht stimme ich zu. Und wenn man sich anschaut, wie viele Tweets und Kommentare es in den sozialen Medien über das Dschungelcamp gibt, bin ich nicht allein mit meiner Meinung (siehe Z. 45–48). Mir macht es Spaß, die Promis bei den Prüfungen zu beobachten und ich amüsiere mich über ihre Äußerungen und Kommentare. Es ist nie langweilig, weil man immer darauf wartet, dass etwas passiert. Spannend ist auch die Frage, wer herausgewählt wird oder freiwillig geht.
Ich twittere auch gerne, während ich die Sendung anschaue. Manche Kommentare sind lustig, andere eher daneben. Dennoch habe ich beim Lesen immer viel Spaß und man hat das Gefühl, nicht allein vor dem Fernseher zu sitzen.

Mögliche Schülerantwort zu B:
Dieser Ansicht stimme ich zu, denn beim Dschungelcamp handelt es sich um eine Sendung, die man der Kategorie „Trash-TV“ zuordnen kann und die daher nicht besonders anspruchsvoll ist. Das wird auch schnell deutlich, wenn man genau hinsieht: Die Promis sind eigentlich gar keine und die Prüfungen, die sie absolvieren müssen, gehen bis an den Rand der Ekel-Grenze und darüber hinaus. Ich habe auch kein Mitleid mit den Teilnehmern, schließlich sind diese freiwillig im Dschungelcamp und bekommen es auch noch gut bezahlt.
Und wen interessiert es, was ein Promi über den anderen sagt und umgekehrt? Mich nicht, deshalb schalte ich auch nicht ein.

### E 2 Leseverstehen: Die Tageszeitung ist nicht out, aber ...

**Seite 107**

1 a) und b) treffen zu.

2 a), b), d) treffen zu.

**Seite 108**

3 c) trifft zu.

4 a) trifft zu.

5 a) trifft zu.

6 b) trifft zu.

7 a) sinkende Abonnementzahlen und Werbeeinnahmen
b) Internet bietet viele Angebote im Nachrichtenbereich, die schnell verfügbar sind
c) andere Medien (Fernsehen, Radio)

**Seite 109**

8 Das Balkendiagramm, welches vom Bundesverband Deutscher Zeitungsverleger herausgegeben wurde, beschreibt die Entwicklung der E-Paper-Auflagen in Deutschland. Betrachtet wird der Zeitraum von 2005 bis 2015. Es fällt auf, dass die Auflage der E-Paper kontinuierlich gestiegen ist. Betrug die Auflage der verkauften E-Paper im Jahre 2005 nur etwas mehr als 20.000 Stück, liegt sie heute bei gut 800.000 Stück.
Anfangs wurden die Auflagen der E-Paper nur langsam höher, im Zeitraum von 2009 bis 2015 sind sie allerdings fast um das 10-fache angestiegen. Besonders in den letzten drei Jahren (ab 2013) ist ein sehr starker Anstieg von fast 400.000 Stück auf eine Auflage von 780.000 Stück festzustellen.

9 b) und c) treffen zu.

10 Der Text beschreibt, dass die Auflagen der klassischen, gedruckten Tageszeitungen immer niedriger werden. Als Grund dafür wird unter anderem die Übermacht des Internets angeben, und damit verbunden auch die Möglichkeit, die Zeitung als E-Paper auf dem Handy oder Tablet zu lesen.
Die Grafik unterstützt die Aussage des Textes, da sie zeigt, dass die die E-Paper-Auflagen immer weiter ansteigen und sich insbesondere den letzten drei Jahren fast verdoppelt haben.

11 Regionalzeitungen beziehen sich auf das unmittelbare regionale Umfeld. Hier gibt es weniger konkurrierende Angebote anderer Medien, wie Internet, aber auch Fernsehen und Radio.

12 Der Aussage, eines Schülers, der sagt, dass es sich nicht lohnt, die Regionalzeitung zu lesen, weil sie viel Überflüssiges enthält, stimme ich nicht zu. Natürlich kann ich im Internet gezielter nach Informationen zu bestimmten Nachrichtenthemen suchen, die mich interessieren. Ich interessiere mich aber auch für Lokalpolitik und die Sportvereine bei uns im Ort. Hierzu finde ich Internet in der Regel nur wenige Informationen, die Regionalzeitung berichtet aber ausführlich über diese Themen. Jeden Montag finde ich dort Informationen darüber, wie unser Fußballverein bei den Spielen am Wochenende abgeschnitten hat. Auch wenn es an unserer Schule besondere Veranstaltungen und Aktionen gibt, wird in unserer Regionalzeitung darüber berichtet. Deshalb lohnt sich für mich ein Abonnement auf jeden Fall.

## E 3 Was bedeutet die Aufgabenstellung „Untersuche und vergleiche ...?"

**Seite 110**

1. • Fasse zusammen, was Experten unter Jugendsprache verstehen (M1).
   • Erläutere kurz, welche Kritik an der Jugendsprache geübt wird und ob diese berechtigt ist (M2).
   • Setze M1 und M2 zueinander in Beziehung, indem du erklärst, warum Jugendliche eine eigene Sprache benutzen und welche besonderen Merkmale diese hat. Verdeutliche in diesem Zusammenhang insbesondere den Unterschied zwischen mündlicher und schriftlicher Jugendsprache anhand von jeweils zwei Beispielen.

2. Hans Zehetmair, Vorsitzender des deutschen Rechtschreibrats, kritisiert den Sprachgebrauch Jugendlicher. Er klagt: *„Unsere Zeit ist so schnelllebig geworden. Da müssen Sie sich nur die Twitter-Beiträge ansehen, in denen es keine ganzen Sätze mehr gibt. Die Jugend schreibt keine Liebesbriefe mehr, sondern „HDL – Hab dich lieb", um eine Liebe zum Ausdruck zu bringen."*
Nimm Stellung zu diesen Aussagen und begründe deine Meinung. Beziehe dich dabei auch auf die Materialien.

3. – Stellen, die Gründe für die Verwendung von Jugendsprache und deren Besonderheiten nennen
   – Stellen, die typische Merkmale von mündlicher und schriftlicher Jugendsprache nennen

## E 6 Aufgabentyp 4b: Jugendsprache

**Seite 115 – 117**

1.– 11. Lösungshilfen zu den Aufgaben befinden sich direkt im Arbeitsheft sowie in der nachfolgenden Musterlösung zur Schreibaufgabe.

**Seite 117**

12. Mögliche Schülerlösung:

1 Material 1 ist ein Text von Harald Stöveken aus dem Jahr 2016 mit der Überschrift „Was ist eigentlich Jugendsprache?". Der Text stützt sich auf Informationen aus dem Buch „Sprache oder Was den Mensch zum Menschen macht" von Nikolaus Nützel. Das Buch ist 2009 in München erschienen.
In Material 2 wird eine Sprachforscherin zu dem Thema „Wie sich bei Jugendlichen die Schriftsprache verändert" interviewt. Bei dem Interview handelt es sich um einen Zeitungsartikel von Hans Neubauer aus den Neustädter Nachrichten vom 18.07.2016.
Beide Materialien beschäftigen sich also mit dem Thema Jugendsprache.
Beschäftigt man sich näher mit der Frage danach, was Experten unter Jugendsprache verstehen, so fällt auf,

dass es gar nicht so leicht ist, eine Antwort auf diese Frage zu finden. Die Sprachforschung tut sich sehr schwer damit, zu sagen, was Jugendsprache genau ist. Einigkeit herrscht aber zumindest darüber, dass Jugendsprache eine gewisse Art ist, sich auszudrücken, die die meisten Jugendlichen mehr oder weniger intensiv nutzen. Eine einheitliche Definition von Jugendsprache gibt es jedoch nicht. Ein Grund dafür ist, dass Jugendsprache von Ort zu Ort, oft sogar von Clique zu Clique und Jahrgang zu Jahrgang verschieden ist. Jugendsprache ist deshalb auch keine Sprache wie Englisch oder Französisch. Vielmehr benutzen Jugendliche unterschiedliche Ausprägungen ihrer eigenen Sprache, es spricht also auch nicht jeder Jugendliche im gleichen Maße jugendsprachlich.

Kritiker sagen der Jugendsprache immer wieder negative Auswirkungen auf den Sprachgebrauch Jugendlicher nach. Angeblich verlernen Jugendliche dadurch das richtige Sprechen und die korrekte Grammatik, was zu Problemen in der Schule führt, wenn es z.B. darum geht, eigene Texte zu verfassen. Auch hört man häufig, dass Jugendliche angeblich später erwachsen werden, wenn sie Jugendsprache verwenden, und zwar weil sie sich dadurch länger jung bzw. jugendlich fühlen. Und nicht zuletzt ist Jugendsprache für Erwachsene oft nur schwer zu verstehen und ihnen gegenüber nicht sehr respektvoll. Aber auch wenn es der Jugendsprache gegenüber viele Vorbehalte gibt, so muss doch fairerweise gesagt werden, dass Studien ergeben haben, dass sich ihre Verwendung in keinster Weise negativ auf den Sprachgebrauch von Jugendlichen auswirkt.

Warum verwenden Jugendliche aber nun eine „eigene" Sprache? Die Antwort auf diese Frage wird in den Materialien M1 und M2 gegeben. In beiden Materialien wird hervorgehoben, dass Jugendliche sich durch die Verwendung von Jugendsprache von den Erwachsenen und deren Welt abgrenzen wollen (M1, Z. 5; M2, Z. 2). In M2 heißt es in diesem Zusammenhang ergänzend, dass die Jugend sich durch ihre Sprache auch einen Teilbereich ihrer eigenen Identität sichert (Z. 3) und durch das Brechen der sprachlichen Regeln Protest und Rebellion ausgedrückt werden sollen (Z. 4 – 5).

Und was sind die besonderen sprachlichen Merkmale der Jugendsprache? Zu diesem Thema geben M1 und M2 gleichermaßen Auskunft. In M1 wird darauf verwiesen, dass Jugendsprache vor allem typisch für die mündliche Kommunikation der Jugendlichen untereinander ist (Z. 5 – 7). Dementsprechend nennt M1 auch typische Beispiele für mündliche Jugendsprache z. B. besondere Begrüßungsformeln wie „Hey, Digger" oder „Was geht, Alter?", die oft auch die Zugehörigkeit zu einer bestimmten Clique oder Gruppe anzeigen. Solche Ansprachen kann man jeden Morgen oder auch am Tag auf dem Schulhof hören und sie unterscheiden sich oft auch von Clique zu Clique. Gerne verwenden Jugendliche beim Sprechen miteinander aber auch Begriffe aus dem Englischen, wie beispielsweise „cruisen" oder „chillen". Das klingt „cool" und modern. Manchmal entstehen so übrigens auch ganz neue Begriffe, die nicht einmal ein Engländer oder Amerikaner noch verstehen würde. Ein gutes Beispiel hierfür ist das Verb „dissen", was so viel bedeutet wie „beschimpfen". Eigentlich kommt dieses Wort von dem englischen Verb „to disrespect", was „missachten" bedeutet. Hip-Hop-Musiker machten daraus „to diss". Dieses Wort wurde daraufhin von Jugendlichen hierzulande eingedeutscht.

In M2 wird auch darauf verwiesen, dass Jugendsprache eher typisch für die mündliche Kommunikation ist. M2 geht aber weiter als M1, indem dort ausgesagt wird, dass dies vor allem früher so war und es heute durch die neuen Kommunikationsmöglichkeiten über Twitter, Facebook und Co. erstmals auch so etwas wie eine schriftliche Jugendsprache gibt (Z. 29 – 31). Typisch hierfür ist, dass Rechtschreibung, Grammatik und Zeichensetzung keine große Rolle spielen. Und da es im Zusammenhang mit der Kommunikation über Smartphone und Internet in der Regel schnell gehen muss, weil man sich nicht die Finger auf dem Display des Handys wund tippen will, sind Abkürzungen wie z. B. Kurzsätze („lol" für „laughing out loud") oder Lautmalereien („cu" für „see you") genauso typische Merkmale für die schriftliche Jugendsprache wie die Verwendung von Symbolen (z.B. Smileys).

**2** Den besonderen Sprachgebrauch Jugendlicher hat Hans Zehetmair, Vorsitzender des deutschen Rechtschreibrats, kritisiert. Er klagt: „Unsere Zeit ist so schnelllebig geworden. Da müssen Sie sich nur die Twitter-Beiträge ansehen, in denen es keine ganzen Sätze mehr gibt. Die Jugend schreibt keine Liebesbriefe mehr, sondern „HDL – Hab dich lieb", um eine Liebe zum Ausdruck zu bringen."

Diese Kritik von Hans Zehetmeier kann ich nur schwer nachvollziehen. Er bemängelt ja, dass Jugendliche kaum noch ganze Sätze verwenden. Diesem Vorwurf kann ich nicht zustimmen, ich halte ihn für falsch. Natürlich werden in Handy-Nachrichten oder in sozialen Medien wie Twitter viele Abkürzungen verwendet, damit man die Mitteilungen schnell lesen und auch entsprechend schnell antworten kann. Dies lässt sich aber durch die Besonderheiten des Mediums begründen und hat meiner Meinung nach gar nicht so viel mit Jugendsprache zu tun. Schließlich schreiben wir Jugendlichen in Klassenarbeiten, Referaten, Abschlussprüfungen oder in Bewerbungsschreiben natürlich in ganzen Sätzen, die der Standardsprache entsprechen und die keine Abkürzungen enthalten. Und wenn wir mit Erwachsenen sprechen, z. B. den Lehrern, sprechen wir natürlich auch anders als mit unseren Freunden. Außerdem ist es meiner Meinung nach durchaus auch eine Leistung, wenn man in der Lage ist, seine Sprache an eine bestimmte Situation anzupassen – und das tun wir Jugendlichen ja ständig. Und sich gute Abkürzungen und leicht verständliche Kurzsätze auszudenken, mit denen man die Kommunikation per Handy usw. einfacher und schneller gestalten kann, ist gar nicht so einfach. Dazu muss man durchaus sehr kreativ mit Sprache umgehen. Und natürlich ist eine SMS mit „HDL" etwas anderes als ein Liebesbrief. Aber zwischendurch freut sich meine Freundin auch darüber!

## E 7 Aufgabentyp 4b: Kinderfotos im Internet

### Seite 118

**1** Mögliche Schülerantwort:

Die drei Materialien befassen sich aus unterschiedlichen Sichtweisen mit der Veröffentlichung von Kinderfotos im Internet, z. B. über soziale Netzwerke. Im Material 1 („Nicht alles von sich preisgeben"), einem Text von Ken Voest, der auf einem Zeitungsartikel aus den Lüdenscheider Nachrichten vom 16.10.2015 basiert, geht es um eine Facebook-Aktion der Hagener Polizei gegen Kinderfotos im Netz. Material 2 „Kinderfotos – Das Risiko steigt mit jeder Information" ist ein Interview mit einem Kriminalhauptkommissar, der über die Gefahren bezüglich der Veröffentlichung von Kinderfotos im Netz aufklärt und diesbezüglich Ratschläge für Eltern gibt. Das Interview stammt aus der Hildesheimer Zeitung vom 22.10.2015.

In Material 3 werden die unterschiedlichen Meinungen von zwei bloggenden Müttern zum Thema „Kinderfotos im Netz" dargestellt. Die Ausschnitte wurden einem Zeitungsartikel der Berliner Zeitung mit dem Titel „Sollte man Kinderfotos bei Facebook posten – ja oder nein?" entnommen.

In Material 1 wird festgestellt, dass immer mehr Menschen glückliche Familienmomente mit ihren Kindern mit einem Foto festhalten und über die sozialen Netzwerke im Internet veröffentlichen. Damit sind die Bilder teilweise für jedermann sichtbar. Und das Netz vergisst nie. Deshalb hat die Polizei Hagen die Kampagne „Auch ich habe eine Privatsphäre" gestartet. Diese appelliert an alle, vornehmlich Eltern, keine Fotos ihrer Kinder mehr im Internet zu veröffentlichen, da diese missbraucht werden oder den Kindern später peinlich sein könnten. Die Polizisten in Hagen nutzten Facebook, um über die Gefahren von Kinderfotos im Netz aufzuklären. So wurden mehr als sieben Millionen Menschen erreicht.

Eltern, die dennoch Fotos ihrer Kinder im Internet veröffentlichen möchten, sollten auf jeden Fall einige Dinge beachten. So wird in M2 beispielsweise dazu geraten, zunächst einmal vorsichtig und zurückhaltend bei der Veröffentlichung persönlicher Daten zu sein. Außerdem müssen PC und Smartphone immer durch aktuelle Software und die neuste Version eines Virenscanners geschützt sein, damit sich niemand ungefragt Zugang zu Daten und Bildern verschaffen kann. In sozialen Netzwerken, auf dem Familien-Blog oder auf der eigenen Homepage sollte außerdem grundsätzlich eine Privatsphären-Einstellung gewählt werden, die die Bilder der Kinder nur für ausgewählte Freunde oder Verwandte zugänglich macht, um deren Missbrauch zu verhindern. Außerdem sollte man grundsätzlich darauf achten, die Kinder nicht unbekleidet oder in Situationen zu zeigen, die ihnen schaden oder später einmal peinlich sein könnten. Wenn man Kinderfotos unbedingt für alle öffentlich sichtbar posten möchte, kann man diese beispielsweise so aufnehmen, dass die Kinder nicht zu erkennen sind, indem man sie von hinten aufnimmt oder nur einen kleinen Teil des Körpers, wie z. B. die Hand oder den Fuß, zeigt. Eltern können insbesondere ältere Kinder auch einfach fragen, ob sie damit einverstanden sind, wenn ein bestimmtes Bild von ihnen ins Internet gestellt wird.

Material 3 zitiert einmal die Bloggerin und Mutter Henriette Zwick, die ganz bewusst Fotos ihrer Kinder im Internet postet. Ihre Postition deckt sich nur zu einem kleinen Teil mit den in M1 und M2 dargestellten Positionen, schließlich wird insbesondere in M1 dazu aufgefordert, gar keine Fotos der eigenen Kinder mehr ungeschützt im Internet zu veröffentlichen (M1, Z. 7–9), während Henriette Zwick genau dies tut, weil sie der Meinung ist, dass nicht die Eltern schuld sind, wenn die Bilder der Kinder missbraucht werden, sondern derjenige der den Missbrauch betreibt (M3, Z. 7–9). Allerdings geht Henriette Zwick auch davon aus, dass Eltern, ihren Kindern nicht absichtlich schaden wollen und darüber hinaus noch über eine gewisse Medienkompetentz verfügen. Ihnen sollte also klar sein, dass man das eigene Kind weder nackt noch in peinlichen Situationen im Internet veröffentlicht. Diese Position deckt sich mit der des Social-Media-Kommissars Tino Schäfer in M1, der sagt, dass Eltern nicht fahrlässig sein und ungeschützt Fotos ihrer Kinder veröffentlichen dürfen, die diese nackt oder leicht bekleidet zeigen (Z. 9 –11).

Die zweite Mutter, die in M3 zitiert wird, die Bloggerin Nina Massek, hat einen Mittelweg gewählt. So überlegt Massek ganz genau, welche Fotos ihrer Familie sie postet und auch welche Texte zu diesem Thema sie ins Netz stellt. Ihre Kinder werden auf öffentlichen Profilen nur von der Seite, von oben oder hinten gezeigt, sodass sie nicht zu erkennen sind. Ihre Position wird dabei durch die Aussagen in M1 und M2 gestützt, da sie nicht fahrlässig Bilder ihrer Kinder ungeschützt im Internet veröffentlicht (vgl. M1, Z. 8–11) und sehr zurückhaltend mit der Veröffentlichung persönlicher Daten ihrer Kinder ist (vgl. M2, Z.18).

**2** Der Mutter, die sagt: „Wovor wollen wir unsere Kinder schützen? Vor der Wirklichkeit? Wir leben im Jahr 2017, da muss man mit dem Internet leben.", stimme ich deshalb nur teilweise zu. Ich finde nämlich, dass diese Mutter es sich zu leicht macht. Natürlich gehört das Internet heutzutage zu unserem täglichen Leben, aber das bedeutet ja nicht, dass man leichtfertig mit seinen Daten und Fotos umgehen muss. Generell ist es ja die Aufgabe der Eltern, ihre Kinder zu schützen und sie auf das Leben vorzubereiten. Und in der heutigen Zeit gehört auch der Umgang mit dem Internet dazu. Die Eltern müssen daher mit gutem Beispiel voran gehen und können nicht einfach ungefragt Bilder ihrer Kinder veröffentlichen, nur weil diese sich nicht dagegen wehren können. Wie auch der in M2 zitierte Kriminalhauptkommissar, bin ich der Meinung, dass man seine Kinder nur dann vor Mobbing und Missbrauch bewahren kann, wenn man ihre Daten und damit auch ihre Fotos schützt. Gleichzeit vermittelt man seinen Kindern so auch einen verantwortungsvollen Umgang mit Internet und sozialen Medien.

## E 8 Aufgabentyp 4b: Das Smartphone – Unser ständiger Begleiter

### Seite 120

**1** Möglicher Schülertext:

Alle drei Materialien beschäftigen sich damit, wie der Gebrauch des Handys oder Smartphones unser tägliches Leben prägt und beeinflusst. In dem Text M1 von Harald Stöveken aus dem Jahr 2016 wird allgemein darüber informiert, welche Rolle das Handy bzw. das Smartphone mittlerweile in unserem Leben spielt. Material 2 ist ein bitkom-Schaubild mit dem Titel „Zwei Drittel hören Mu-

sik auf dem Smartphone: Was Smartphone-Nutzer mit ihrem Gerät machen“. Es stellt dar, wofür Smartphone-Nutzer ihr Gerät am häufigsten nutzen. Material 3 basiert auf einem Zeitungsartikel namens „Menschen, die auf Smartphones starren“ von Helmut Hetzel. Der Text ist in der Hannoverschen Allgemeinen Zeitung vom 16.01.2016 erschienen und beschreibt, dass man täglich an Supermarktkassen, im Bus oder in der Schlange beim Bäcker beobachten kann, dass die Menschen nicht mehr einfach warten, bis sie bedient werden, sondern stattdessen nur noch mit ihrem Smartphone beschäftigt sind.
Material 1 macht deutlich, wie stark das Mobiltelefon unseren Alltag verändert hat. So gibt es in 9 von 10 deutschen Haushalten mittlerweile mindestens ein Handy. In der Altersgruppe der 12- bis 19-Jährigen besitzen sogar 98 Prozent ein Handy, die meisten sogar ein Smartphone. Die Möglichkeiten, diese Geräte zu nutzen, werden immer vielfältiger und komplexer. So ist ein Smartphone gleichzeitig Fotoapparat und Videokamera, Vokabeltrainer, ein Gerät zum Abspielen von Musik, ein Navi usw. Über ihr Mobiltelefon sind die Menschen heute ständig erreichbar und erwarten dies auch von ihren Mitmenschen. Trotzdem geht mehr als die Hälfte der Telefongespräche, Nachrichten und SMS über das Handy nur an durchschnittlich vier bis sechs Menschen, nämlich an die engsten Verwandten und Freunde. Forscher sehen in dieser Zahl den Beweis dafür, wie stark das Mobiltelefon zum festen Bestandteil der Privatsphäre geworden ist.
Material 2 gibt Auskunft darüber, wofür Smartphone-Nutzer ihr Handy alles nutzen. 99 Prozent aller Smartphone-Besitzer nutzen dieses zum Telefonieren. Knapp dahinter, mit 89 Prozent, folgt die Handy-Nutzung zum Fotografieren oder als Verwendung einer Videokamera. Immerhin noch 80 Prozent nutzen es als Suchmaschine, um damit im Internet bestimmte Informationen ausfindig zu machen. Um Kurznachrichten und SMS zu versenden, als Terminplaner, Abspielgerät für Musik und für die sozialen Netzwerke benutzen es 76 bis 67 Prozent aller Smartphone-Besitzer. Das Verschicken von E-Mails als Verwendungszweck wird von 55 Prozent aller Handy-Nutzer angeben. Über die Hälfte aller Smartphonebesitzer lässt sich sogar morgens schon vom Smartphone wecken (54 Prozent)! Selbst als Navigationsgerät oder als Kartendienst wird das Smartphone noch von mehr als der Hälfte aller Nutzer (53 %) eingesetzt.
Material 3 beschreibt, wie sich viele Handy-Nutzer täglich an Supermarktkassen, im Bus, in der Schlange beim Bäcker oder im Restaurant verhalten. Sie warten nicht mehr einfach nur, bis sie an der Reihe sind, sondern sind stattdessen nur noch mit ihrem Smartphone beschäftigt. Deshalb hat nun ein Bäcker seinen Kunden in der Warteschlange verboten, das Handy zu nutzen. Er findet, es sei unhöflich und beleidigend für das Personal (Z. 9 – 10). Er ist nicht der Einzige, den dieses Verhalten stört. In bestimmten Restaurants werden Gäste nicht mehr bedient, die mit ihrem Smartphone am Tisch telefonieren, weil andere Gäste, die in Ruhe essen und sich unterhalten wollen, nicht gestört werden sollen (Z. 15 – 18).
Alle drei Materialien verdeutlichen gut, dass das Handy bzw. Smartphone heute eine zentrale Bedeutung für unser Leben hat. M1 wägt dabei recht sachlich die Vor- und Nachteile des Smartphones gegeneinander ab. Als deutliche Vorteile werden dabei die immer vielfältiger werdenden Nutzungsmöglichkeiten genannt. Die Aussagen und Beispiele der positiven Nutzung, z.B. Posten in sozialen Netzwerken, vielfältige Kamerafunktionen oder um Musik zu hören (Z. 9 – 12), werden anhand der Aussagen von M2 durch entsprechende Prozentzahlen belegt. Als deutlicher Vorteil wird in M1 (Z. 21 – 24) der kommunikative Aspekt des Smartphones, wie das Verschicken von netten SMS oder fröhlich machenden Videos, genannt.
Deutlich negativer wird die Handy-Nutzung in M3 gesehen. Hier werden vor allem die Nachteile des Smartphones genannt. Anhand konkreter Alltagsbeispiele wird hier aufgezeigt, dass die Verwendung des Handys eher die Kommunikation mit den Menschen, die unmittelbar um den Nutzer herum agieren, hemmt. So werden Verkäufer beispielsweise von den telefonierenden oder surfenden Kunden ignoriert (Z. 8 – 10). Auch in M1 werden Nachteile des Handy-Gebrauchs genannt. So bewirkt die starke Handy-Verbreitung, dass es für die überwiegende Anzahl der Smartphone-Nutzer selbstverständlich ist, ständig erreichbar zu sein und dass dies auch von den Mitmenschen erwartet wird (Z. 5 – 7, Z. 13 – 14). Somit kann die ständige Verwendung des Handys zu einer starken Beeinträchtigung der Privatsphäre führen.

❷ Der Aussage des Schülers, dass er nicht mehr in ein Restaurant gehen würde, in dem ein Handy-Verbot herrscht, stimme ich nicht zu. Ich möchte in einem Restaurant ungestört und in Ruhe essen und mich unterhalten, denn das ist für mich Entspannung. Deshalb würde es mich sehr stören, wenn ich die Telefongespräche der Leute am Nachbartisch mitverfolgen müsste. Daher kann ich die Aktion des Restaurantbesitzers, wie sie in M3, Z. 15 – 19 beschrieben ist, gut verstehen. Ich denke auch, dass man als Smartphone-Besitzer nicht überall erreichbar sein muss. Deshalb schalte ich mein Handy auf lautlos, wenn ich in einem Restaurant esse. Das erwarte ich auch von anderen Gästen. Falls dann tatsächlich mal ein wirklich wichtiger Anruf käme, stört der Klingelton niemanden und ich könnte außerhalb des Restaurants telefonieren, ohne jemanden zu belästigen.

## F Original-Prüfungsaufgaben: Hauptschulabschluss NRW 2016

### F 1 Leseverstehen: Dirk Hautkapp: Vor 30 Jahren wurde der erste Smiley erfunden

**Seite 123**

1 b) trifft zu.

2 c) trifft zu.

**Seite 124**

3 c) trifft zu.

4 d) trifft zu.

5 a) trifft zu.

6 b) trifft zu.

7 c) trifft zu.

**Seite 125**

8 d) trifft zu.

9 Die digitalen Smileys werden zu häufig eingesetzt.

10 c) trifft zu.

11 Einerseits freut Fahlman sich über den Erfolg seiner Erfindung und darüber, dass die Smileys die schriftliche Kommunikation erleichtern. Andererseits steht er dem Überangebot von Emoticons, was es mittlerweile gibt, kritisch gegenüber, weil er diese häßlich findet. Gleichzeitig bemängelt er, dass durch die Emoticons nicht mehr die Notwendigkeit besteht, mithilfe der Tastatur neue Smileys zu erschaffen.

12 Ich finde, dass die Schülerin mit ihrer Aussage recht hat: Smileys können Wörter wirklich gut ersetzen. Anstatt umständlich ausformulieren zu müssen, wie es einem geht oder wie man zu einer bestimmten Sache steht, kann man mithilfe eines Smileys einfach auf den Punkt bringen, worum es einem geht. Auch können schriftliche Aussagen mithilfe von Smileys aussagekräftiger gemacht und Missverständnisse vermieden werden, da durch die Verwendung eines entsprechenden Smileys sofort deutlich wird, ob eine Nachricht ironisch, spöttisch, freundlich usw. gemeint ist.

### F 2 Aufgabentyp 4a: Markus Zusak: Underdog

**Seite 126**

In dem Textauszug „Underdog“ von Markus Zusak geht es um den Jungen Cameron, der dem Mädchen seiner Träume begegnet.

Der Autor schildert, wie der Ich-Erzähler gemeinsam mit seinem Vater Bauarbeiten an einem Wohnhaus erledigt, das der Familie des Mädchens Rebecca gehört. Während Cameron einen Graben aushebt, besichtigt die Familie ihr Anwesen. Dabei lernt Cameron Rebecca kennen. Camerons Vater stellt der Familie des Bauherrn seinen Sohn vor. Währenddessen hat Cameron Zeit, Rebecca zu betrachten. Während Camerons Vater Rebeccas Eltern auf der Baustelle herumführt, bleiben Cameron und Rebecca alleine zurück. Der Ich-Erzähler ist befangen und weiß nicht so recht, was er nun tun soll. Rebecca gefällt ihm, aber er findet keine passenden Worte. Er äußert lediglich, dass er gerne auf der Baustelle arbeitet. Im Verlauf des Nachmittags denkt er unaufhörlich an Rebecca. Er beginnt, sich in Rebecca zu verlieben, und genießt diese für ihn neue Erfahrung.

Cameron ist sofort fasziniert von Rebecca. Vor Überraschung, dass sie vor ihm steht, verschluckt er sich beinahe (Z. 17f.). Als er mit Rebecca allein ist, ist er unsicher. Er weiß nicht, was er tun soll (Z. 33). Zu diesem Zeitpunkt stellt er sich einige kurze Fragen, die zeigen, dass ihm verschiedene Möglichkeiten durch den Kopf gehen, er aber auch unter Druck steht, denn die Fragen bestehen meist nur aus einem Wort (Z. 33–35). Auch nachdem sich Cameron und Rebecca auf Liegestühle gesetzt haben, wirkt er immer noch unsicher und verwirrt. Unvollständige und kurze Sätze verdeutlichen seine Verwirrung. Er traut sich nicht, sie länger anzusehen, schaut sie kurz an, dann schaut er wieder weg (Z. 37f.). Schließlich äußert er, dass er gerne auf der Baustelle arbeitet, hält diese Äußerung aber gleich für unangemessen und blöd (Z. 42–43). Cameron ist so verwirrt, dass er nicht in der Lage ist, das auszudrücken, was er wirklich sagen will, hofft aber darauf, dass Rebecca so einfühlsam ist, dass sie ihn versteht. Seine Unzufriedenheit mit seiner Äußerung zeigt sich darin, dass er diesen Satz immer wieder aufruft, ihn verkürzt und umstellt (Z. 42ff.). Cameron ist fasziniert und sehr beeindruckt von Rebecca. Sehr detailliert nennt er, was ihm alles an ihr gefällt: der Name, ihr Gesicht und ihre Stimme. Sprachlich steigert er sich bei der Beschreibung (Z. 50f.). Seine zunehmende Verliebtheit bewirkt, dass er während der weiteren Arbeit an dem Graben keinerlei Schmerzen mehr spürt. Die Begegnung mit Rebecca hat ihn betäubt. Wie gut ihm Rebecca gefällt und wie gut er sich dabei fühlt, zeigt sich auch in vielen Wiederholungen, die er verwendet. Er spricht mehrfach von „einer neuen Erfahrung“ (Z. 62). Auch die Adjektive, die er bei der Beschreibung von Rebecca verwendet, sind alle sehr positiv. Es reicht dem Ich-Erzähler nicht, ihre Augen zu erwähnen, sondern er stellt heraus, dass diese Augen „lebendig“ (Z. 67). sind. Ihre Haare sind „hell“ und vieles an ihr ist „hübsch“ (Z. 68ff.). Außerdem betont der Ich-Erzähler, dass Rebecca keine Fantasiegestalt ist, sondern Wirklichkeit (Z. 71). Ihm ist es sehr wichtig, dass es sich um keinen Traum handelt, sondern dass er Rebecca tatsächlich begegnet ist. Daher verwendet er das Wort „wirklich“ mehrfach (Z. 20). Rebecca hat demnach ein „wirkliches“ Gesicht, „wirkliche“ Lippen und eine „wirkliche“ Stimme.

Der Ich-Erzähler zweifelt bei der Begegnung mit Rebecca an sich. Er bezeichnet sich selbst als „Trottel“ (Z. 38). Ironisch stellt er fest, wie gut er mit Frauen umgehen kann (Z. 39). Das zeigt, dass er offensichtlich bisher noch keine Freundin hatte. Während er krampfhaft versucht, mit Rebecca ins Gespräch zu kommen, ist ihm sein eingeschränktes Gesprächsverhalten sehr bewusst. So vergleicht er sich mit „einem scheinbar Geisteskranken“ (Z. 41) und hält seine Äußerung für einen „idiotischen Spruch“ (Z. 43f.). Kritisch stellt er fest, dass er bei seinem Verhalten nicht mehr als ein „Hallo“ verdient hat (Z. 52f.). Zudem vergleicht er seine bisherigen Erfahrungen mit Mädchen und stellt fest, dass er bisher schon mal ausgelacht wurde, es aber eine neue und schöne Erfahrung ist, gemeinsam mit einem Mädchen zu lachen (Z. 62ff.). Dem Ich-Erzähler ist zudem klar, dass er Rebecca niemals schlecht behandeln wird (Z. 65f.).

Text aus der Sicht von Rebecca:

Heute habe ich Cameron auf unserer Baustelle kennengelernt. Er schachtete gemeinsam mit seinem Vater einen Graben auf unserem Grundstück aus. Während meine Eltern mit Camerons Vater auf Besichtigungstour gingen, blieb ich bei Cameron. Er hatte uns wohl zuerst gar nicht bemerkt. Hinter seinem Vater kletterte er aus dem Graben und machte dabei einen ziemlich müden Eindruck. Offensichtlich hatte er sich schwer angestrengt. Er wirkte ein wenig steif und sah ziemlich dreckig aus. Ich war aber ziemlich beeindruckt davon, dass er seinem Vater so fleißig bei der schweren Arbeit geholfen hat. Er achtete darauf, sich vorher die Hand an der Hose abzuwischen, bevor er uns allen mit Handschlag begrüßte. Da er ein wenig verwirrt wirkte, lächelte ich ihn aufmunternd an und begrüßte ihn mit einem „Hallo". Cameron scheint ziemlich schüchtern zu sein. Er suchte offenbar nach Worten, um ein Gespräch zu beginnen. Ich konnte fast sehen, wie es in seinem Kopf ratterte. Nach einer ganzen Weile meinte er dann, dass er gerne auf unserer Baustelle arbeitet. Fast gleichzeitig sah es so aus, als würde er seinen Satz bereuen. Wir lachten beide. Ich vermute, er lachte, weil er seinen Satz blöd fand, ich aber lachte, um ihm seine Anspannung zu nehmen. Ich wollte ihm zeigen, dass ich ihn sympathisch fand. Ich glaube, auch er hat sich für mich interessiert. Obwohl er so schweigsam war, hat er ab und zu zu mir herübergeguckt, dann aber wieder schnell weggesehen. Vielleicht hat er noch keine Freundin gehabt und ist deshalb unsicher. Als meine Eltern kamen und wir uns auf den Heimweg machten, sah ich, dass Cameron wieder in den Graben stieg, um weiterzuarbeiten. Er wirkte dabei aber nicht mehr so steif wie zu Beginn unserer Begegnung. Ich glaube, ich werde jetzt öfter zur Baustelle fahren. Vielleicht lernen wir uns ja bald besser kennen ...

## F 3 Aufgabentyp 2: Sprachenreichtum an unserer Schule

### Seite 128

### In mehreren Sprachen zu Hause – Was heißt das für uns?

Das Thema Mehrsprachigkeit geht uns alle an, denn unsere Gesellschaft verändert sich zusehends und verschiedene Sprachen werden auch für uns immer wichtiger, gleichermaßen aber auch alltäglicher. Zur Vorbereitung unseres Projekttages „Sprachenreichtum an unserer Schule" am 1. Juli wollen wir Schüler und Lehrkräfte auf dieses Thema vorbereiten.

Aber was ist eigentlich unter dem Begriff Mehrsprachigkeit zu verstehen? Es gibt verschiedene Arten von Mehrsprachigkeit: Zum einen spricht man von der Mehrsprachigkeit, über die man von Geburt an verfügt, da man die Sprachen durch seine Eltern oder auch im näheren Umfeld lernt. So kann es zum Beispiel sein, dass Mutter und Vater unterschiedliche Muttersprachen sprechen und diese dem Kind beibringen. Davon unterscheidet man die Mehrsprachigkeit, die beispielsweise über den Fremdsprachenunterricht in der Schule erworben wird, wie zum Beispiel durch die Fächer Englisch oder Französisch. Grundsätzlich müssen das aber nicht nur zwei Sprachen sein; es gibt auch Kinder und Jugendliche, die mit drei oder mehr Sprachen aufwachsen.

Die Jugendlichen, die mehrsprachig aufwachsen, werden von Geburt an mit zwei Sprachen erzogen. Sie lernen diese Sprachen also gleichzeitig, ohne dass ihnen das Erlernen besonders bewusst ist. Es fällt ihnen also leichter, als wenn sie eine neue Sprache mühsam in der Schule lernen müssen. Gerade im frühen Kindesalter sind Kinder nahezu „Sprachgenies" und ihnen fliegen neue Sprachen geradezu zu. Dazu kommt, dass Kinder Sprachen, die sie im alltäglichen Gebrauch stets verwenden, wesentlich besser beherrschen. Zudem zeigt sich, dass es Menschen, die mit mehreren Sprachen aufgewachsen sind, leichter fällt, weitere Sprachen zu lernen. Es gibt auch Hinweise darauf, dass durch die Mehrsprachigkeit das Denken an sich flexibler funktioniert.

In früheren Jahren hatte die Mehrsprachigkeit ein eher negatives Image. Die gängige Meinung war bis dahin, dass Kinder, die mit zwei Sprachen aufwachsen, Schwierigkeiten hätten, sich sprachlich oder körperlich problemlos zu entwickeln. Man ging davon aus, dass der gleichzeitige Erwerb von zwei Sprachen das Kind verwirrt und zu Sprachstörungen führt. Diese Annahmen sind jedoch veraltet und mittlerweile durch die Forschung vollkommen widerlegt. Heutzutage ist klar, dass Mehrsprachigkeit keine Probleme mit sich bringt, sondern eher Vorteile. Demzufolge hat sich die Einstellung zur Mehrsprachigkeit deutlich zum Positiven hin verändert.

Daher ist es heute eine gute Idee, Mehrsprachigkeit zu fördern, damit Auszubildende neben Deutsch auch noch weitere Sprachen sicher beherrschen, denn darauf legen Firmen mittlerweile großen Wert. Viele Firmen und Unternehmen unterhalten Geschäftsbeziehungen mit dem Ausland und betreiben Import oder Export. Für diese Handelsbeziehungen sind Sprachen unerlässlich. Aber auch intern, beispielsweise beim Einkauf von Waren und deren Lagerung sowie im Rechnungswesen, sind Fremdsprachenkenntnisse unbedingt erforderlich. Eine Studie der Europäischen Kommission aus dem Jahre 2006 hat zudem gezeigt, dass kleinere und mittlere Firmen höhere Handelseinnahmen erzielen, wenn sie Angestellte beschäftigen, die über gute Fremdsprachenkenntnisse verfügen. Das liegt sicher daran, dass es vorteilhaft ist, sich mit Kunden in deren Sprache austauschen zu können. So schaffen diese Unternehmen eine größere Kundennähe und haben Wettbewerbsvorteile anderen Firmen gegenüber.

Für meinen Text habe ich die Materialien M1, M2, M3 sowie M5 genutzt.

**Schreibplan zu Kapitel B 5**
**Seite 28/29**
5.–10.

| Aufgabe / Material | 1 a) Überschrift | 1 b) Mirjam Pressler vorstellen | 1 c) Themen ihrer Bücher | 1 d) Verknüpfung ihrer Lebenserfahrung mit der Welt ihrer Figuren | 1 e) Wieso Kinder-/Jugendbücher? | Daran muss ich denken: |
|---|---|---|---|---|---|---|
| M 1 | --- | – 1940 in Darmstadt geboren<br>– unterschiedliche Jobs<br>– 1 Jahr Aufenthalt in Kibbuz in Israel<br>– viele Auszeichnungen (Literaturpreise, Bundesverdienstkreuz)<br>– mehr als 30 veröffentlichte Bücher<br>– lebt heute in Bayern | --- | – uneheliches Kind einer jüdischen Mutter<br>– wuchs in Pflegefamilie und Kinderheim auf | --- | – Material sichten<br>– Informationen zu den Teilaufgaben markieren<br>– Randbemerkungen<br>– Stichworte aus den Materialien in den Schreibplan übertragen<br>– verwendete Materialien notieren |
| M 2 | --- | – aufgewachsen in Pflegefamilie und Kinderheim | – Themen: Kinder ohne Eltern, Kinder mit Behinderungen, keine heile Welt (Stichwort: beschädigte Kindheit) | – wuchs in Pflegefamilie und Kinderheim auf<br>– Geschichten waren für Pressler als Kind sehr wichtig (konnte oft nicht einschlafen)<br>– Geschichten gegen die Langeweile (Stichwort „Tagträumerin) | – keine heile Welt = Situationen die Kinder nicht ändern können<br>– Kinder sollen durch ihre Geschichten lernen, dass sie keine Schuld an den Umständen tragen, unter denen sie leben<br>– will Kindern den Mut geben, über ihre Situation zu sprechen, ihnen so die Scham nehmen und sie entlasten | |
| M 3 | --- | --- | – Heimkind Halinka | – Figur Halinka erinnert an Pressler als Kind: lebt im Heim, denkt sich Geschichten aus | --- | |
| M 4 | --- | – mit mehr als 30 veröffentlichten Büchern eine der erfolgreichsten Kinder- und Jugendbuchautorinnen in D.<br>– vielfach ausgezeichnet, auch für ihre Übersetzungen | – Geschichten von Außenseitern (übergewichtige oder behinderte Kinder, Schulversager, Heimkinder) | --- | – zeigt Einfühlungsvermögen in die komplizierte Seelenlage von Kindern | |
| M 5 | --- | --- | – Helden ihrer Bücher sind Außenseiter<br>– Geschichten kompromisslos und realistisch<br>– Geschichten gehen nicht immer gut aus | --- | – will Kinder mit ihren Schwierigkeiten ernst nehmen<br>– will sie zu stabilen Persönlichkeiten machen | |

**Schreibplan zu Kapitel B 6**

**Seite 35 – 38**
6. – 12.

| Teilaufgaben | Stichworte zur Bearbeitung |
|---|---|
| **❶ a) Einleitung: TATTE-Satz** | – <u>Titel</u>: Der Freund<br>– <u>Autorin</u>: Gina Ruck-Pauquèt<br>– <u>Textart</u>: kurze Erzählung (epischer Text)<br>– <u>Thema</u>: freundschaftliche Beziehung von zwei Jugendlichen mit unterschiedlichen Wertvorstellungen und Lebensweisen, die aufgrund von Enttäuschungen des Mädchens durch den Jungen endet<br>– <u>Erscheinungsjahr</u>: 1987 |
| **❶ b) Inhalt zusammenfassen** | – Therese und Bull sind befreundet, obwohl sie unterschiedlich sind: Therese kommt aus behüteten Verhältnissen, während Bull mit seinen 14 Jahren noch nicht einmal mehr die Schule besucht und auch nicht das tut, was Erwachsene von ihm erwarten würden; ebenso arbeitet er nicht<br>– Therese bringt ihrem Vater häufiger Essen in die Gärtnerei; ihr Vater ist nicht gesprächig, kümmert sich nicht weiter um sie<br>– dort trifft sie Bull zum ersten Mal; er liegt im Gras und spielt Mundharmonika; er erzählt, dass er aus einer schlechten Gegend kommt<br>– sie treffen sich fortan jeden Tag und vertreiben sich die Zeit mit Spielereien; Therese genießt die lustige Zeit mit Bull, obwohl sie vermutet, dass er stiehlt<br>– in der Schule wird ein gelber Wollschal gestohlen; Therese stellt Bull wegen des Schals zur Rede, doch er leugnet die Tat und lacht sie aus; sie zweifelt daraufhin, muss sich aber anstrengen, lustig zu wirken<br>– Tage später fehlt in der Schule eine dicke Winterjacke; Therese ahnt, wer sie gestohlen hat<br>– als sie zur Gärtnerei kommt, sieht sie Bull in der Jacke und fordert ihn auf, diese herauszugeben; er reagiert schroff und glaubt nicht, dass sie ihn verrät<br>– Therese verfällt in einen inneren Konflikt und überlegt sich in Gedanken Entschuldigungen für Bulls Tat; schließlich fasst sie einen Entschluss: Sie fährt zur Lehrerin, um ihr die Wahrheit zu sagen |
| **❶ c) Darstellung der Art der Beziehung zwischen Therese und Bull (das Besondere)** | – im ersten Absatz wird erzählt, dass Therese keine Schulfreunde hat (Z. 4 – 7); auch zu ihrem Vater scheint sie kein inniges Verhältnis zu haben (Z. 37 – 38, Z. 45 – 47), obwohl sie ihm oft das Essen in die Gärtnerei bringt ( Z. 29 – 31)<br>– dabei lernt sie Bull kennen, der dort einfach im Gras herumliegt (Z. 28 – 29); Bull genießt das Leben, er ist unkompliziert (Z. 48 – 56) → die Beziehung ist für Therese besonders, weil Bull einfach in den Tag hineinlebt; seine Lebensweise unterscheidet sich sehr von der Thereses (Z. 7 – 11, Z. 23 – 27), die mit ihren Eltern eher konservativ und traditionell lebt, während Bull das macht, was ihm Spaß macht; er kennt allerdings auch keine Regeln<br>– das Besondere an der Beziehung ist, dass sie sich gut verstehen und miteinander Spaß haben können, z. B. Mundharmonika spielen, Sonnenblumenkerne weitspucken oder Seifenblasen pusten (Z. 72 – 81, 93 – 95) → „Mit Bull war alles anders, leichter, fröhlicher.“ (Z. 98 – 100) |
| **❶ d) Erklärung dazu, warum Therese zu Hause nichts von Bull erzählt** | – Thereses Mutter bezeichnet die Häuser am Stadtrand als „Silos“ ( Z. 68)<br>– sie meint, dass in den „Wohnmaschinen“ (Z. 69) nur „Gesindel“ (Z. 71) leben würde → somit wertet sie gleichzeitig Bull als Person ab, denn der ist in dieser Siedlung zu Hause<br>– Therese weiß auch, dass die Eltern die Lebensweise Bulls nicht gutheißen würden („Seifenblasenfabrikant“, Z. 93 – 94), denn sie selber arbeiten den ganzen Tag (Z. 33 – 36) und erziehen Therese nach den gängigen Werten und Normen der Gesellschaft; ihnen ist Ehrlichkeit wichtig, und das merkt man später an Thereses Handeln (Z. 199 – 203)<br>– Therese glaubt, dass die Eltern nicht verstehen würden, warum sie sich so gut mit Bull versteht (Z. 101 – 103); deshalb erzählt sie zu Hause nichts von ihm; sie würden den Umgang mit ihm vermutlich nicht gutheißen<br>– zudem vermutet Therese auch, dass Bull die Sonnenblumenkerne aus der Gärtnerei ihres Vaters gestohlen hat (Z. 84 – 88) |

| | |
|---|---|
| **❶ e) Erläuterung dazu, warum die Freundschaft Therese in einen inneren Konflikt stürzt + Untersuchung der formalen und sprachlichen Gestaltung (Erzählform und -verhalten, Satzbau) + Textbelege** | – Bull kann nicht damit aufhören, zu stehlen; er besorgt sich die Dinge, die er im Leben braucht, einfach ohne zu fragen und ohne dafür Geld zu bezahlen; er bestiehlt ihren Vater und ihre Klassenkameraden (Z. 84 – 88: Sonnenblumenkerne, Z. 112 – 116: gelber Wollschal, Z. 158 – 161: dicker, grauer Janker)<br>– das ärgert Therese maßlos und sie wünscht sich zu Beginn noch, dass sie Unrecht mit ihren Vermutungen hat<br>– sie erkennt, dass Bull unehrlich ist und stiehlt, während sie selber eher offen und ehrlich ist; daher spricht sie den Diebstahl des gelben Wollschals in der Schule in seiner Gegenwart an (Z. 120 – 123), doch Bull grinst nur und sagt gar nichts dazu (Z. 126 – 127); daraus zieht sie ihre Schlussfolgerungen → sie verurteilt sein Handeln: „Das war gemein von dir!“ (Z. 119 – 120)<br>– nach dem dritten Diebstahl wird Therese richtig wütend (Z.174 – 182), denn Bull meint, das gehe sie nichts an (Z. 178); nach ihrer Drohung, etwas zu sagen, macht er sich sogar über sie lustig („“Das machst du nie!“ Bull lachte.“, Z. 178 – 181); sie zählt bis drei (Z. 181); und da sie ein konsequenter Mensch ist, fährt sie weg<br>– genau diese Konsequenz stürzt sie in einen inneren Konflikt, denn sie mag Bull eigentlich, doch durch die Er-/Sie-Erzählform mit personalem Erzählverhalten werden auch die Gedanken Thereses deutlich: als Aufzählung von Nebensätzen (Z. 185 – 188); sie sucht zunächst nach Entschuldigungen für sein schlechtes Verhalten; dann reagiert sie vernünftig, denn ihr ist klar, dass Bulls Verhalten nicht zu tolerieren ist (Z. 190 – 193): „Dass er es trotzdem nicht durfte. Weil kein Mensch das Recht hat, einem anderen etwas wegzunehmen.“ → Erzählform und –verhalten sorgen dafür, dass der Leser Thereses inneren Zwiespalt und ihren Entschluss, der Lehrerin am Ende die Wahrheit zu sagen (Z. 194 – 203), nachvollziehen kann; gleichermaßen lassen die kurzen Dialoge mit Bull Rückschlüsse auf dessen Charakter zu |
| **❶ f) Text aus der Sicht Thereses verfassen** | Text aus der Sicht Thereses in der Ich-Form verfassen, dabei folgende Inhalte berücksichtigen:<br><u>1. erläutern, warum Therese (=ich) Bull zunächst interessant findet</u><br>– Bull ist und lebt so ganz anders als ich, deswegen fand ich ihn gleich interessant<br>– er geht nicht mehr in die Schule und macht nur das, worauf er Lust hat<br>– er interessiert sich für mich und ich kann mit ihm lachen und Blödsinn machen, ich verbringe gerne Zeit mit Bull, denn mit ihm ist alles leichter und fröhlicher<br>– seit ich Bull kennen gelernt habe, bin ich endlich nicht mehr so alllein<br><br><u>2. erläutern, wie Therese (=ich) auf Bulls Lügen reagiert</u><br>– der erste Verdacht, dass Bull stiehlt, kam mir, als ich ihn in der Schule gesehen hatte; danach fehlte ein Schal<br>– nachdem ich ihn zur Rede gestellt hatte, grinste er nur – und ich wusste, dass er mich anlog, als er sagte, er würde nicht stehlen<br>– ich war verzweifelt, schließlich ist Bull mein Freund, trotzdem hat er nicht das Recht andere Menschen zu bestehlen.<br>– dann fehlte auch Jochens Wolljanker – und nachmittags hatte Bull genau diesen den Janker an; nachdem ich ihm auf den Kopf zugesagt habe, dass er den Janker gestohlen hat und Bull wieder abweisend reagierte, wurde es mir zu viel und ich habe beschlossen, Bull meiner Lehrerin zu melden<br><br><u>3. erläutern, wieso Therese (=ich) während des Besuchs bei ihrer Lehrerin traurig ist</u><br>– ich wusste, dass Bull das Gefühl haben würde, dass ich ihn verraten habe<br>– mir war klar, dass unsere Freundschaft vorbei ist und ich wieder allein sein würde<br>– es hat mich sehr bedrückt, dass Bull nicht ehrlich zu mir war, eben weil ich dachte wir seien Freunde; er hätte mir doch sagen können, dass er Hilfe braucht, dann hätte ich ihm auf ehrliche Weise Winterkleidung besorgt |

**Schreibplan zu Kapitel B 7**

**Seite 42 – 44**
6. – 11.

| **Teilaufgaben** | **Stichworte zur Bearbeitung** |
|---|---|
| **1 a) Einleitung: TATTE-Satz** | – Titel: Wolke 4<br>– Autor: Philipp Dittberner & Marv<br>– Textart: Liedtext (lyrischer Text)<br>– Thema: Beziehung zwischen 2 Partnern<br>– Erscheinungsjahr: 2015 |
| **1 b) Inhalt zusammenfassen** | – das lyrische Ich schildert, wie es seine jetzige Beziehung einschätzt<br>– vergleicht den Beziehungszustand mit der Wolke 4 und 7<br>– nennt Beispiele aus dem jetzigen Beziehungsalltag (=Wolke 4)<br>– äußert den Wunsch, auf Wolke 4 zu bleiben |
| **1 c) Einstellung zur Beziehung darstellen/Unterschied „Wolke 4/Wolke 7" erläutern** | – das lyrische Ich vergleicht die Beziehung mit der Stufe „Wolke 4" (V. 1)<br>– erklärt den Unterschied zur Stufe „Wolke 7" (man fällt nicht so tief (V. 3), „Wolke 7" = frühere Beziehung<br>– das lyrische Ich bittet darum, die derzeitige Stufe der Beziehung (Wolke 4) beizubehalten.<br>– war schon auf einer höheren Beziehungsstufe (Wolke 7), hat dort schlechte Erfahrungen gemacht<br>– ist lieber auf Stufe der Wolke 4 als ohne Partnerin bzw. Partner (V. 4)<br><br>Strophe 2:<br>– schildert Alltag (nichts Großartiges passiert, nur Kleinigkeiten (V. 5/6)<br>– sieht nicht die Wirklichkeit („maskiert", V. 5)<br><br>Strophe 4:<br>– geht auf Wolke 7 ein: hat nicht in Zukunft geguckt (V. 13), ist dann sehr verletzt worden (V. 14) = Liebeskummer<br>– seine Tage sind für ihn dunkel (V. 15) = Alltag = Wolke 4, auch Lächeln der neuen Partnerin tröstet nicht (V. 16), ist aber beständig |
| **1 d) Einstellung mithilfe von sprachlichen Mitteln erklären** | – Lyrisches Ich hat schlechte Erfahrungen auf Wolke 7 gemacht (V. 3), ihm reicht „Wolke 4" (V. 1) = höflicher Imperativ: bittet darum, bleiben zu können<br>– Vergleich: gibt sich mit weniger zufrieden (V. 4: „Lieber ... als...)<br>– Vorstellungskraft durch Redensart „auf Wolke 7 schweben" wird aktiviert (V. 2)<br>– Wirklichkeit trägt Maske (V. 7) = lyrisches Ich verdrängt die Wirklichkeit, will sie nicht sehen<br>– sachliche Sprache („gut zu wissen", „funktioniert")<br>– lyrisches Ich hat großen Liebeskummer(= Herz wurde zerbombt" = es wurde zerstört, nicht nur verletzt)<br>– „Lächeln" = „kleine" Freude im Gegensatz zu „Lachen", Zeichen für Wolke 4 |
| **1 e) Stellungnahme zur Aussage der Schülerin** | Ich stimme zu:<br>– ist nicht die große Liebe<br>– lyrisches Ich gibt sich mit weniger zufrieden<br>– Verhalten des lyrischen Ich ist unfair gegenüber dem neuen Partner bzw. der neuen Partnerin |

## Schreibplan zu Kapitel B 8

**Seite 50 – 51**
7. – 12.

| Teilaufgaben | M 1 | M 2 | M3 |
|---|---|---|---|
| **❶ a) TATTE-Satz = Vorstellen der Materialien/ Benennung des gemeinsamen Themas** | Titel: **Computerspiele** als Chance<br>Autor: Harald Stövken, unter Verwendung verschiedener Materialien<br>Textart: informierender Text<br>Erscheinungsjahr: 2016 | Titel: Sind sechs Stunden täglich zu viel?<br>Autor: erschienen im Neustädter Tageblatt<br>Textart: Interview<br>Erscheinungsjahr: 2016 | Titel: **Spieldauer** von Jugendlichen **am Computer**<br>Autor: entnommen von der Webseite: bk-amwasserturm.de<br>Textart: Diagramm<br>Erscheinungsjahr: – |
| **❶ b) erklären, wieso der Verfasser von M1 Computerspiele als Chance bezeichnet** | – Computerspiele ermöglichen das Lernen, sind Lernspiele und Lernhilfe<br>– fördern Kompetenzen in 5 Bereichen: Sensomotorik, kognitive Kompetenz, Medienkompetenz, soziale Kompetenz, persönlichkeitsbezogene Kompetenzen<br>– dahinter stehen Fähigkeiten, die im Berufsleben des 21. Jh. dringend benötigt werden (→ logisches Denken, Konzentrations- und Planungsfähigkeit, Umgang mit Computersoftware, Teamfähigkeit, usw.) | | |
| **❶ c) wesentliche Aussagen von M2 und M3 erläutern** | | Ein Medienforscher sagt:<br>– zur Feststellung einer Sucht nach Computerspielen sind mehrere Anzeichen über einen längeren Zeitraum notwendig (→ Steigerung der Spielzeit, oft trotz Verbot, Verheimlichen des Spielkonsums, Vernachlässigen der Freunde und bisheriger Interessen/ Hobbies, schulische Auffälligkeiten)<br>– übermäßiges Spielen führt zu lästigen Nebenwirkungen (→ Rücken- und Augenschmerzen, Verspannungen, Übermüdung, Stimmungswechsel, Teilnahmslosigkeit oder Aggressivität)<br>– die Auswirkungen von Computerspielen mit gewalttätigen Inhalten sind umstritten<br>– Spiele allein rufen keine Gewalttaten hervor, können aber eine deutlich aggressionsfördernde Wirkung haben | – Spieldauer von Jugendlichen am Computer, pro Woche<br>– Jungen vs. Mädchen<br>– 0 – 3 Std: Jungen mehr als 20 %, Mädchen mehr als 70%<br>– 4 – 7 Std. in der Woche: Jungen 20 %, Mädchen bei etwas mehr als 10 %<br>– 8 – 14 Std. in der Woche: Jungen bei über 20 %, Mädchen bei weit unter 10 %<br>– mehr als 14 Std. in der Woche: Jungen bei ungefähr 25 %, Mädchen bei ungefähr 2 %<br>Fazit: Jungen spielen weitaus länger als Mädchen, mehr als 60 % der befragten Jungen spielen mehr als 4 Std. in der Woche, davon etwas mehr als ein Drittel mehr als 14 Std. in der Woche! |

<table>
<tr>
<td>1 d) M1 mit M2 und M3 vergleichen: erläutern, ob Computerspiele wirklich eine Chance darstellen, dabei die Spieldauer und das unterschiedliche Spielverhalten von Jungen und Mädchen berücksichtigen</td>
<td colspan="3">M1 nennt nur positive Auswirkungen von Computerspielen und bezeichnet sie deshalb als Chance:<br>– fördern Kompetenzen in fünf Bereichen: Sensomotorik (z. B. in der Auge-Hand-Koordination), kognitive Kompetenzen (z. B. im logischen Denken), Medienkompetenz (z. B. im Umgang mit Computersoftware), soziale Kompetenz (z. B. Teamfähigkeit durch das Spiel in der Gruppe), persönlichkeitsbezogene Kompetenzen (z. B. im Umgang mit Erfolg und Misserfolg) → diese Fähigkeiten werden im Berufsleben des 21. Jahrhunderts unbedingt benötigt<br>→ Text geht in keiner Weise auf Nachteile ein, die das Spielen von Computerspielen mit sich bringt<br><br>M2 behandelt das Thema kritischer und macht deutlich, dass Computerspiele nur unter bestimmten Bedingungen eine Chance darstellen:<br>– informiert detailliert über bestimmte negative Auswirkung von Computerspielen (Sucht, gesundheitliche Probleme durch übermäßiges Spielen, aggressionsfördernde Wirkung von Spielen mit gewalttätigen Inhalten)<br>→ M2 zeichnet ein ganz anderes, viel kritischeres Bild als M1; es wird deutlich: Computerspiele stellen nur dann eine Chance für die Spielenden dar, wenn sie in Maßen gespielt werden<br><br>M3 nennt keine Vor- und Nachteile von Computerspielen, sondern informiert allgemein über die Spieldauer von Jugendlichen am Computer:<br>– macht deutlich, dass es unter den Jugendlichen durchaus eine nennenswerte Zahl an Vielspielern gibt, insbesondere unter den Jungen<br>→ M3 unterstreicht die Aussagen aus M2, indem es deutlich macht, dass das übermäßige Spielen am Computer und die damit verbundenen Probleme realistische Gefahren sind und Computerspiele deshalb insbesondere für Jungen nicht von vornherein eine Chance darstellen, sondern auch ein bestimmtes Gefahrenpotential bergen</td>
</tr>
<tr>
<td>2 Stellungnahme zur Aussage des Medienforschers + Begründung<br>(→ kein Verkauf von Computerspielen mit aggressiven Inhalten an Jugendliche unter 18, damit diese nicht süchtig oder sozial auffällig werden)</td>
<td></td>
<td>– kein sicherer Nachweis, dass sich Computerspiele mit gewalttätigem Inhalt negativ auf die Spielenden auswirken<br>– können aber zu verringertem Mitleidsgefühl und Abstumpfen gegenüber Gewalt führen → aggressionsfördernde Wirkung<br>– viele jugendliche Amokläufer haben harte Ballerspiele gespielt</td>
<td>– Zahlen aus Diagramm weisen darauf hin, dass insbesondere bei Jungen Suchtgefahr bestehen könnte</td>
</tr>
</table>

# Inhaltsverzeichnis

## A Vorbereitung auf die Abschlussprüfung



## B Arbeitstechniken und Strategien zur Bearbeitung von Schreibaufgaben



## C Prüfungsaufgaben zum Themenbereich „Sprachkultur und Leselust“



## D Prüfungsaufgaben zum Themenbereich „Eine Frage der Beziehung“



## E Prüfungsaufgaben zum Themenbereich „Medien und mehr“

## Was erwartet dich in diesem Arbeitsbuch?

Du bist in der 10. Klasse und vor dir liegt die Zentrale Prüfung nach Klasse 10, das große „FiNALE“. Darauf will dich dieses Arbeitsbuch vorbereiten. Es gibt dir die Möglichkeit, dich mit den Prüfungsaufgaben und ihren Anforderungen vertraut zu machen.

Im **Teil A** erhältst du Hinweise, wie du dich zweckmäßig auf die Prüfung vorbereiten kannst. An Beispielen lernst du Prüfungsaufgaben und ihre Bewertung kennen.

Im **Teil B** wiederholst du wichtige Arbeitstechniken und Strategien, wie du Schreibaufgaben bearbeitest. Zu jedem Arbeitsschritt – von der ersten Orientierung bis zur Überarbeitung deines Textes – bekommst du wichtige Informationen und hilfreiche Tipps.

In den **Teilen C, D und E** findest du Prüfungsbeispiele zu den Themenbereichen „Sprachkultur und Leselust“, „Eine Frage der Beziehung“ und „Medien und mehr“.
Manche Prüfungsbeispiele enthalten Lösungshilfen, die darauf hinweisen, worauf du bei der Erschließung der Texte und bei der Anlage Schreibplans achten musst. Diese Prüfungsbeispiele sind mit dem Zusatz „angeleitetes Üben“ versehen.
Andere Prüfungsbeispiele sind zum selbstständigen Üben gedacht und enthalten daher keine Lösungshilfen. Diese Prüfungsbeispiele sind ebenfalls mit einem entsprechenden Hinweis versehen (selbstständiges Üben).

**Teil F** bietet Original-Prüfungsaufgaben, die dir einen Eindruck von den Prüfungsanforderungen vermitteln. Die zentrale Prüfungsarbeit 2017 ist zum Zeitpunkt des Drucks dieses Arbeitsheftes noch nicht geschrieben worden. Sobald die Original-Prüfungsaufgaben zur Veröffentlichung freigegeben worden sind, können sie unter www.finaleonline.de zusammen mit ausführlichen Lösungen kostenlos mit dem Codewort **DEa69zh** heruntergeladen werden.

Mit dem **Glossar** schließt dieses Arbeitsbuch zur Abschlussprüfung. Hier kannst du wichtige Grundbegriffe zur Erschließung von literarischen Texten und Sachtexten nachschlagen.

Und natürlich gibt es ein **Lösungsheft**, in dem du die Richtigkeit jedes Arbeitsschrittes überprüfen kannst. Außerdem findest du zu jeder Original-Prüfungsaufgabe eine mögliche Musterlösung, sodass du einschätzen kannst, was in der Abschlussprüfung von dir erwartet wird.

In diesem Arbeitsbuch findest du Schreibraum für wichtige vorbereitende Notizen.
Darauf verweist auf den Prüfungsvorlagen (auf blauem Fond) dieses Zeichen:

Deinen Text zur Schreibaufgabe musst du allerdings auf einem Extrablatt anfertigen.
Dies gilt auch, wenn du bei bestimmten Aufgaben diesem Zeichen begegnest:

Das Zeichen mit der Uhr findest du in den Teilen C, D und E:
Damit du ein Gefühl für die zur Verfügung stehende Arbeitszeit bekommst, solltest du dir bei diesen Prüfungsaufgaben eine Uhr bereitstellen (siehe Seite 6).

Wir hoffen, dass du dich nach der Bearbeitung dieses Arbeitsbuches sicher für das „FiNALE“ fühlst, und wünschen dir für die Prüfung toi, toi, toi.

Das Autorenteam

# A Vorbereitung auf die Abschlussprüfung

## A 1 Vorgaben für die Prüfung

### A 1.1 Die Zeitvorgaben in der Prüfung

**INFO**

Die schriftliche Abschlussprüfung in Deutsch dauert 125 Minuten. Sie besteht aus zwei Teilen:

**Teil I: Prüfung des Leseverstehens**
Du sollst zeigen, dass du den Inhalt eines Textes verstanden hast. Dazu werden dir Fragen gestellt, die du in 30 Minuten beantworten sollst.

**Teil II: Schreibaufgabe**
Du erhältst zwei Prüfungsvorlagen zur Auswahl. Innerhalb von 10 Minuten musst du dich für eine Vorlage entscheiden.
Entweder musst du einen literarischen Text (z. B. Erzählung, Gedicht) analysieren oder du musst einen informierenden Text verfassen oder die Aussagen mehrerer Texte (z. B. Sachtexte, Schaubilder, literarische Texte) vergleichen.
Für diese Schreibaufgabe stehen dir 95 Minuten zur Verfügung.

Teil I
30 min

Teil II
Analysieren (Aufgabentyp 4a)
95 min

oder

Teil II
Analysieren/ Vergleichen (Aufgabentyp 4b)
95 min

oder

Teil II
Informieren (Aufgabentyp 2)
95 min

1. Trage auf diesem Zeitstrahl ein, wie viel Zeit für die einzelnen Prüfungsteile zur Verfügung steht.

8.00 8.30 9.00 9.30 10.00 10.30 11.00 11.30 12.00 Uhr

2. In diesem Arbeitsbuch findest du in den Teilen B bis F verschiedene Prüfungsbeispiele. Schreibe die Seitenangaben auf.

**Aufgaben zum Leseverstehen:**

______________________________

______________________________

**Verfassen eines informierenden Textes (Aufgabentyp 2):**

______________________________

______________________________

**Analyse eines Textes (Aufgabentyp 4a):**

______________________________

______________________________

**Analyse/Vergleich von Texten/Schaubildern (Aufgabentyp 4b):**

______________________________

______________________________

## A 1.2 Erfahrungen auswerten

1. Für die Bearbeitung von Teil II der schriftlichen Prüfung hast du 95 Minuten Zeit. Es ist daher wichtig, dass du ein Gefühl für diese Zeit bekommst. Bearbeite deshalb die Prüfungsbeispiele in den Teilen C bis F immer mit einer Uhr und halte die Zeiten fest.

| a) Prüfungsbeispiel: ______________________ | geplante Zeit | benötigte Zeit |
|---|---|---|
| 1. Sich über den Text/die Texte und die Aufgabenstellung orientieren | | |
| 2. Aufgabentext oder -texte lesen und Inhalt(e) erfassen | | |
| 3. Aufgabentext oder -texte untersuchen und auswerten | | |
| 4. Einen Schreibplan anlegen | | |
| 5. Den Text schreiben | | |
| 6. Den Text überarbeiten | | |
| | 95 Minuten | |

| b) Prüfungsbeispiel: ______________________ | geplante Zeit | benötigte Zeit |
|---|---|---|
| 1. Sich über den Text/die Texte und die Aufgabenstellung orientieren | | |
| 2. Aufgabentext oder -texte lesen und Inhalt(e) erfassen | | |
| 3. Aufgabentext oder -texte untersuchen und auswerten | | |
| 4. Einen Schreibplan anlegen | | |
| 5. Den Text schreiben | | |
| 6. Den Text überarbeiten | | |
| | 95 Minuten | |

| c) Prüfungsbeispiel: ______________________ | geplante Zeit | benötigte Zeit |
|---|---|---|
| 1. Sich über den Text/die Texte und die Aufgabenstellung orientieren | | |
| 2. Aufgabentext oder -texte lesen und Inhalt(e) erfassen | | |
| 3. Aufgabentext oder -texte untersuchen und auswerten | | |
| 4. Einen Schreibplan anlegen | | |
| 5. Den Text schreiben | | |
| 6. Den Text überarbeiten | | |
| | 95 Minuten | |

2. Notiere: Wo gab es Abweichungen von deiner Planung? Welche Schlüsse ziehst du daraus?

______________________

______________________

______________________

# A 2 Die Prüfungsaufgaben

## A 2.1 Die Überprüfung des Leseverstehens

Im Prüfungsteil I erwarten dich verschiedene Aufgabenarten. Mit ihnen wird überprüft, ob du den Text richtig gelesen und verstanden hast. Dazu musst du richtige Lösungen ankreuzen, Lückentexte ausfüllen, Aussagen aus dem Text erklären, eine Skizze deuten, Zusammenhänge erläutern oder zu bestimmten Aussagen (Standpunkten) Stellung nehmen.

Doch zunächst musst du den Text erschließen: Unterstreiche unbekannte Begriffe und kläre sie, markiere Schlüsselstellen, finde Überschriften zu Sinnabschnitten usw. Lies die Aufgabenstellungen genau und vergewissere dich mithilfe der passenden Textstellen, dass deine Antworten zutreffen.

1. Diese Prüfungsvorlage wurde bereits zum größten Teil bearbeitet. Überprüfe und korrigiere die Antworten. An manchen Stellen war der Schüler unsicher. Dort findest du ??.
   Sie sind ein Hinweis für dich, diese Antworten genau zu überprüfen.

## Medien und mehr

### Teil I

Lies zunächst den Text sorgfältig durch und bearbeite anschließend die Aufgaben 1 – 12.

### M1 Die Revolution des Lesens

**(1)** Die „Welt des Lesens" befindet sich zurzeit im Umbruch. Verlage, Buchhandel, Büchereien und Buchhandlungen sowie die Leserinnen und Leser müssen sich auf die zunehmende Digitalisierung des Lesens einstellen. E-Reader und E-Books, Smartphones und Tablets haben das Lese- und Kaufverhalten von Lesern in der Welt gewaltig verändert. Diese Geräte haben seit 2005, als die ersten bezahlbaren, leichten und gut benutzbaren E-Reader auf den Markt kamen, die größte Revolution seit der Erfindung des modernen Buchdrucks vor mehr als 560 Jahren eingeläutet.

veg vom ge-
druckten Buch,
nin zu E-Reader
und E-Book

??

**(2)** Bis zum Jahr 2013 stiegen die Umsätze aus dem Verkauf von E-Books in Deutschland jährlich um mehr als 50 % an, aber im Jahr 2015 ist das Wachstum eingebrochen. Insgesamt bleibt der Anteil von E-Books am gesamten Buchmarkt in Deutschland mit nur 4,3 % immer noch sehr niedrig. Während früher Experten damit rechneten, dass bald mehr digitale als gedruckte Bücher verkauft werden würden, haben sie diese Prognose rasch nach unten korrigiert.

**(3)** Die Perspektiven für die einzelnen Sparten der Buchbranche sind recht unterschiedlich. Die Verlage setzen weiterhin darauf, dass viele ihrer Titel als E-Book erscheinen müssen. Davon profitiert der Online-Buchhandel sehr stark, weil E-Books in der Regel über das Internet gekauft werden. Die Buchhändler in ihren Geschäften vor Ort sehen deshalb starke Einbußen im Umsatz auf sich zukommen. Warum ist aber nicht damit zu rechnen, dass in den nächsten Jahren alle Leser zu elektronischen Lesern werden, obwohl doch nahezu jeder, vor allem Jugendliche, täglich auf dem Handy, dem Smartphone, dem Tablet oder auf dem Computer Texte liest?

**(4)** Untersuchungen haben ergeben, dass es auch in Zukunft eine „klassische" und eine „digitale Lesewelt" geben wird. Das gedruckte Buch ist weiterhin so erfolgreich, weil viele Menschen dem digitalen Lesen immer noch misstrauen. Das Lesen auf Bildschirmen sei flüchtig, meinen sie. Wer behalten will, was er liest, müsse es auf Papier gedruckt lesen. Ein Vorurteil? Es gibt verschiedene Untersuchungen zu diesem Thema, die alle zu dem Ergebnis kommen, dass wir digitale Texte ähnlich gut verstehen wie gedruckte Texte. Dennoch hat die Lust am Lesen von Gedrucktem nicht abgenommen. Viele Leserinnen und Leser möchten beim Lesen kein elektronisches Gerät in der Hand halten, sondern ein Buch aus Papier, bei dem man die Seiten umblättern, das Papier fühlen und das man ins Regal stellen kann.

**(5)** Noch nie haben Menschen so viel gelesen wie heute. Viele wichtige Informationen erhalten wir heute in Form von Kurztexten über Facebook oder WhatsApp, per SMS, über Twitter oder in Blogs. Das Lesen dieser Informationen geschieht ständig. Da wir hierfür aber nicht unsere gesamte Zeit aufwenden wollen, müssen wir uns zukünftig mit zwei Fragen auseinandersetzen: Müssen wir den Text lesen oder wollen wir ihn lesen?

**(6)** Die Antworten auf diese Fragen führen zu den beiden verschiedenen Arten des Lesens, die in der Wissenschaft unterschieden werden: das zeitaufwendige tiefe Lesen, bei dem sich der Leser ohne Störung in eine andere Welt begeben will, und das informierende Lesen, bei dem es vor allem darum geht, möglichst schnell und genau viele Informationen aufzunehmen und zu verarbeiten. Zum gedruckten Buch greift ein Leser meistens, wenn es ums Lesevergnügen geht. Um schnell an Informationen zu gelangen, werden das Handy oder das Tablet benutzt. Leserinnen und Leser haben heute nicht nur die Wahl, was, sondern auch, wie sie lesen wollen.

Autorentext (2016)

**TIPP zu 1 bis 4**

1. Lies jede Aufgabe und überlege genau, wie sie gemeint ist.
2. Suche im Text die passenden Stellen und vergleiche beide Aussagen.
3. Hilfreich ist es, wenn du vor der Bearbeitung der Aufgaben den Text sorgfältig erschlossen hast; d. h. unbekannte Begriffe sind geklärt, Schlüsselstellen markiert, Sinnabschnitte gebildet und Zwischenüberschriften formuliert.

## Aufgaben 1 – 12

**1** Kreuze die richtige Aussage an. In diesem Text geht es um …

| | | |
|---|---|---|
| a) | die Veränderungen im Bereich des Buchmarkts durch die zunehmende Digitalisierung des Lesens. | X |
| b) | die Veränderungen im Bereich des Buchmarkts durch den Einsatz von E-Readern. | |
| c) | die Veränderungen im Bereich des Buchmarkts durch die sozialen Medien. | |
| d) | die Veränderungen im Bereich des Buchmarkts durch den Anstieg der Verkaufszahlen von E-Books. | |

**2** Kreuze die richtige Antwort an.

| | | |
|---|---|---|
| a) | Der moderne Buchdruck wurde um 1450 nach Christus erfunden. | ✗ |
| b) | Der moderne Buchdruck wurde um 1550 nach Christus erfunden. | |
| c) | Der moderne Buchdruck wurde um 1650 nach Christus erfunden. | |
| d) | Der moderne Buchdruck wurde um 1750 nach Christus erfunden. | |

**3** Kreuze die richtige Antwort an.
Die „Revolution des Lesens" begann (Abschnitt 1), als ...

| | | |
|---|---|---|
| a) | man die ersten Laptops kaufen konnte. | |
| b) | die ersten Smartphones auf den Markt kamen. | |
| c) | die ersten bezahlbaren und gut benutzbaren E-Reader auf den Markt kamen. | ✗ |
| d) | die ersten Tablets gekauft werden konnten. | |

**4** Kreuze die richtige Antwort an.
Der Satz *„Leserinnen und Leser haben heute nicht nur die Wahl, was, sondern auch, wie sie lesen wollen."* (Z. 103–105) soll verdeutlichen, dass ...

| | | |
|---|---|---|
| a) | die Menschen überall Bücher und Zeitungen lesen können. | |
| b) | die Menschen alles lesen können, was gedruckt worden ist. | |
| c) | die Menschen die Freiheit haben zu entscheiden, welche Bücher und Zeitungen sie gedruckt oder in digitaler Form lesen wollen. | ✗ |
| d) | die Menschen die Wahl haben, ob sie überhaupt etwas lesen wollen. | |

**TIPP zu 5**

Der Wortlaut der Aufgabenstellungen gibt dir den Hinweis darauf, dass es mehrere richtige Lösungsmöglichkeiten geben kann. Also musst du evtl. auch mehrere Kreuze setzen.

**5** Kreuze die richtigen Antworten an.
Viele Menschen misstrauen dem digitalen Lesen noch (Abschnitt 4), weil ...

| | | |
|---|---|---|
| a) | sie es für zu anstrengend halten. | |
| b) | sie davon Kopfschmerzen bekommen. | |
| c) | sie glauben, die so gelesenen Informationen nicht behalten zu können. | ✗ |
| d) | sie es für flüchtig halten. | ✗ |

**6** Kreuze die richtige Antwort an.
In der Wissenschaft unterscheidet man zwei Arten des Lesens:

| | | |
|---|---|---|
| a) | das schnelle Lesen und das langsame Lesen. | |
| b) | das zeitaufwendige Lesen und das tiefe Lesen. | |
| c) | das zeitaufwendige, störungsfreie Lesen und das schnelle, informationsverarbeitende Lesen. | ✗ |
| d) | das flüchtige Lesen und das informationsverarbeitende Lesen. | |

??

## TIPP zu 7 / 8 / 9

1. Suche im Text die passenden Stellen und lies sie noch einmal genau.
2. Wenn du eine eigene Entscheidung begründen sollst, denke daran, deine Meinung am Text zu belegen. Du musst also Zeilenangaben in Klammern ergänzen.

**7** Kreuze die richtige Antwort an.
Mit „Revolution“ meint der Autor im Textzusammenhang (Z. 15), dass sich ...

| | | |
|---|---|---|
| a) | das Lesen grundlegend verändert hat. | |
| b) | das Lese- und Kaufverhalten von Lesern stark verändert hat. | x |
| c) | die verschiedenen Medien verändert haben. | |
| d) | die Einstellung der Menschen dem Lesen gegenüber verändert hat. | |

**8** Kreuze die richtige Antwort an.
„Die „Welt des Lesens“ befindet sich zurzeit im Umbruch.“ (Abschnitt 1)
Die Formulierung „befindet sich im Umbruch“ soll darauf hinweisen, dass ...

| | | |
|---|---|---|
| a) | eine Veränderung bevorsteht. | |
| b) | eine Veränderung nicht einsetzen wird. | |
| c) | eine Veränderung begonnen hat. | x |
| d) | eine Veränderung unwahrscheinlich ist. | |

**9** Im Text nennt der Autor mehrere Gründe, warum die Menschen weiterhin Freude am Lesen von Gedrucktem haben (Abschnitt 4). Notiere einen davon und begründe, weshalb er für dich wichtig ist.

Ich möchte beim Lesen kein elektronisches Gerät in der Hand halten. Bei einem Buch aus Papier kann ich die Seiten umblättern und das Papier fühlen. Ich mag dieses Gefühl und ich kann mich mit einem Buch aus Papier beim Lesen leichter in eine andere Welt träumen.

## TIPP zu 10 und 11

1. Als Ergänzung zu den Texten musst du zum Nachweis deines Leseverständnisses zum Teil auch Schaubilder, Grafiken oder Diagramme auswerten. Wie du sie erschließen kannst, übst du im Kapitel B 4 auf den Seiten 22/23.
2. Die Aufgaben verlangen von dir, dass du das Material im Vorfeld erschlossen hast.
3. Oftmals musst du die Aussagen aus Text und Schaubild, Grafik oder Diagramm miteinander vergleichen.

## M2 Freizeitverhalten von Kindern und Jugendlichen (2013)

http://wikis.zum.de/dsb/Deutsch/Grafiken_auswerten

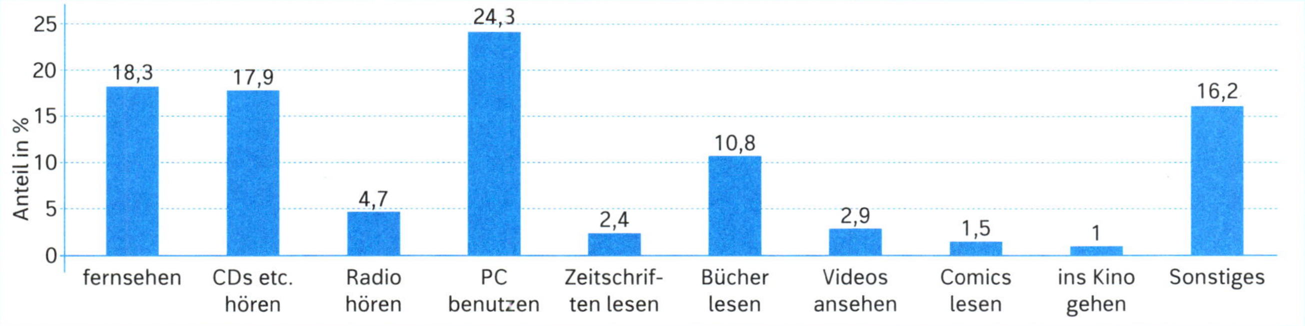


**10** Beschreibe das Schaubild mit eigenen Worten.

Das Säulendiagramm stellt das Freizeitverhalten von Kindern und Jugendlichen im Jahr 2013 dar. Es zeigt, wie groß der Anteil von verschiedenen Tätigkeiten in ihrer freien Zeit ist. Dabei wird deutlich, dass Tätigkeiten, wie den PC benutzen, Fernsehen und das Hören von CDs, die Beschäftigungen sind, denen am meisten Zeit eingeräumt wird. Auf Platz vier ist die Kategorie Sonstiges zu finden, vermutlich Sport treiben oder mit Freunden chillen. Das Lesen von Büchern nimmt bei der Freizeitgestaltung von Jugendlichen nur einen Anteil von 10,8 Prozent ein.

**11** Begründe, ob Text und Schaubild zusammenpassen.

Meiner Ansicht nach passen der Text und die Grafik nur teilweise zusammen. Der Text beschreibt die Veränderung des Leseverhaltens im Zusammenhang mit der Digitalisierung des Lesens. Die Grafik stellt bezüglich des Themas „Lesen" nur dar, welchen Anteil das Lesen im Jahr 2013 an der Freizeitgestaltung der Jugendlichen hatte (ca. 15 Prozent). Ob sie lieber digital lesen oder eher Gedrucktes bevorzugen, wird in dem Diagramm nicht dargestellt.

**12** Eine Schülerin sagt nach dem Lesen des Textes: *„Im Internet finde ich alle Informationen, die ich brauche. Außerdem kann ich mir auf mein iPad alle Texte herunterladen, die ich benötige. Gedruckte Bücher brauche ich deshalb nicht mehr."* Du kannst dieser Aussage zustimmen oder nicht. Wichtig ist, dass du deine Meinung begründest und dich auf mehrere Textaussagen beziehst.

Ich stimme dieser Aussage nicht zu, weil ich finde, dass Lesen mehr ist, als sich Informationen herunterzuladen. Auch sind nicht alle Texte und Bücher, die ich lesen möchte, bereits in digitaler Form erschienen. Manchmal kaufe ich mir auch ein gedrucktes Buch, um das Vergnügen zu haben, die Buchseiten umzublättern, es neben meinem Bett abzulegen oder es morgens im Schulbus zu lesen, während alle anderen mit ihren Handys beschäftigt sind. Viele gedruckte Bücher sind nämlich einfach schön anzuschauen, weil sie hübsch eingebunden und illustriert sind. Da kann ein E-Book nur schwer mithalten.

## A 2.2 Die Schreibaufgabe: ein Beispiel (Aufgabentyp 4a)

Im Teil II der Prüfung wird überprüft, ob du Sachtexte, literarische Texte, Gedichte und ggf. auch Schaubilder und Anzeigen analysieren und miteinander vergleichen bzw. aufeinander beziehen (Aufgabentyp 4a oder 4b) oder ob du zu einem bestimmten Sachverhalt einen informierenden Text schreiben kannst (Aufgabentyp 2). Beim Aufgabentyp 4a musst du den vorgegebenen Text zunächst untersuchen. Dabei orientierst du dich an vorgegebenen Teilaufgaben. In einem zweiten Schritt musst du deine Untersuchungsergebnisse in einem zusammenhängenden Text ausformulieren. In einer abschließenden Aufgabe wird entweder eine Stellungnahme zu einer Aussage zum Text bzw. zu einem Zitat aus dem Text oder ein kurzer Text aus der Perspektive einer Figur (vgl. Aufgabe f) von dir erwartet.

1. Die unten stehende Prüfungsvorlage wurde bereits von einem Schüler bearbeitet. Lies dir die an ihn gestellten Aufgaben durch und markiere die Verben und Schlüsselwörter.
2. Bereite den Text selbst für eine Analyse vor. Erschließe ihn mit der Lesemethode (S.18) und setze die Anmerkungen am Rand fort. Orientiere dich dabei an den Teilaufgaben.

## Eine Frage der Beziehung

### Teil II

Lies bitte zuerst den Text, bevor du die Aufgaben bearbeitest.
Schreibe einen zusammenhängenden Text.

**1** **Analysiere** die Erzählung „Die Kirschen" von Wolfgang Borchert. Gehe dabei so vor:

a) Schreibe eine Einleitung, in der du Titel, Autor und Erscheinungsjahr **benennst** und das Thema **formulierst**.
b) **Fasse** den Text **zusammen**.
c) **Stelle dar**, welches Missverständnis zwischen Vater und Sohn besteht.
d) **Untersuche**, wie die Gedanken des Sohnes durch die formalen und sprachlichen Mittel deutlich gemacht werden (*mögliche Aspekte: Erzählverhalten, Wiederholungen, Satzbau*).
e) **Erläutere**, warum der Sohn am Ende *„den Kopf tief unter die Decke"* (Z. 91–92) steckt.
f) **Verfasse** einen kurzen Text aus der Sicht des Vaters:
   - Was denkt der Vater, als ihm das Glas Kirschen in der Küche zerbricht und sein Sohn hereinkommt?
   - Warum möchte er, dass der Sohn sofort wieder ins Bett geht?
   - Welche weiteren Sorgen macht er sich?

   **Schreibe** in der Ich-Form und berücksichtige die Informationen, die der Textauszug gibt.

### Die Kirschen *von Wolfgang Borchert (1962)*

unvermittelter Einstieg

Fieberkranker hört, dass Glas zerbricht; denkt, jemand würde seine Kirschen essen

Nebenan klirrte ein Glas. Jetzt isst er die Kirschen auf, die für mich sind, dachte er. Dabei habe ich das Fieber. Sie hat die Kirschen extra vors Fenster gestellt, damit sie ganz kalt sind. Jetzt hat er das Glas hingeschmissen. Und ich hab das Fieber.

Sohn glaubt, Vater habe seine Kirschen gegessen; hat die Hand voller Saft

Der Kranke stand auf. Er schob sich die Wand entlang. Dann sah er durch die Tür, dass sein Vater auf der Erde saß. Er hatte die ganze Hand voll Kirschsaft.

Wiederholung

Alles voll Kirschen, dachte der Kranke, alles voll Kirschen. Dabei sollte ich sie essen. Ich hab doch das Fieber. Er hat die ganze Hand voll Kirschsaft. Die waren sicher schön kalt. Sie hat sie doch extra vors Fenster gestellt für das Fieber. Und er isst mir die ganzen Kirschen auf. Jetzt sitzt er auf der Erde und hat die ganze Hand davon voll. Und ich hab das Fieber. Und er hat den kalten Kirschsaft auf der Hand. Den

nge betrach-
t Vater; der
besorgt und
hickt seinen
hn ins Bett;
hn bemerkt
cht, dass der
ter blutet;
denkt nur an
e Kirschen, die
e Mutter kalt
stellt hat

schönen kalten Kirschsaft. Er war bestimmt ganz kalt. Er stand doch extra vorm Fenster. Für das Fieber.

Er hielt sich am Türdrücker.[1] Als der quietschte, sah der Vater auf. Junge, du musst doch zu Bett. Mit dem Fieber, Junge. Du musst sofort zu Bett.

Alles voll Kirschen, flüsterte der Kranke. Er sah auf die Hand. Alles voll Kirschen.

Du musst sofort zu Bett, Junge. Der Vater versuchte aufzustehen und verzog das Gesicht. Es tropfte von seiner Hand.

Alles Kirschen, flüsterte der Kranke. Alles meine Kirschen. Waren sie kalt?, fragte er laut. Ja? Sie waren doch sicher schön kalt, wie? Sie hat sie doch extra vors Fenster gestellt, damit sie ganz kalt sind. Damit sie ganz kalt sind.

Der Vater sah ihn hilflos von unten an. Er lächelte etwas. Ich komme nicht wieder hoch, lächelte er und verzog das Gesicht. Das ist doch zu dumm, ich komme buchstäblich nicht wieder hoch.

Der Kranke hielt sich an der Tür. Die bewegte sich leise hin und her von seinem Schwanken. Waren sie schön kalt?, flüsterte er, ja?

Ich bin nämlich hingefallen, sagte der Vater. Aber es ist wohl nur der Schreck. Ich bin ganz lahm, lächelte er. Das kommt von dem Schreck. Es geht gleich wieder. Dann bring ich dich zu Bett. Du musst ganz schnell zu Bett. Der Kranke sah auf die Hand. Ach, das ist nicht so schlimm. Das ist nur ein kleiner Schnitt. Das hört gleich auf. Das kommt von der Tasse, winkte der Vater ab. Er sah hoch und verzog das Gesicht. Hoffentlich schimpft sie nicht. Sie mochte gerade diese Tasse so gern. Jetzt hab ich sie kaputt gemacht. Ausgerechnet diese Tasse, die sie so gern mochte. Ich wollte sie ausspülen, da bin ich ausgerutscht. Ich wollte sie nur ein bisschen kalt ausspülen und deine Kirschen da hinein tun. Aus dem Glas trinkt es sich so schlecht im Bett. Das weiß ich noch. Daraus trinkt es sich so schlecht im Bett. Der Kranke sah auf die Hand. Die Kirschen, flüsterte er, meine Kirschen?

Der Vater versuchte noch einmal, hochzukommen. Die bring ich dir gleich, sagte er. Gleich, Junge. Geh schnell zu Bett mit deinem Fieber. Ich bring sie dir gleich. Sie stehen noch vorm Fenster, damit sie schön kalt sind. Ich bring sie dir sofort.

Der Kranke schob sich an der Wand zurück zu seinem Bett. Als der Vater mit den Kirschen kam, hatte er den Kopf tief unter die Decke gesteckt.

aus: Borchert, Wolfgang: Die traurigen Geranien und andere Geschichten aus dem Nachlaß. Hrsg. von Peter Rühmkorf. Reinbek bei Hamburg: Rowohlt 1962. S. 13 ff.

[1] der Türdrücker: die Türklinke

3. Untersuche den folgenden Schülertext.
   a) Finde heraus, wie der Schüler seinen Text strukturiert hat: Halte am Rand stichwortartig die Inhalte der einzelnen Abschnitte fest.
   b) Bearbeite die folgenden Aufgaben und schreibe dein Ergebnis an den Rand.
      - Kennzeichne, wo die Aspekte der Aufgabenstellung berücksichtigt werden, z. B. Aufgabe 1 a): Z. 1–Z. 3 …
      - Überprüfe, ob die genannte Textart vorliegt und durch welche Merkmale sie belegt wurde.
      - Wo hat der Schüler Aussagen mit Textbelegen gestützt? Unterstreiche diese Stellen.
      - An welchen Stellen würdest du etwas ergänzen, wo etwas streichen?
      - Ist der Text aus der Sicht des Vaters nachvollziehbar geschrieben? Passt er zum Inhalt der Erzählung?
      - Schreibe dir die Ausdrücke und Wendungen, die du dir merken willst, heraus.

In der Kurzgeschichte „Die Kirschen" von Wolfgang Borchert aus dem Jahr 1962 wird beschrieben, wie ein Missverständnis zwischen einem fieberkranken Sohn und seinem gestürzten Vater dafür sorgt, dass sich der Sohn für seine Gedanken und sein Verhalten schämt.

Teilaufgab
1a) – Tit
Autor, Th
Textart

Nachdem ein fieberkranker Junge gehört hat, dass ein Glas zerbrochen ist, denkt er, sein Vater hätte die Kirschen darin gegessen, die eigentlich für ihn bestimmt waren. Er geht in das Zimmer, aus dem er die Geräusche gehört hat, und sieht seinen Vater auf dem Boden sitzen. Zunächst denkt er, dieser habe Kirschsaft auf seiner Hand. Obwohl der Vater gestürzt ist und offensichtlich Schmerzen verspürt, sorgt er sich um seinen Sohn und will ihn zurück ins Bett schicken, kann aber selbst nicht aufstehen. Der Junge denkt nur an seine Kirschen, nicht an die Folgen des Sturzes für den Vater. Dieser erklärt ihm, dass er sich an der Tasse geschnitten habe, als er die Kirschen umfüllen wollte. Außerdem macht er sich Sorgen darüber, was seine Frau sagen wird, wenn sie nach Hause kommt, da er bei dem Sturz ihre Lieblingstasse kaputt gemacht hat. Der Junge geht wieder zu Bett. Und als der Vater mit den Kirschen ins Zimmer kommt, hat er die Decke bis über den Kopf gezogen.

Zu Beginn der Erzählung, als der kranke Junge das Geräusch hört, denkt der Sohn sofort, dass der Vater die Kirschen isst (Z. 1–3), die für ihn bestimmt waren. Vermutlich hat seine Mutter („sie", Z. 4) diese extra für ihn kalt gestellt. Daher ist er furchtbar enttäuscht und geht nachsehen. Er fühlt sich bestätigt, denn er sieht seinen Vater auf dem Boden sitzen. Dieser hat eine ganz rote Hand. Also schlussfolgert er in seinem Fieberwahn (Z. 30–31), dass es Kirschsaft sein müsse (Z. 11–12). Das Missverständnis klärt sich auch nicht auf, denn der Vater erklärt die Situation nicht, denn er denkt bei Erscheinen des Sohnes in der Tür (Z. 28–29) nur daran, dass sein kranker Sohn eigentlich ins Bett gehört (Z. 30–32), und schickt ihn in sein Zimmer. Der Junge aber starrt nur auf die Hand des Vaters (Z. 11–12, Z. 33–35) und denkt an die Kirschen. So entsteht ein zweites Missverständnis, denn der Vater glaubt, der Junge habe erkannt, dass es sich um Blut handelt. Also erklärt er, wie es zu der Verletzung gekommen ist (Z. 57–60, Z. 64–66). Als er seinen Sohn erneut zu Bett schickt (Z. 84–85), geht der in sein Zimmer und steckt den Kopf unter die Bettdecke.

Die Gedanken des Sohnes werden deutlich, da sie in der Ich-Form wiedergegeben werden (z. B. Z. 14–16). Durch das personale Erzählverhalten kann der Leser nachvollziehen, was der Sohn denkt: „Jetzt isst er die Kirschen auf, die für mich sind." (Z. 1–3). Dabei denkt er nur an seine eigene Situation – vermutlich aufgrund seines Fieberwahns: „Der Kranke hielt sich an der Tür. Die bewegte sich leise hin und her von seinem Schwanken." (Z. 53–55). Daher traut er seinem Vater zu, dass dieser ihn hintergeht und die Kirschen, die für ihn bestimmt sind, heimlich aufisst („Dabei sollte ich sie essen.", Z. 14–15). Durch den parataktischen Satzbau, Wiederholungen (z. B. Z. 13–14) und Anaphern (z. B. Z. 22–23) wird die Konzentration des Jungen auf die Kirschen betont. Aufgrund dieser Erwartungshaltung deutet er auch den roten Saft auf der Hand des Vaters falsch. Dadurch, dass durch die Erzählweise nicht die Gedanken des Vaters deutlich werden, wird die Situation erst am Ende durch die wörtliche Rede des Vaters aufgelöst (Z. 57 und Z. 64–65), denn es handelt sich nicht um Kirschsaft, sondern um Blut, da dieser sich geschnitten hat.

Als der Vater ihm die Kirschen bringt (Z. 90–91), hat der Sohn den Kopf in seinem Bett „(...) tief unter die Decke gesteckt“ (Z. 92). Dafür gibt es zwei Erklärungen. Einerseits könnte es sein, dass der Sohn so enttäuscht vom Vater ist, dass er ihn nicht sehen will. Andererseits, und das scheint mir wahrscheinlicher, schämt sich der Sohn vermutlich, dass er seinem Vater zugetraut hat, dass dieser ihn hintergeht, obwohl er sich eigentlich rührend um ihn bemüht. Denn auch als der Vater im Nebenraum gestürzt ist (Z. 1) und der Junge kommt, um nachzusehen (Z. 28), denkt der Vater zuallererst nur daran, dass sein Sohn aufgrund der Krankheit ins Bett gehört (Z. 30–32). Außerdem wird durch die Redeanteile deutlich, dass er freundlich mit ihm spricht und ihn anlächelt (Z. 48), obwohl er „hilflos“ (Z. 47) auf dem Boden sitzt, nicht aufstehen kann (Z. 47–52) und Schmerzen hat. Die Erklärung zeigt, dass er seinem Sohn nur Gutes tun wollte: „Aus dem Glas trinkt es sich so schlecht ...“ (Z. 76–77). Außerdem denkt er an seine Frau, deren Lieblingstasse er zerbrochen hat („Hoffentlich schimpft sie nicht.“, Z. 68–69). Nur an sich denkt er nicht, da er helfen will. Da das Ende aber offen ist, muss der Leser für sich selber eine Erklärung finden.

<u>Text aus der Sicht des Vaters:</u>

Oh nein, jetzt ist mir auch noch das Glas mit den gekühlten Kirschen zerbrochen. Sie liegen nun auf dem Boden und meine Hand ist voller Kirschsaft. Jetzt ist auch noch der Junge aufgestanden, dabei hat er doch Fieber. Sicher habe ich ihn durch den Lärm aufgeschreckt. Er muss wieder ins Bett, er soll sich keine Sorgen um mich machen. Nein, aufstehen kann ich nicht, vielleicht habe ich mich verletzt, als ich hinfiel. Ach, es wird sicher gleich wieder gehen. Aber der Junge muss dringend ins Bett, er ist doch krank. Er soll sich keine Sorgen machen, denn ich habe mich nur ein bisschen an den Scherben geschnitten. Aber für ihn sieht es sicher aus wie Blut. Beim Hinfallen ist mir die Tasse von Mutter kaputtgegangen, ausgerechnet ihre Lieblingstasse. Das tut mir so leid. Dabei wollte ich die nur ausspülen, weil unser Kranker besser den Kirschsaft daraus hätte trinken können. Nun ist sie zerbrochen. Der Junge muss nun aber wirklich schnell wieder ins Bett. Geh, Junge, und mach dir keine Sorgen um mich! Ich bin nicht schlimm verletzt. Ich bringe dir die Tasse mit den Kirschen gleich ans Bett, sobald ich hier hochgekommen bin. Bei deiner Mutter werde ich mich später entschuldigen. Ich komme gleich ...

## Wonach richtet sich die Note der Schreibaufgabe (Aufgabentyp 4a)?

1. Beurteile den Schüleraufsatz anhand des Bewertungsbogens.

**Inhaltliche Leistung**

| Aufgabe | Anforderung | erfüllt | nicht erfüllt |
|---|---|---|---|
| | **Der Prüfling ...** | | |
| 1 a) | schreibt eine Einleitung, in der er Titel, Autor, Textart sowie das Thema *(Missverständnis zwischen fieberkrankem Sohn und besorgtem Vater, das zur Scham des Sohnes führt)* benennt. | | |
| 1 b) | fasst den Text kurz zusammen *(fieberkranker Junge hört Geräusch zerbrechenden Glases; denkt, Vater würde die Kirschen essen, die für ihn bestimmt waren; sieht Vater am Boden liegen; meint, Blut sei Kirschsaft; Vater gibt erst spät eine Erklärung; Sohn geht in sein Zimmer und steckt den Kopf unter die Decke)*. | | |
| 1 c) | stellt das Missverständnis zwischen Vater und Sohn dar, z. B.:<br>• *Sohn: meint, Vater würde seine Kirschen essen; beurteilt Situation mit dieser Erwartungshaltung; denkt schlecht vom Vater ...,*<br>• *Vater: glaubt, Sohn würde die Situation richtig erfassen, gibt daher erst später eine Erklärung ab; interpretiert die Blicke seines Sohnes nicht richtig, erfasst dessen Gedanken zunächst nicht ...* | | |
| 1 d) | untersucht, wie die Gedanken des Sohnes durch die formalen und sprachlichen Mittel deutlich gemacht werden, z. B.:<br>• *Erzählverhalten: personal, Gedanken des Sohnes werden wiedergegeben, die des Vaters nicht, Leser kann Innensicht des Sohnes erfassen (Z. 1–7, Z. 13–27, ...),*<br>• *Wiederholungen: betonen die Sichtweise des Sohnes/Gedanken des Sohnes, verdeutlichen dessen Erwartungshaltung und Interpretationsweise (Z. 13–14, Z. 7 und 15–16, ...),*<br>• *Satzbau: parataktisch, Reduktion auf Wesentliches: Innensicht des Sohnes sowie sein Zustand (Fieberwahn) werden betont.* | | |
| 1 e) | erläutert, warum der Sohn am Ende „den Kopf tief unter die Decke“ (Z. 92) steckt, z. B. ...<br>• *dem Sohn sind sein Auftreten und sein Verhalten dem sich sorgenden Vater gegenüber peinlich; er empfindet Scham.*<br>• *er bereut Gedanken, da Vater sich nur um ihn kümmern wollte und nicht an seine eigene Verletzung nach dem Sturz denkt.* | | |
| 1 f) | verfasst einen kurzen Text aus der Sicht des Vaters, in dem er dessen Gedanken darstellt, als sein Sohn nach Zerbrechen des Glases in die Küche kommt; erläutert außerdem den Grund, warum der Sohn wieder ins Bett gehen soll, und gibt an, welche weiteren Sorgen er sich macht (Ich-Form). | | |

**Darstellungsleistung**

| | Anforderung | erfüllt | nicht erfüllt |
|---|---|---|---|
| | **Der Prüfling ...** | | |
| 1 | strukturiert seinen Text schlüssig und gedanklich klar. | | |
| 2 | belegt seine Aussagen durch angemessenes/ korrektes Zitieren. | | |
| 3 | formuliert syntaktisch variabel (Satzbau). | | |
| 4 | drückt sich präzise und differenziert aus. | | |
| 5 | schreibt sprachlich richtig (Rechtschreibung, Zeichensetzung, Grammatik). | | |

# B Arbeitstechniken und Strategien zur Bearbeitung von Schreibaufgaben

## B 1 Arbeitstechnik: Im Wörterbuch nachschlagen

Das Wörterbuch ist für die Abschlussprüfung ein wichtiges Hilfsmittel:
- Du benötigst es zum Klären von unbekannten Wörtern.
- Du kannst nachschlagen, um die Rechtschreibung von Wörtern zu überprüfen. Das ist vor allem für die Überarbeitung eigener Texte wichtig.

1. Erkläre, welche Bedeutung die unterstrichenen Wörter im Textzusammenhang haben. Benutze dein Wörterbuch.

Millionen Menschen nutzen jede Gelegenheit, um zum Smartphone zu greifen. Nun zeigt eine Studie von Medienforschern, dass diese exzessive Nutzung große Risiken birgt. Besonders häufig chatten, posten und spielen die Probanden unter 25 Jahren. Die Angst, nicht alles von seinen Freunden mitzubekommen, führt zu permanentem Kommunikationsdruck und dazu, dass viele Menschen Hunderte Male am Tag auf ihr Mobiltelefon schauen oder selbst Kurznachrichten verbreiten.

**exzessive** Nutzung: ______________________

______________________

**Risiken**: ______________________

______________________

die **Probanden:** ______________________

______________________

**permanentem** Kommunikationsdruck: ____________

2. In dem folgenden Text befinden sich sechs Rechtschreibfehler. Streiche falsch geschriebene Wörter durch und schreibe sie richtig auf.

Smartphones sind genial, weil ich damit mit meinen Freunden über Hausaufgaben und anstehende Klassenarbeiten diskutiren kann. Natürlich kommt an einem einziegen Tag eine riesige menge von Nachrichten zusammen, weil viele über flüssige und unwichtige Miteilungen geschrieben werden. Wenn ich mich durch mein Handy gestrest fühle, stelle ich einfach den Signalton aus.

**TIPP**

1. Bei Fremdwörtern gibt es oft mehrere Bedeutungen. Um die richtige Bedeutung herauszufinden, mache die **Ersatzprobe**: Setze jede angegebene Bedeutung im Text an die Stelle des Fremdwortes. Welche Bedeutung ist im Textzusammenhang sinnvoll? Prüfe und wähle aus.
2. Manche Wörter findet man nicht auf Anhieb im Wörterbuch, weil sie im Text in veränderter Form vorkommen. Gehe daher vor dem Nachschlagen so vor:
   - Bilde von gebeugten Verben die Grundform (den Infinitiv): *aß* → *essen*.
   - Bilde bei Nomen die Einzahl (Singular): *Kakteen* → *Kaktus*.
   - Schlage bei zusammengesetzten Wörtern erst unter dem ersten Wortteil nach. Wenn dort die Wortzusammensetzung nicht zu finden ist, musst du auch den zweiten Wortteil nachschlagen:
     – Reflexionsprozess:
       → *Reflexion* → *Prozess*.

**TIPP**

Alle wichtigen Rechtschreibregeln findest du auch noch einmal auf der Internetseite www.finaleonline.de.
Einfach „Hauptschulabschluss“ und dein Bundesland eingeben und dann das kostenlose „EXTRA-Training Rechtschreibung“ herunterladen.
Neben den Regeln findest du dort auch noch weitere Übungen mit Lösungen.

# B 2 Arbeitstechnik: Texte erschließen und Inhalte zusammenfassen – literarische Texte

Um einen literarischen Text zu erschließen, gehst du am besten schrittweise vor.

1. Bearbeite den Text auf Seite 19 mithilfe des TIPPS.

## TIPP

**VOR DEM LESEN**

**1. Vermutungen äußern**

Stelle Vermutungen zum Inhalt an:
- Lies die Überschrift des Textes. Worum geht es wohl in der Erzählung?
- Gibt es zu dem Text eine Abbildung? Was ist darauf zu sehen?

**WÄHREND DES LESENS**

Lies den Text und überprüfe, ob deine Vermutungen stimmen.

**2. Unbekannte Begriffe klären**
- Markiere Begriffe und Textstellen, die du nicht verstehst.
- Versuche, die Bedeutung selbst herauszufinden, indem du den Satzzusammenhang betrachtest. Oft wird in den folgenden Sätzen die Bedeutung erklärt. Schlage ansonsten im Wörterbuch nach (siehe B 1, S. 17) und notiere die Bedeutung am Rand.

**3. Schlüsselstellen unterstreichen**
- Unterstreiche Schlüsselstellen. Das sind die Textstellen, die Antwort auf folgende Fragen geben:
  - Wo und wann spielt die Erzählung?
  - Welche Personen handeln dort?
  - Worum geht es?
- Halte am Rand weitere Beobachtungen fest:
  - Wie wirkt der Text auf dich (lustig, ernst, spannend, ...)?
  - Wer erzählt die Geschichte (siehe Glossar: „Merkmale erzählender Texte“)?
  - Welche sprachlichen Mittel werden verwendet (siehe S. 136)?
  - ...

**NACH DEM LESEN**

**4. Informationen entnehmen**
- Bilde Sinnabschnitte. Das sind Absätze, die inhaltlich eng zusammengehören. Ein neuer Sinnabschnitt beginnt, wenn z. B. eine neue Person auftritt oder ein wichtiges Ereignis geschieht. Du kannst dich auch an den vorhandenen Absätzen orientieren.
- Formuliere zu jedem Sinnabschnitt eine Überschrift (ein Stichwort oder einen kurzen Satz).

**5. Inhalte zusammenfassen**
- Notiere zu jeder Überschrift stichwortartig den Inhalt des Sinnabschnittes. Nimm dazu die unterstrichenen Schlüsselstellen zu Hilfe.
- Bilde aus den Stichpunkten zum Inhalt vollständige Sätze und verknüpfe sie miteinander. So erhältst du eine kurze Inhaltszusammenfassung des Textes.
- Bestimme die Textsorte (Erzählung, Kurzgeschichte, Roman, Jugendbuchauszug, Gedicht).

## **Streuselschnecke** *Julia Franck (2000)*

14-Jährige erhält Anruf von einem Fremden, will sie kennenlernen, findet ihn sympathisch

Ort: Berlin

Ich-Form, personales Erzählverhalten

Der Anruf kam, als ich vierzehn war. Ich wohnte seit einem Jahr nicht mehr bei meiner Mutter und meinen Schwestern, sondern bei Freunden in Berlin. Eine fremde Stimme meldete sich, der Mann nannte seinen Namen, sagte mir, er lebe in Berlin, und fragte, ob ich ihn kennenlernen wolle. Ich zögerte, ich war mir nicht sicher. Zwar hatte ich schon viel über solche Treffen gehört und mir oft vorgestellt, wie so etwas wäre, aber als es so weit war, empfand ich eher Unbehagen. Wir verabredeten uns. Er trug Jeans, Jacke und Hose. Ich hatte mich geschminkt. Er führte mich ins Café Richter am Hindemithplatz und wir gingen ins Kino, ein Film von Rohmer[1]. Unsympathisch war er nicht, eher schüchtern. Er nahm mich mit ins Restaurant und stellte mich seinen Freunden vor. Ein feines, ironisches Lächeln zog er zwischen sich und die anderen Menschen. Ich ahnte, was das Lächeln verriet.

besucht Mann öfter, bekommt aber kein Geld; hat keine Ansprüche, kennt ihn kaum

Einige Male durfte ich ihn bei seiner Arbeit besuchen. Er schrieb Drehbücher und führte Regie bei Filmen. Ich fragte mich, ob er mir Geld geben würde, wenn wir uns treffen, aber er gab mir keins, und ich traute mich nicht, danach zu fragen. Schlimm war das nicht, schließlich kannte ich ihn kaum, was sollte ich da schon verlangen? Außerdem konnte ich für mich selbst sorgen, ich ging zur Schule und putzen und arbeitete als Kindermädchen. Bald würde ich alt genug sein, um als Kellnerin zu arbeiten, und vielleicht wurde ja auch noch eines Tages etwas Richtiges aus mir.

Mann wird krank, bittet sie um Morphium; Mädchen kümmert sich nicht weiter

Zwei Jahre später, der Mann und ich waren uns noch immer etwas fremd, sagte er mir, er sei krank. Er starb ein Jahr lang, ich besuchte ihn im Krankenhaus und fragte, was er sich wünsche. Er sagte mir, er habe Angst vor dem Tod und wolle es so schnell wie möglich hinter sich bringen. Er fragte mich, ob ich ihm Morphium[2] besorgen könne. Ich dachte nach, ich hatte einige Freunde, die Drogen nahmen, aber keinen, der sich mit Morphium auskannte. Auch war ich mir nicht sicher, ob die im Krankenhaus herausfinden wollten und würden, woher es kam. Ich vergaß seine Bitte.

Manchmal brachte ich ihm Blumen. Er fragte nach dem Morphium, und ich fragte ihn, ob er sich Kuchen wünsche, schließlich wusste ich, wie gerne er Torte aß. Er sagte, die einfachen Dinge seien ihm jetzt die liebsten – er wolle nur Streuselschnecken, nichts sonst. Ich ging nach Hause und buk[3] Streuselschnecken, zwei Bleche voll. Sie waren noch warm, als ich sie ins Krankenhaus brachte. Er sagte, er hätte gerne mit mir gelebt, es zumindest gern versucht, er habe immer gedacht, dafür sei noch Zeit, eines Tages – aber jetzt sei es zu spät.

Kurz nach meinem siebzehnten Geburtstag war er tot. Meine kleine Schwester kam nach Berlin, wir gingen gemeinsam zur Beerdigung. Meine Mutter kam nicht. Ich nehme an, sie war mit anderem beschäftigt, außerdem hatte sie meinen Vater zu wenig gekannt und nicht geliebt.

aus: Julia Franck: Bauchlandung. Geschichten zum Anfassen. München: Deutscher Taschenbuch Verlag, 2002. © 2000 DuMont Buchverlag, Köln.

[1] Rohmer: Spielfilme von Rohmer thematisieren Beziehungen von Erwachsenen. Sie sind ohne Aktion; es wird viel gesprochen und diskutiert.

[2] Morphium: Droge; eines der stärksten Schmerzmittel

[3] buk: Präteritum von backen

# B 3 Arbeitstechnik: Texte erschließen und Inhalte zusammenfassen – Sachtexte

Um einen Sachtext zu erschließen, gehst du am besten schrittweise vor.

1. Bearbeite den Text auf Seite 21 mithilfe des TIPPS.

## TIPP

**VOR DEM LESEN**

**1. Vermutungen äußern**
- „Überfliege" den Text: Wovon könnte der Text handeln?
- Lies die Überschrift, die Zwischenüberschriften und betrachte die Abbildungen.
  - Notiere am Rand, was du bereits über das Thema weißt.
  - Stelle W-Fragen an den Text: Was ...? Wer ...? Warum ...? Wo ...? Wann ...?

**WÄHREND DES LESENS**

Lies den Text und überprüfe, ob deine Vermutungen stimmen.

**2. Unbekannte Begriffe klären**
- Markiere Begriffe und Textstellen, die du nicht verstehst.
- Versuche, die Bedeutung selbst herauszufinden, indem du den Satzzusammenhang betrachtest. Oft wird in den folgenden Sätzen die Bedeutung erklärt. Schlage ansonsten im Wörterbuch nach (siehe B 1, S. 17) und notiere die Bedeutung am Rand.

**3. Schlüsselstellen unterstreichen**
- Unterstreiche Schlüsselstellen:
  - Textstellen, die Antwort auf deine W-Fragen geben.
  - Informationen, die du interessant findest.
  - Wenn du die Aufgaben zum Text bereits gelesen hast, unterstreiche die Textstellen, die du zur Bearbeitung nutzen kannst.

**NACH DEM LESEN**

**4. Informationen entnehmen**
- Bilde Sinnabschnitte. Das sind Absätze, die inhaltlich eng zusammengehören. Du kannst dich auch an den vorhandenen Absätzen orientieren.
- Formuliere zu jedem Sinnabschnitt eine Überschrift (ein Stichwort oder einen kurzen Satz).
- Notiere zu jeder Überschrift stichwortartig den Inhalt des Sinnabschnittes. Nimm dazu die unterstrichenen Schlüsselstellen zu Hilfe.

**5. Inhalte zusammenfassen**
- Bilde aus den Stichpunkten zum Inhalt vollständige Sätze und verknüpfe sie miteinander. So erhältst du eine kurze Inhaltszusammenfassung des Textes.
- Bestimme die Textsorte (Reportage, Zeitungsbericht, Interview).

## Recht und Unrecht im Internet

Was? Tauschbörsen/Downloadportale
Wo? Internet
Problem: Nutzer wissen nicht, was erlaubt ist

Tauschbörsen und Downloadportale (Musik/Film) sind in den Weiten des Internets in den unterschiedlichsten Formen zu finden. Doch viele Nutzer wissen gar nicht, was erlaubt ist und was nicht. Das böse Erwachen kommt meist erst, wenn eine Abmahnung und eine Schadensersatzforderung im Briefkasten landen. (...)

Was? Urheberrecht schützt Urheber
Wer? Urheber entscheidet über Nutzung

Das Urheberrecht schützt die Urheber, also die „Schöpfer" von kreativen Werken wie z. B. Texten, Fotos, Filmen. Allein der Urheber entscheidet, ob, wann und wer sein „Werk" nutzen und verbreiten darf. Grundsätzlich muss der Urheber daher um Erlaubnis gefragt werden (...).
Im deutschen Urheberrecht ist es möglich, sich unter bestimmten Voraussetzungen einzelne Kopien von einem Werk, z. B. einer CD, anzufertigen. Danach darf eine Kopie angefertigt werden, wenn dies ausschließlich zum privaten Gebrauch erfolgt und ein Kopierschutz nicht umgangen wird. Dies bedeutet, dass man zwar zur musikalischen Untermalung für das Familienurlaubsvideo urheberrechtlich geschützte Musik verwenden und das Video dann im Familien- oder Freundeskreis zeigen darf. Nicht erlaubt ist hingegen, das Video mit der Musik danach öffentlich vorzuführen oder zu verbreiten (...). Der einfachste und sicherste Weg für Verbraucher ist, sich Kopien nur von solchen Dingen zu machen, bei denen sie genau wissen, woher sie stammen – also zum Beispiel, wenn ein Freund eine CD besitzt und diese nicht kopiergeschützt ist. Eine Weitergabe an Unbekannte ist von vornherein verboten. Außerdem darf keine „offensichtlich rechtswidrige Quelle[1]" für die Kopie genutzt werden.
Inhalte aus dem Internet sind oft urheberrechtlich geschützt oder die Nutzung ist durch Nutzungsbestimmungen beschränkt. Der aus dem Internet abrufbare Song darf nicht unbedingt beliebig oft heruntergeladen und kopiert werden (...). Aber auch für das im Internet abrufbare Foto, das gegebenenfalls öffentlich genutzt werden soll (z. B. auf einer Online-Verkaufsplattform), bedarf es der Erlaubnis des Urhebers. Wichtig: Wird ein selbst erstelltes Foto ins Internet gestellt, auf dem auch andere Personen erkennbar abgelichtet sind, ist deren Privatsphäre zu respektieren. Das heißt, man muss sich zuvor deren Erlaubnis für die Veröffentlichung einholen.

Illegal[2] eingestellte Werke herunterzuladen ist rechtswidrig. Aufgrund der enormen Zunahme von illegalen Downloads greift die Musikindustrie seit einigen Jahren zu rechtlichen Mitteln. Im Jahr 2004 wurden erstmals Privatpersonen juristisch[3] verfolgt, die mit Uploads[4] gegen das Urheberrecht verstoßen hatten. (...)

Doch nicht nur im Musikbereich greifen die Rechteinhaber härter durch, sondern auch im Bereich der illegalen Uploads und Downloads von Spielfilmen und der unberechtigten Nutzung von Bildmaterial. Dabei gibt es Gratis-Musik aus dem Internet auch ganz legal (...): Viele Musiklabels haben mittlerweile erkannt, dass es durchaus verkaufsfördernd sein kann, wenn man in sozialen Netzwerken Songs zum kostenlosen Download anbietet.

In: https://www.test.de/unternehmen/schule_unterricht/lehrmaterial/konsumwelt/ (Zugriff: 30.12.2014, 10.29 Uhr)

[1] eine rechtswidrige Quelle: bietet unerlaubter Weise Medien, die rechtlich geschützt sind
[2] illegal: strafbar, unrechtmäßig
[3] juristisch: gesetzlich
[4] der Upload: der Vorgang des Hochladens

## B 4 Arbeitstechnik: Schaubilder auswerten

Häufig findest du in Prüfungsaufgaben auch Schaubilder wie Diagramme und Tabellen. Diese enthalten Zusammenfassungen von Daten, die nach bestimmten Gesichtspunkten geordnet sind.
Folgende Aufgabenstellungen sind bei Schaubildern möglich:

- Du musst überprüfen, ob die vorgegebenen Aussagen zu einem Schaubild richtig sind oder nicht.
- Du musst feststellen, ob die Informationen eines Schaubildes die Aussagen eines Textes bestätigen, ergänzen oder widerlegen. Dazu musst du ein Schaubild richtig lesen und verstehen.

1. Werte Schaubild A (Seite 23) nach folgenden Schritten aus:

### Erster Schritt: Sich orientieren

a) Worum geht es in dem Schaubild A? Notiere stichpunktartig.

Thema: ______________________________

Zahlenangaben: ______________________________

hellblaue Balken: ______________________________

blaue Balken: ______________________________

Vergleiche zwischen: ______________________________

______________________________

______________________________

**TIPP zum ersten Schritt**

1. Lies die Überschriften und Erläuterungen. Um welches Thema geht es?
2. Welche Zahlenangaben werden gemacht? Werden sie in Prozent, Promille oder in absoluten Zahlen (z. B. in Tausend) angegeben?
3. Worauf beziehen sich diese Angaben?
4. Was wird miteinander verglichen?

### Zweiter Schritt: Den Inhalt des Schaubildes erfassen und stichpunktartig aufschreiben

b) Schreibe die Informationen auf, die du dem Schaubild entnehmen kannst.

______________________________

______________________________

______________________________

______________________________

**TIPP zum zweiten Schritt**

1. Sieh dir das Schaubild genauer an. Worauf bezieht sich der größte Wert?
2. Worauf bezieht sich der niedrigste Wert?
3. Gibt es weitere Auffälligkeiten?

### Dritter Schritt: Aufgabenstellung beantworten und Ergebnisse aufschreiben

c) Beantworte die Aufgaben zu Schaubild A. Achte genau auf die Aufgabenstellung.

______________________________

______________________________

______________________________

______________________________

**TIPP zum dritten Schritt**

1. Formuliere in ganzen Sätzen.
2. Verwende folgende Formulierungen:
   *es gibt weniger als …*
   *mehr als bei …*
   *genauso oft …*
   *seltener …*
   *auffällig ist, dass …*

2. Bearbeite in gleicher Weise die Schaubilder B und C.

## Schaubild A: Balkendiagramm
## Medienbeschäftigung in der Freizeit

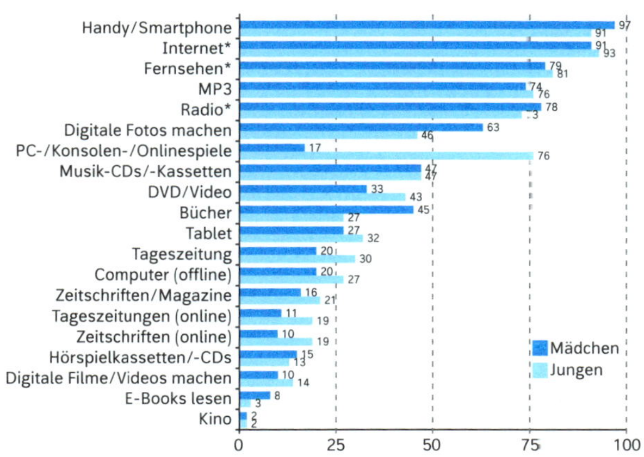


Quelle: JIM 2015, Angaben in Prozent; *egal über welchen Verbreitungsweg
Basis: alle Befragten, n = 1.200

**INFO**

Balkendiagramme zeigen oft absolute Zahlen oder Prozentzahlen an. Die Länge des Balkens gibt die Anzahl an, die man meist auf der x-Achse ablesen kann. Neben der y-Achse wird angegeben, worauf sich die Balken beziehen.

Aufgaben:

1. Welches ist das beliebteste Medium bei Mädchen, welches bei Jungen?
2. Bei welchem Medium ist der größte Unterschied zwischen Mädchen und Jungen festzustellen?

## Schaubild B: Kreisdiagramm
## Familien, Paare ohne Kinder, Alleinstehende

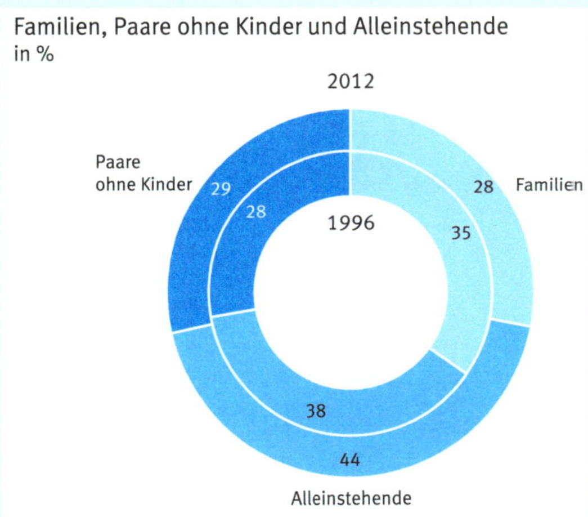


Quelle: Statistisches Bundesamt, Wiesbaden 2013

**INFO**

Kreisdiagramme zeigen die prozentuale Zusammensetzung einer Gesamtmenge. Dabei ist der Kreis in mehrere Teile unterteilt, die jeweils den Anteil an der Gesamtmenge wiedergeben.

Aufgaben:

1. Welche Lebensweise hat von 1996 bis 2012 am meisten zugenommen?
2. Beschreibe die Entwicklung der Lebensweisen von 1996 bis 2012.

## Schaubild C: Verlaufsdiagramm
## Preisentwicklung Telekommunikation

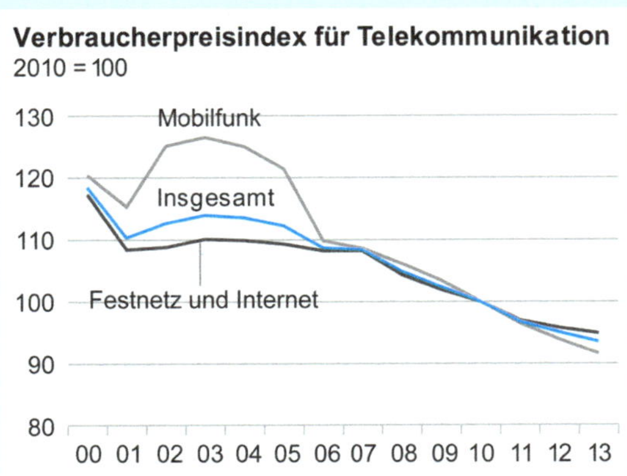


© Statistisches Bundesamt, Wiesbaden 2014

**INFO**

Kurven- oder Liniendiagramme eignen sich dazu, Daten von verschiedenen Zeitpunkten grafisch zu vergleichen.

Aufgaben:

1. Beschreibe die Entwicklung der Preise für Telekommunikation.
2. In welchem Zeitraum und in welchem Bereich stiegen die Preise für Telekommunikation am stärksten an?

# B 5 Schreibaufgabe zu einem informierenden Text in sechs Schritten bearbeiten

Auf den folgenden Seiten lernst du die wichtigsten Arbeitsschritte zur Erarbeitung eines informierenden Textes kennen. Auf den Seiten 25–27 findest du die Materialien, mit deren Hilfe du diese Schritte üben kannst. Auch in den angeleiteten Prüfungsaufgaben zum Thema „Sprachkultur und Leselust" (Teil C) wird auf diese grundlegenden Seiten verwiesen.

## Erster Schritt: Sich orientieren

**TIPP zum ersten Schritt**

Stürze dich nicht gleich in die Arbeit, sondern verschaffe dir einen ersten Überblick:
1. Mache dir klar, was die Aufgabe von dir verlangt. Lies dazu die einzelnen Teilaufgaben und unterstreiche alle wichtigen Hinweise auf das, was du tun sollst. Die Verben in den Aufgaben sind zur besseren Orientierung fett gedruckt. Eine Erklärung der Verben findest du im Teil C 3 auf Seite 64.
2. Die Informationen zum Adressaten und zur Situation findest du im Vortext über der Aufgabenstellung.

1. Lies die Aufgabenstellung in der Prüfungsvorlage (S. 25) „mit dem Stift". Markiere die Verben und die Schlüsselwörter.

2. Mache dir klar, in welcher Situation und an wen du schreibst.

   Adressat: ______________________

   Situation/Thema: ______________________

   Schreibziel: ______________________

3. Notiere stichpunktartig, was dir zu dem Thema „Mirjam Pressler" einfällt. Wer ist Mirjam Pressler? Wovon könnten die Materialien handeln?

   ______________________

   ______________________

   ______________________

## Zweiter Schritt: Materialien erschließen und Inhalte erfassen

4. a) Erschließe die Materialien (Texte, Bilder, Tabellen) wie im TIPP zum zweiten Schritt dargestellt. Setze dazu die Bearbeitung fort.
   b) Kennzeichne durch Unterstreichungen und Randbemerkungen die Informationen, die die Teilaufgaben erfordern (z. B. zum Lebenslauf, zum Inhalt ihrer Bücher, ...). Verwende dazu für jede Teilaufgabe eine eigene Farbe.

**TIPP zum zweiten Schritt**

1. Markiere alle Textstellen, die dir unklar sind. Kläre unbekannte Ausdrücke aus dem Sinnzusammenhang oder schlage im Wörterbuch nach. Beachte auch die Worterklärungen unter dem Text.
2. Unterstreiche Schlüsselstellen. Das sind Antworten auf die W-Fragen und Textstellen, die du zur Bearbeitung der Teilaufgaben heranziehen willst.
3. Kennzeichne mit Markierungen und Symbolen (!?) Textstellen, die für das Verständnis der Materialien wichtig sind. Verweise kannst du mit Pfeilen (→) verdeutlichen.
4. Notiere zu jedem Abschnitt Stichpunkte zum Inhalt in der Randspalte.

## Sprachkultur und Leselust

### Teil II

Deine Schule soll nach der Autorin Mirjam Pressler benannt werden. Zur Namensgebung soll es eine große Schulfeier geben, an der alle Schülerinnen und Schüler, Lehrerinnen und Lehrer und Eltern teilnehmen. Damit alle für diesen Termin gut vorbereitet sind, bist du als Redakteur der Schulzeitung gebeten worden, einen Informationstext über Mirjam Pressler zu schreiben. Um deinen Text schreiben zu können, bekommst du eine Materialsammlung (M1–M5).

Lies zunächst die Aufgabenstellung und dann die Materialien gut durch, bevor du mit dem Schreiben beginnst.

1 **Verfasse** auf Grundlage der Materialien M1 bis M5 einen **informierenden Text** über Mirjam Pressler. Schreibe nicht einfach aus den Materialien ab, sondern achte auf eine eigenständige Darstellung in einem zusammenhängenden Text.
Gehe dabei so vor:
a) **Formuliere** für den Text eine passende Überschrift.
b) **Schreibe** eine Einleitung, in der du die Autorin Mirjam Pressler kurz **vorstellst** *(Wann und wo wurde sie geboren? Welche Berufe hat sie ausgeübt? Wo hat sie gelebt?)*.
c) **Stelle dar**, welche Themen Mirjam Pressler in ihren Kinder- und Jugendbüchern verarbeitet.
d) **Erläutere**, wie Mirjam Pressler ihre eigenen Lebenserfahrungen mit der Welt ihrer Figuren verknüpft.
e) **Schlussfolgere** anhand der Materialien und eigener Überlegungen, warum Mirjam Pressler gerade für Kinder und Jugendliche schreibt.
f) **Notiere** unterhalb des Textes die Nummern der von dir genutzten Materialien.

### M1 Lebensdaten von Mirjam Pressler

| | |
|---|---|
| **Geburtsjahr** | 1940 |
| **Geburtsort** | Darmstadt |
| **Kindheit** | – uneheliches Kind einer jüdischen Mutter<br>– wuchs bei Pflegeeltern und in einem Kinderheim auf |
| **Ausbildung** | Abitur, Studium: Kunst (Frankfurt) und Sprachen (München) |
| **Berufstätigkeit** | unterschiedliche Jobs: z. B. Bürotätigkeiten, Inhaberin eines Jeansladens |
| **Besonderheiten** | – ein Jahr Aufenthalt in Kibbuz[1] in Israel<br>– erste Veröffentlichung: Roman „Bitterschokolade“ (1980)<br>– mittlerweile mehr als 30 veröffentlichte Kinder- und Jugendbücher |
| **aktueller Wohnort** | Landshut (Bayern) |
| **Auszeichnungen** | – mehrfach: Deutscher Jugendliteraturpreis: 1994 für Übersetzungswerk, 1995 für Roman »Wenn das Glück kommt, muss man ihm einen Stuhl hinstellen«, 2010 für das Gesamtwerk<br>– Trägerin des Bundesverdienstkreuzes erster Klasse |

[1] der Kibbuz: eine Wohngemeinschaft in Israel

## M2 Auszug aus einem Interview mit Mirjam Pressler

**Die Welt:** Sie wuchsen erst in einer Pflegefamilie auf, später im Kinderheim. Wenn Sie nicht einschlafen konnten, dachten Sie sich Fortsetzungs-Schauer-Geschichten aus. Waren Geschichten für Sie eine Art Lebenshilfe?

**Pressler:** Geschichten waren essenziell[1] für mich. Ich habe mir sehr oft welche ausgedacht, aber nicht nur Schauer-Geschichten, auch Kitsch-Geschichten.

**Die Welt:** Welche?

**Pressler:** Eher märchenhafte: dass auf einmal der Vater auftaucht, reich und berühmt, und mich mitnahm – solche Sachen halt. Ich habe damals auch Karl May[2] gelesen und seine Geschichten weitergesponnen. Ich habe mir auch in der Straßenbahn immer Geschichten weitererzählt, nicht nur beim Einschlafen. Immer wenn ich irgendwo etwas machen musste, was mich langweilte, habe ich mir selbst Geschichten erzählt. Ich war eine Tagträumerin.

**Die Welt:** Ihre Jugendbücher spielen überhaupt nicht in der heilen Welt: Sie schildern darin Kinder, die von Eltern auf der Flucht getrennt werden, oder Kinder, die mit Behinderungen leben müssen. Es gibt Verhältnisse, die ein Kind nicht ändern kann, haben Sie mal gesagt und geraten, es solle möglichst schnell erwachsen werden. Das ist ein harter Satz.

**Pressler:** Das stimmt. Aber zu diesem Satz stehe ich nach wie vor. Viele meiner Bücher handeln von einer beschädigten Kindheit. Es gibt Situationen, die Kinder von sich aus nicht ändern können. Ich finde es wichtig, dass sie verstehen, dass nicht sie daran schuld sind, sondern dass es die Umstände sind. Man kann als Kind seine Eltern nicht ändern, auch die sozialen Umstände nicht. Wenn Kinder merken, dass es nicht ihre Schuld ist, können sie vielleicht anfangen, darüber zu reden. Denn vorher ist ja alles schambesetzt[3]. In dem Moment, da man es aussprechen oder hinschreiben kann, verliert es seinen Stachel. Und je öfter man das macht, umso leichter fällt es einem. Man bekommt so eine gewisse Distanz.

https://www.welt.de/kultur/literarischewelt/article141884756/Ich-wollte-Erfolg-als-Autorin-nicht-als-Juedin.html

[1] essenziell: bedeutungsvoll, wichtig
[2] Karl May: Autor von „Winnetou"
[3] schambesetzt: sich für etwas schämen, peinlich sein

## M3 Klappentext „Wenn das Glück kommt, muss man ihm einen Stuhl hinstellen"

Das Glück kam bisher nur selten zu Halinka. Halinka ist zwölf und lebt seit Jahren im Heim. Was vor dieser Zeit war, erzählt sie nicht. Halinka hat keine Freundin und will auch keine. Am liebsten ist sie allein in ihrem wunderbaren Versteck auf dem Speicher. Dort schreibt sie all die Sprüche und Sätze auf, die ihr durch den Kopf gehen. Manchmal lässt sie sich mit Huckleberry Finn[1] auf einem Floß den Mississippi hinuntertreiben. Dann hat Fräulein Urban, die Heimleiterin, die verrückte Idee, alle Mädchen für das Müttergenesungswerk sammeln zu lassen. Halinka möchte unbedingt Sammelkönigin werden. Vielleicht kann sie dann wieder ihre geliebte Tante Lou besuchen. Halinka weiß – wenn das Glück kommt, dann muss man ihm einen Stuhl hinstellen. Und darauf wartet sie.

Beltz und Gelberg. 12. Auflage 2015

[1] Huckleberry Finn: eine Figur aus dem Roman „Tom Sawyer"

## M4 Auszug aus einer Buchbesprechung zu „Wenn das Glück kommt, muss man ihm einen Stuhl hinstellen“

Möglich, dass solche Gerüche, Farben, Klänge Jugendlichen von heute fremd sind; die Gefühle, um die es in dieser merkwürdigen Woche im Leben eines zwölfjährigen Heimkinds geht, sind es nicht – Verlassenheit, Eifersucht, verletzter Stolz, Wut, Hass, Sehnsucht nach Zärtlichkeit und gleichzeitig ängstliche Abwehr jeder Zärtlichkeit. Um das tiefe Misstrauen eines verlassenen Kindes geht es in dem Roman; ums Sichbehaupten in einer Welt, die nicht freundlich ist zu Kindern, in der man kämpfen muss, um nicht unterzugehen, und mit Zuneigung oder Hoffnung geizig haushält, damit man am Ende nicht reinfällt. Weshalb Halinka auch Distanz hält zu Renate, die nachts im Schlafsaal so oft vor sich hin weint. Denn „was nützt eine Freundin, die nicht stark ist“ im Heim, wo nur der Starke recht hat. O ja, sie kennt sich aus, diese Zwölfjährige, und sie ist so wenig gut, wie die Welt wenig gut ist. Und so wird sie also auch zehn Mark klauen aus der vollen Sammelbüchse.

Authentizität[1] rühmten die Kritiker an den Romanen Presslers, mit mehr als 30 Büchern einer der erfolgreichsten deutschen Kinder- und Jugendbuchautorinnen, vielfach ausgezeichnet, auch für ihre vorzüglichen Übersetzungen. Authentisch ist sie, weil sie Phantasie hat und Einfühlungsvermögen in die komplizierte Seelenlage von Kindern. Es sind Geschichten von Außenseitern – von Eva, die ihren Kummer in sich hineinfrisst („Bitterschokolade“), von Thomas, einem gehbehinderten 15-Jährigen („Stolperschritte“), von Herbert, dem Schulversager („Kratzer im Lack“). Oder, mit autobiografischen[2] Zügen, eben von Halinka, die ins Heim kommt wegen Verwahrlosung.

Elisabeth Bauschmid, Zeitschrift DER STANDARD, 22.06.2006

[1] die Authentizität: die Echtheit
[2] autobiografisch: das eigene Leben beschreibend

## M5 Große Literatur für kleine Leser

(...) Inzwischen war sie (Mirjam Pressler) auf Jugendbücher voll ungeahnter Ernsthaftigkeit gestoßen. Das machte ihr Mut: „Was ich mir wünsche, ist ein Ernstnehmen der kindlichen Welt, der äußeren und der inneren, mit allem Schwierigen, was dazugehört.“ Die Helden ihrer Bücher sind Außenseiter. (...) Nicht immer gehen ihre Geschichten gut aus.

Daher wird ihr häufig ein Mangel an Positivem vorgeworfen. Eltern vermissen heitere Lebensperspektiven in ihren Büchern. Doch die jungen Leser sind begeistert. „Ich finde, Sie schreiben genauso wie es wirklich ist. Ganz ohne Kompromisse beim Inhalt und bei der Sprache“, findet der Jungleser Johannes. Und eine Mira schreibt: „Jedes Mal kommt es einem so vor, als hätten Sie die Geschichte, die Sie schreiben, selber erlebt.“ Sie spüren: Es geht der Autorin um eine stabile Identität ihrer Leser. (...)

Claudia Schülke, Hamburger Abendblatt, 07.06.2010 (http://www.abendblatt.de/kultur-live/article107692930/Grosse-Literatur-fuer-kleine-Leser.html)

## Dritter Schritt: Schreibplan anlegen

**INFO zum dritten Schritt**

Ein Schreibplan hilft dir, alle Materialien nach den Vorgaben der Teilaufgaben übersichtlich zu bearbeiten:

1. Nutze die Aufgabenstellung und deren Unterpunkte für deine Gliederung.
2. Lege in einem Schreibplan (Tabelle) die Gliederung deines Textes nach den Teilaufgaben (oberste Zeile) fest. In den senkrechten Spalten trägst du zu den jeweiligen Materialien (M1–M5) Stichpunkte ein, die zur jeweiligen Teilaufgabe passen.
3. In die Spalte *„Daran muss ich denken"* trägst du ein, worauf du bei der anschließenden Verschriftlichung achten willst. Notiere hier auch, welche Materialien du verwendet hast (Aufgabe 1 f).

5. Übertrage den folgenden Schreibplan auf eine DIN-A4-Seite. Lasse in den einzelnen Zeilen ausreichend Platz. Du kannst auch den vorbereiteten Schreibplan von Seite 66 kopieren (C 5).

**Schreibplan**
**Adressat:** deine Mitschüler, Lehrer, Eltern
**Situation/Thema:** Namensgebung der Schule/Autorin Mirjam Pressler
**Schreibziel:** informierender Text über Mirjam Pressler

| Aufgaben / Material | 1 a) Überschrift | 1 b) Einleitung | 1 c) ... | 1 d) ... | 1 e) ... | Daran muss ich denken: |
|---|---|---|---|---|---|---|
| M 1 | | – geb. 1940 in Darmstadt<br>– ... | | | | – Material sichten<br>– wichtige Informationen zu den Teilaufgaben markieren<br>– Randbemerkungen<br>– Stichworte aus den Materialien in Schreibplan übertragen<br>– ... |
| M 2 | | – Pflegefamilie<br>– Kinderheim ... | | | | |
| M 3 | | | – ... | – Figur Halinka lebt auch im Heim ... | | |
| M 4 | | | – Bücher über Außenseiter<br>– ... | | | |
| M 5 | | | | | | |

## Vierter Schritt: Materialien auswerten und Stichworte im Schreibplan festhalten

**INFO zum vierten Schritt**

Deine Schreibaufgabe besteht darin, in einem informierenden Text alle Teilaufgaben zusammenhängend zu bearbeiten:

a) Finde eine passende **Überschrift** (Teilaufgabe 1 a). Orientiere dich dabei an der Vorgabe des Themas. Achte darauf, dass die Überschrift zum Lesen anregt.

b) In der **Einleitung** führst du in das Thema ein und machst kurz Angaben zu dem, was die Teilaufgabe fordert (Teilaufgabe 1 b).

c) Im **Hauptteil** erarbeitest du die Teilaufgaben 1 c – d. Das sind Aufgaben zu inhaltlichen Aspekten (z. B. *Lebenserfahrungen*). Beachte dazu genau die Verben (z. B. *erklären, erläutern* ...) und die Schlüsselwörter in den Teilaufgaben (z. B. *verarbeitete Themen* ...).

d) Im **Schlussteil** ziehst du Schlüsse zu den genannten Aspekten der Teilaufgabe (Aufgabe 1 e, z. B. *Warum schreibt die Autorin gerade für Jugendliche?*)

e) Abschließend nennst du in einem Satz noch die **Materialien**, die du verwendet hast (Aufgabe 1 f). Orientiere dich dazu an deiner Tabelle.

6. Ergänze nun den Schreibplan stichwortartig. Beginne mit der ersten Spalte zur Überschrift (1 a).

7. Notiere in der zweiten Spalte Stichworte zur Einleitung (Teilaufgabe 1 b). Gehe dazu auf die vorgegebenen Aspekte in der Teilaufgabe (*Geburtsjahr, -ort, Berufe, Aufenthaltsorte*) ein.

8. Markiere in den Materialien, welche Themen Pressler in ihren Büchern verarbeitet. Übertrage diese in Spalte 3 des Schreibplans.

9. Sammle Hinweise darauf, wie die Autorin ihre Lebenserfahrungen mit der Welt ihrer Figuren verknüpft. Notiere diese in Spalte 4 .

10. Ziehe Schlüsse aus den Informationen, die du über die Autorin gesammelt hast, und notiere dir, warum sie deiner Meinung nach für Kinder und Jugendliche schreibt (Teilaufgabe 1 e). Ergänze deine Ergebnisse in der fünften Spalte deines Schreibplans.

– Pressler hat Ähnliches selbst erlebt, will Kindern Mut machen, ihnen das Gefühl nehmen, an ihrer Situation schuld zu sein ...

**TIPP zu 8./9./10.**

1. Orientiere dich beim Festhalten der Notizen an den Verben (*erkläre*, ...) und am Wortlaut (*Schlüsselwörter*) der Teilaufgaben. So kannst du beim Ausformulieren der Ergebnisse Wiederholungen vermeiden.
2. Achte darauf, dass du in **mehreren** Materialien Informationen zu **einer** Teilaufgabe finden kannst.

## Fünfter Schritt: Einen informierenden Text schreiben

**TIPP zum fünften Schritt**

1. Schreibe deinen Text. Lasse einen **breiten Rand** an der Seite und unten, damit du Platz für die Überarbeitung und Ergänzungen hast.
2. Formuliere eine passende Überschrift (*Wissenswertes über Mirjam Pressler*).
3. Bringe die Ergebnisse aus deinem **Schreibplan** in eine **schlüssige und zusammenhängende Reihenfolge**. Achte darauf, dass du die Stichpunkte aus den verschiedenen Materialien miteinander verknüpfst. Orientiere dich an den Teilaufgaben. Setze nach jeder Teilaufgabe einen **Absatz**.
4. Berücksichtige beim Ausformulieren deines informierenden Textes den **Adressaten** (*deine Mitschülerinnen und Mitschüler, Lehrerinnen und Lehrer, Eltern*). Schreibe **sachlich**, **ver-**

**ständlich** und **anschaulich**: *Mirjam Pressler wählt in ihren Büchern Themen, die für uns alle eine Bedeutung haben.*
5. Halte dich an die dargestellten Fakten und Zahlen. Verwende Fachbegriffe, erkläre aber auch Begriffe und Namen, die in der Alltagssprache nicht häufig vorkommen.
6. Formuliere **in eigenen Worten** und im **Präsens**.

11. Verfasse deinen informierenden Text auf einem Extrablatt. Orientiere dich am TIPP und nutze deine Vorarbeit aus dem Schreibplan sowie die folgenden Textanfänge zu den Teilaufgaben.

Teilaufgabe 1 a): Wissenswertes über ...

Teilaufgabe 1 b): Unsere Schule soll nun nach der Autorin Mirjam Pressler benannt werden. Deshalb sollten alle Beteiligten genauer wissen, wer Mirjam Pressler eigentlich ist. Die Autorin wurde 1940 in ... geboren und ...

Teilaufgabe 1 c): Presslers Bücher sind sicher deshalb so beliebt, weil sie darin Themen aufgreift, die für uns alle eine große Bedeutung haben und mit denen sich viele identifizieren können, z. B. ...

Teilaufgabe 1 d): Wenn man die Themen von Mirjam Presslers Büchern genauer betrachtet, kann man feststellen, dass sie ihre eigenen Lebenserfahrungen mit denen der Figuren darin verknüpft, denn ...

Teilaufgabe 1 e): Für Mirjam Pressler sind wir Jugendlichen und Kinder eine wichtige Lesergruppe, da ...

Teilaufgabe 1 f): Ich habe für meinen Text Informationen aus den Materialien ... genutzt.

## Sechster Schritt: Text überarbeiten

12. Überarbeite deinen informierenden Text. Verwende dazu die CHECKLISTE.

### CHECKLISTE zur Überarbeitung von Texten (Aufgabentyp 2)

1. **Den Text inhaltlich überprüfen (Inhaltsleistung)**
   - ✓ Hast du eine interessante Überschrift gewählt?
   - ✓ Hast du in deinem Text alle Teilaufgaben der Schreibaufgabe und die Ergebnisse aus deinem Schreibplan berücksichtigt?
   - ✓ Sind deine Informationen für den Leser nachvollziehbar und interessant formuliert?
   - ✓ Wurden die Informationen (Aussagen, Fakten, Zahlen) richtig aus den Materialien übernommen?
   - ✓ Wurden nachvollziehbare Schlussfolgerungen gezogen, die sich sinnvoll aus den Materialien ergeben?
   - ✓ Hast du die Nummern der von dir genutzten Materialien notiert?
2. **Den Text sprachlich überprüfen (Darstellungsleistung)**
   - ✓ Hast du den Text sinnvoll gegliedert? Ist er durch Absätze überschaubar gestaltet?
   - ✓ Hast du unnötige Wiederholungen und unklare Formulierungen vermieden?
   - ✓ Sind deine Sätze vollständig?
   - ✓ Kannst du komplizierte Sätze vereinfachen?
   - ✓ Hast du Zusammenhänge durch sinnvolle Satzverknüpfungen verdeutlicht?
   - ✓ Hast du im Präsens geschrieben?
   - ✓ Überprüfe auch Rechtschreibung, Zeichensetzung und Grammatik, denn sie fließen in die Bewertung ein und können den Lesefluss beeinträchtigen. Kontrolliere deinen Text mehrfach und berücksichtige deine persönlichen Fehlerschwerpunkte.

## B 6 Schreibaufgabe zu einem erzählenden Text in sechs Schritten bearbeiten

Auf den folgenden Seiten werden die wichtigsten Arbeitsschritte für das Lesen und Erschließen eines erzählenden Textes und die Schritte für die Bearbeitung der Prüfungsaufgaben dargestellt. Auf den Seiten 32 – 34 findest du den erzählenden Text, mit dem du diese Schritte üben kannst. Auch in den angeleiteten Prüfungsaufgaben zum Thema „Eine Frage der Beziehung“ (Teil D) wird auf diese grundlegenden Seiten verwiesen.

### Erster Schritt: Sich orientieren

**TIPP zum ersten Schritt**

Stürze dich nicht gleich in die Arbeit, sondern verschaffe dir eine erste Orientierung:

1. Mache dir klar, was die Aufgabe von dir verlangt. Lies dazu die einzelnen Teilaufgaben und unterstreiche alle wichtigen Hinweise auf das, was du tun sollst. So erhältst du oft schon Anhaltspunkte, worauf du beim Lesen und Erschließen des Textes achten musst.
2. Worum geht es in dem Text? Was verrät dir die Überschrift?

1. Lies die Aufgabenstellung in der Prüfungsvorlage (S. 32) „mit dem Stift“. Markiere die Verben und die Schlüsselwörter.
2. Gib mit eigenen Worten wieder, was du tun sollst. Beachte auch die Reihenfolge der einzelnen Schritte.
3. Notiere stichpunktartig, was dir zu dem Titel „Der Freund“ einfällt. Um welches Thema könnte es gehen? Wovon könnte der Text handeln?

___

___

___

### Zweiter Schritt: Text lesen und Inhalt erfassen

4. a) Erschließe den Text wie im TIPP zum zweiten Schritt dargestellt. Setze dazu die Bearbeitung fort.
   b) Kennzeichne durch Unterstreichungen und Randbemerkungen Besonderheiten, die dir auffallen (z. B. zu Satzbau, sprachlichen Gestaltungsmitteln, Erzählform und -verhalten).
5. Worum geht es im Text? Formuliere Stichworte zum Thema.

– Beziehung zwischen zwei Jugendlichen mit unterschiedlichen Wertvorstellungen und …

___

___

___

___

**TIPP zum zweiten Schritt**

1. Markiere alle Textstellen, die dir unklar sind. Kläre unbekannte Ausdrücke aus dem Sinnzusammenhang oder schlage im Wörterbuch nach. Beachte auch die Worterklärungen unter dem Text.
2. Unterstreiche Schlüsselstellen. Das sind Antworten auf die W-Fragen und Textstellen, die du zur Bearbeitung der Teilaufgaben heranziehen willst.
3. Bilde Sinnabschnitte und notiere dazu jeweils eine Überschrift.
4. Notiere zu jedem Abschnitt Stichpunkte zum Inhalt.
5. Bestimme die Textart.

## Eine Frage der Beziehung

### Teil II

**1** **Analysiere** den Text „Der Freund“ von Gina Ruck-Pauquèt. Gehe dabei so vor:

a) **Schreibe** eine Einleitung, in der du Titel und Autor **benennst** und das Thema **formulierst**.
b) **Fasse** den Text **zusammen**.
c) **Stelle dar**, was das Besondere an der Beziehung zwischen Therese und Bull ist.
d) **Erkläre**, warum Therese zu Hause nichts von Bull erzählt.
e) **Erläutere**, warum diese Freundschaft Therese schließlich in einen inneren Konflikt stürzt (Z. 182–193). **Untersuche** dazu, wie die Autorin diesen Konflikt durch die formale und sprachliche Gestaltung verdeutlicht *(mögliche Aspekte: Erzählform, Erzählverhalten, Satzbau)*.
f) **Verfasse** einen kurzen Text aus der Sicht von Therese.
- Warum findet Therese Bull zunächst interessant?
- Wie reagiert sie auf seine Lügen?
- Warum ist sie während des Besuches bei ihrer Lehrerin traurig?

**Schreibe** in der Ich-Form und berücksichtige die Informationen, die die Erzählung gibt.

### Der Freund (1987) *Gina Ruck-Pauquèt*

Bull und Therese sind befreundet, obwohl sie unterschiedlich sind

Er war älter als sie. Aber das machte Therese nichts aus. „Das Kind ist weit über sein Alter hinaus“, pflegte ihre Mutter zu sagen. Vielleicht war das der Grund dafür, dass Therese keine Freundin in ihrer Klasse hatte. Bull war mindestens vierzehn. Er ging nicht mehr in die Schule. Möglicherweise ging er auch darum nicht, weil er einfach keine Lust hatte. Bull war das zuzutrauen! „Warum heißt du Bull? Warum hat deine Mutter dich Bull genannt?“ Bull hatte gelacht. „Den Namen habe ich mir selbst gegeben.“ „Und wie heißt du echt?“ „Rumpelstilzchen“, hatte Bull gesagt. Normalerweise hätte ja Therese einen Jungen wie Bull überhaupt nicht kennen gelernt. In ihrer Gegend waren die Jungen anders. Entweder sie gingen in die Schule oder sie arbeiteten irgendetwas. Bull machte nichts. Jedenfalls nichts von dem, was man meinen sollte. Nichts von all den vielen Dingen, die Erwachsene für vernünftig halten.

---

Als Therese Bull zum ersten Mal sah, lag er im Gras. Sie hatte ihrem Vater das Essen in die Gärtnerei gebracht. Die Gärtnerei war am Stadtrand. Therese fuhr mit dem Fahrrad hin. Sie machte das gern. (...) Therese hockte sich zu ihrem Vater ins Treibhaus und sah zu, wie er aß und dabei auf einem Zettel die Preise ausrechnete. Viel sprachen sie nie miteinander. Höchstens, dass der Vater fragte, ob in der Schule alles gut gegangen war. „Ja“, sagte Therese dann. Sie wartete, bis er alles aufgegessen hatte, packte den Teller und das Besteck in Zeitungspapier und stopfte alles in die Strohtasche. „Tschüs!“, sagte sie. Aber manchmal hörte der Vater das schon nicht mehr.

Therese bringt ihrem Vater gern Essen in die Gärtnerei; Vater ist nicht gesprächig

---

An dem Tag, als Therese Bull traf, drangen zuerst die Fetzen einer Melodie zu ihr hin. Dann sah sie ihn draußen vor der Gärtnerei, wo das Gras ausgebleicht und hoch stand, weil es nie jemand mähte. Er lag auf dem Rücken, die Hände unter dem Kopf, und schaute sie an. „Na?“, sagte Bull. „Hast du Mundharmonika gespielt?“, fragte Therese. Er zog das Instrument aus der Hosentasche und spielte noch einmal. „Willst du?“, fragte er dann und hielt es ihr hin. „Das kann ich nicht“, sagte Therese. „Probier's.“ Therese schüttelte den Kopf. Bull stand auf. Er war lang und dünn und hatte breite Schultern. „Wohnst du hier irgendwo?“, fragte Therese. Er zeigte hinter sich. Da waren die Häuser, die sie Silos nannten. „Wohnmaschinen“, hatte die Mutter gesagt. „Die sind nicht mal alt. Aber das Gesindel[1], das da lebt, lässt alles verkommen[2].“ (...)

---

Von da an trafen sie sich fast jeden Tag. Sie saßen da, aßen Sonnenblumenkerne und wetteten, wer die Schalen am weitesten spucken konnte. Bull spielte Mundharmonika oder er ahmte Tiere nach. Sprang herum wie ein Affe, hüpfte wie ein Känguru und machte den Stier mit gesenkten Hörnern. Therese hatte nie so gelacht. „Woher hast du die Sonnenblumenkerne?“, fragte sie einmal. Da guckte er bloß und drückte ein Auge zu. Therese versuchte, nicht daran zu denken, dass sie aus der Gärtnerei stammen mussten. Vielleicht war es ja auch nicht wahr. Ein andermal fragte sie, was er denn werden wolle. Bull machte einen Handstand. „Wieso?“, meinte er. „Naja, du brauchst doch einen Beruf.“ „Ich werd Seifenblasenfabrikant“, sagte Bull. Am nächsten Tag brachte Therese Seifenblasen mit. Sie hatten so viel Spaß, dass sie fast vergessen hätte, nach Hause zu fahren. Mit Bull war alles anders, leichter, fröhlicher. Ganz einfach war alles mit Bull.

Daheim hatte Therese nichts von ihm erzählt. Die hätten das doch nicht verstanden.

Als Therese ihn eines Tages von ihrem Fensterplatz im Klassenzimmer auf dem Schulhof sah, erschrak sie. Er schien da nicht hinzupassen. Sie erinnerte sich, ihm gesagt zu haben, in welche Schule sie ging. Aber was wollte er hier? Wollte er sie abholen? Am Schluss der Stunde war er nicht mehr da. „Mein Wollschal ist weg!“, sagte da Brigitte. „Der hat hier im Flur gehangen. Bei den anderen Sachen. Mein gelber Wollschal. Den hat einer geklaut!“ (...)

---

Zum ersten Mal war sie schon vor Bull bei der Gärtnerei. „Hallo“, sagte er. „Ich hab Brombeeren.“ „Das war gemein von dir!“, Therese musste es gleich aussprechen. „Du hast den Wollschal weggenommen. Bei uns in der Schule!“ Sie sah ihn an und hoffte, es möge sich herausstellen, dass er unschuldig war. Aber Bull grinste bloß. Und die Art, wie er grinste, sprach für sich. „Gib ihn zurück“, sagte Therese. „Bitte, gib ihn mir. Ich häng ihn hin, dann ist er einfach wieder da.“ „Du bist ja verrückt“, sagte Bull. „Ich klaue doch nicht!“

Therese brachte ihrem Vater das Essen. Und wenn sie wirklich Unrecht hatte? Und wenn er es nicht gewesen war? Lieber Gott, dachte Therese, mach, dass er es nicht gewesen ist (...)

Er ist mein Freund, dachte Therese, als sie am Abend nicht einschlafen konnte. Er wird es nicht wieder tun. Sie wollte, dass alles so wurde, wie es gewesen war. Bull war wie immer, am nächsten Tag und am übernächsten. Aber Therese musste sich anstrengen, um fröhlich zu wirken.

---

Es wurde jetzt Winter. In einer der Nächte waren die Dahlien erfroren. „Hast du nichts Wärmeres anzuziehen?“, fragte Therese. „Werd mir schon was besorgen“, sagte Bull. „Bull!“ Therese packte ihn am Arm. „Bleib ein anständiger Mensch“ – Bull grinste – „willst du doch sagen, oder!“ Therese ließ ihn stehen. Sprang aufs Fahrrad und fuhr weg.

Am nächsten Tag fehlte der Janker[3]. Jochens dicker, grauer Janker, der im Flur der Schule an einem Haken gehangen hatte. Die aufgeregten Kinder und Lehrer summten um Therese herum wie ein Bienenschwarm. Nein, dachte sie immer wieder. Nein! „Ist dir nicht gut?“, fragte jemand. Therese gab keine Antwort. „Soll ich dich heimbringen?“ Therese schüttelte den Kopf.

Dann war sie daheim, und etwas später saß sie auf dem Fahrrad und fuhr zur Gärtnerei. Bull war nicht da. Erst als sie wieder herauskam, sah sie ihn. Der Janker stand ihm gut. „Gib her!“, sagte Therese. „Gib die Jacke her!“ „Bei dir piept`s wohl!“ Bull sprang einen Schritt zurück. „Du hast sie gestohlen“, sagte Therese. „Was geht es dich an?“, sagte Bull. „Gib sie her, oder ich sag, dass du es warst.“ „Das machst du nie!“ Bull lachte. „Ich zähle bis drei“, sagte Therese. Dann fuhr sie, und während des ganzen Weges dachte sie sich Entschuldigungen für Bull aus. Dass er arm war. Dass seine Mutter sich nicht um ihn kümmerte. Dass er keinen Vater hatte. Und dass er aus dem Silo kam. Aber dazwischen schossen immer wieder die anderen Gedanken. Dass er es trotzdem nicht durfte. Weil kein Mensch das Recht hat, einem anderen etwas wegzunehmen.

Als Therese in die Straße einbog, in der die Lehrerin wohnte, war sie ganz ruhig. Sie klingelte und wartete, bis aufgemacht wurde. „Therese?“ Die Lehrerin wunderte sich. „Ich weiß, wer die Sachen genommen hat“, sagte Therese. Und sie dachte, dass sie es schnell hinter sich bringen wollte. Noch bevor sie anfangen würde zu weinen.

aus: Westhoff, Hannelore (Hrsg.):
Die schönsten Freundschaftsgeschichten.
Ravensburg: Otto Maier 1987, S. 61 ff.

[1] das Gesindel: früher: Dienstboten; heute: Bezeichnung für Menschen, denen sich andere moralisch überlegen fühlen, weil sie z. B. nicht arbeiten oder stehlen
[2] verkommen lassen: sich nicht kümmern
[3] der Janker: Trachtenjacke

## Dritter Schritt: Schreibplan anlegen

**INFO zum dritten Schritt**

1. Deine Schreibaufgabe besteht darin, in einem zusammenhängenden Text alle Teilaufgaben zu bearbeiten. Nutze die Aufgabenstellung und deren Unterpunkte für deine Gliederung.
2. Lege in einem Schreibplan (Tabelle) die Gliederung deines Textes (linke Spalte) fest:
   a) In der **Einleitung** stellst du den Text vor, machst Angaben zu Titel, Autor, Textart, Erscheinungsjahr und Thema (Aufgabe 1 a). Du formulierst den sogenannten TATTE-Satz.
   b) Im **Hauptteil** wendest du dich den Aufgaben 1 b – e zu. Das sind Aufgaben zu inhaltlichen und formalen Aspekten (z. B. *Textart, Form, Sprache, Erzählweise*). Beachte genau die Verben (z. B. *darstellen, beschreiben, erklären …*) und die Schlüsselwörter in den Teilaufgaben (z. B. *Darstellung der Beziehung; Gründe, warum Therese zu Hause nichts von ihrem neuen Freund erzählt …*). Ergänze Zitate und Belege. Sie unterstützen deine Aussagen.
   c) Zum **Schluss** verfasst du einen Text aus der Sicht von Therese. Achte dabei genau auf die Fragen, auf die du eingehen sollst (Teilaufgabe 1 f) und verwende die Ich-Form.

6. a) Übertrage den folgenden Schreibplan auf eine DIN-A4-Seite. Lasse in den einzelnen Zeilen ausreichend Platz. Du kannst auch den vorbereiteten Schreibplan von Seite 91 kopieren (D 5).
   b) Vervollständige stichwortartig die linke Spalte. Orientiere dich an der Aufgabe von Seite 32 (Verben und Schlüsselwörter). So behältst du die Aufgaben im Blick und vermeidest Wiederholungen.

| **Teilaufgaben** | **Stichworte zur Bearbeitung** |
|---|---|
| 1 a) Einleitung: TATTE-Satz | – Titel: Der Freund – Autorin: …<br>– Textart: kurze Erzählung (epischer Text)<br>– Erscheinungsjahr: – Thema: … |
| 1 b) Inhalt zusammenfassen | – Therese und Bull sind befreundet, obwohl sie unterschiedlich sind: Therese kommt aus behüteten Verhältnissen, während Bull gar nicht mehr die Schule besucht …<br>– … |
| 1 c) Darstellung der Art der Beziehung zwischen Therese und Bull | – im ersten Absatz wird erzählt, dass Therese keine Freunde hat (Z. 4–7); auch zu ihrem Vater scheint sie kein inniges Verhältnis zu haben (Z. 37–38, 45–47), obwohl …; Bull genießt das Leben (Z. 28–29); er ist unkompliziert …<br>– … |
| 1 d) Erklärung dazu, warum Therese zu Hause nichts von Bull erzählt | – Thereses Mutter bezeichnet die Häuser am Stadtrand als „Silos“ (Z. 68); sie meint, dass in den „Wohnmaschinen“ (Z. 69) nur „Gesindel“ (Z. 71) leben würde; somit …<br>– … |
| 1 e) … | – … |
| 1 f) … | – … |

## Vierter Schritt: Text untersuchen und Stichworte im Schreibplan festhalten

### INFO zum vierten Schritt

Ein erzählender Text stellt häufig ein bestimmtes zwischenmenschliches oder gesellschaftliches Problem (Konflikt) dar. In der Analyse sollst du diese Textaussage herausarbeiten:

1. Zuerst musst du den **Text vorstellen** und den **Inhalt zusammenfassen**.
2. Danach bearbeitest du konkrete **Aufgaben zum Inhalt** und **zur Form/Sprache** des Textes:
   a) Lies dazu noch einmal die **Teilaufgaben** ganz genau und untersuche den Text beim zweiten Lesen **aufgabenbezogen**, d. h. du konzentrierst dich auf die Schwerpunkte der Aufgaben, z. B. *das Besondere der Beziehung darstellen* (Teilaufgabe 1 c), und suchst nach Textstellen, die zur Bearbeitung dieser Aufgabe hilfreich sind.
   b) Mit Blick auf **Inhalt, Form** und **Sprache** musst du auf Folgendes achten:
   - **Inhalt:** Überschrift, Thema, Atmosphäre, Handlung, Personen und ihre Beziehungen, Gefühle, Gedanken und Konflikte.
   - **Form und Sprache:** Textart, Wortwahl (Schlüsselwörter), Satzbau, sprachliche Gestaltungsmittel (Metapher, Wiederholung, Vergleich ..., vgl. dazu Seite 136 im Glossar), Erzählform, Erzählverhalten.

   Du ermittelst diese Gestaltungsmerkmale, um die **Wirkung** und **Deutung** des Textes zu erklären. Manchmal musst du auch die **Entstehungszeit** bedenken, denn diese Informationen können für das Verständnis ebenfalls von Bedeutung sein.

7. Ergänze nun deinen Schreibplan stichwortartig. Beginne mit der ersten Zeile zur Einleitung (Teilaufgabe 1 a) und orientiere dich am TIPP rechts.
   a) Notiere Titel, Autor, Erscheinungsjahr und Textart.
   b) Formuliere das Thema.

8. Notiere in der zweiten Zeile Stichworte zur Zusammenfassung des Inhalts (Teilaufgabe 1 b).
   - Nutze dazu deine Stichpunkte aus der Texterschließung (Aufgabe 4, S. 31).
   - Notiere die Stichworte zu den Sinnabschnitten im Präsens im Schreibplan. Für die Vorzeitigkeit benutzt du das Perfekt. Orientiere dich an den im Text unterstrichenen Schlüsselwörtern. Beginne so:

1. Sinnabschnitt: (Z. 1–27)
- Therese und Bull sind befreundet, obwohl sie sehr unterschiedlich sind. Therese kommt aus behüteten Verhältnissen, während Bull mit seinen 14 Jahren noch nicht einmal mehr die Schule besucht und auch nicht das tut, was Erwachsene von ihm erwarten würden ...

9. a) Markiere im Text, warum und wie sich Therese und Bull kennen lernen und wie sie ihre Zeit miteinander verbringen. Notiere deine Ergebnisse in der dritten Zeile deines Schreibplans (Teilaufgabe 1 c). Ergänze passende Textstellen als Belege.

### TIPP zu 7.

**Formulieren einer Einleitung:**

1. Stelle die Erzählung vor: Autor, Titel, Erscheinungsjahr. Du kannst auch die Quelle angeben. Sie steht zumeist unter dem Text.
2. Ermittle die Textart. Handelt es sich bei dem erzählenden Text um einen Auszug aus einem Roman, eine Kurzgeschichte, eine Parabel, eine Fabel, ...? Die Merkmale dieser Textarten kannst du im Glossar ab Seite 132 nachlesen.
3. Formuliere das Thema des Textes in wenigen Sätzen. Achte darauf, dass deine Formulierung sich auf den gesamten Text bezieht, z. B. *Die Autorin thematisiert eine Freundschaft zwischen zwei sehr unterschiedlichen Jugendlichen, die aufgrund verschiedener Lebensweisen und Wertvorstellungen für das Mädchen in einem inneren Konflikt endet.*

b) Ziehe daraus Schlussfolgerungen, was diese Zeit für Therese so besonders macht (Teilaufgabe 1 c). Mache dies durch einen Folgepfeil deutlich.

- im ersten Absatz wird erzählt, dass Therese keine Freunde hat (Z. 4–7); auch zu ihrem Vater scheint sie kein inniges Verhältnis zu haben (Z. 37–38, Z. 45–47), obwohl sie ihm oft das Essen bringt (Z. 29–31); dabei lernt sie Bull kennen, der einfach im Gras herumliegt (Z. 28–29) ...
  => die Beziehung ist für Therese besonders, weil Bull einfach in den Tag hineinlebt; seine Lebensweise unterscheidet sich sehr von der Thereses (Z. 7–8, Z. 22–26) ...

10. Erkläre, warum Therese zu Hause nichts von Bull erzählt. Markiere Textstellen, die deutlich machen, was die Eltern über Bull denken könnten. Sammle dazu Stichwörter in der vierten Zeile der Tabelle (Teilaufgabe 1 d).

- Thereses Mutter bezeichnet die Häuser am Stadtrand als „Silos“ (Z. 68); sie meint, dass in den „Wohnmaschinen“ (Z. 69) nur „Gesindel“ (Z. 71) leben würde; somit wertet sie gleichzeitig Bull als Person ab, denn der ist in dieser Siedlung zu Hause ...
- Therese weiß auch, dass die Eltern die Lebensweise Bulls nicht gutheißen würden, denn sie selber ...

11. Ergänze in Zeile fünf der Tabelle, wie durch Form und Sprache deutlich wird, dass die Freundschaft Therese schließlich in einen inneren Konflikt stürzt (Teilaufgabe 1 e).

- Bull kann nicht damit aufhören, zu stehlen: er besorgt sich die Dinge, die er im Leben braucht, einfach ohne zu fragen und ohne dafür Geld zu bezahlen; er bestiehlt Thereses Vater und ihre Klassenkameraden (Z. 85–88: Sonnenblumenkerne, Z. 112–116: gelber Wollschal ...), das ärgert Theresa maßlos und sie wünscht sich zu Beginn noch, dass sie Unrecht mit ihren Vermutungen hat ...
- sie erkennt, dass Bull unehrlich ist und stiehlt, während sie selber offen und ehrlich ist; daher spricht sie den Diebstahl des gelben Wollschals in der Schule in seiner Gegenwart an (Z. 121–123), doch Bull grinst nur und sagt gar nichts dazu (Z. 126-127); daraus zieht sie ihre Schlussfolgerungen; sie verurteilt sein Handeln: „Das war gemein von dir!“ (Z. 119-121) ...
- beim dritten Diebstahl wird Therese richtig wütend (Z. 174–175), denn ...; Bull macht sich sogar über sie lustig („Das machst du nie!“ Bull lachte.“, Z. 180-181) ...
- der Text ist in der Er- / Sie-Erzählform mit personalem Erzählverhalten verfasst; das erkennt man daran, dass ...

**TIPP zu 9.**

1. Orientiere dich beim Festhalten der Notizen an den Verben (*stelle ... dar, erkläre*) und am Wortlaut (*Schlüsselwörter*) der Teilaufgabe. So kannst du beim Ausformulieren der Ergebnisse Wiederholungen vermeiden.
2. Wenn du die Teilaufgaben zu Inhalt, Form und Sprache bearbeitest, ergänze im Schreibplan Textbelege, die du beim Ausformulieren heranziehen willst. So ersparst du dir das Suchen im Text.

**TIPP zu 10.**

1. In der Teilaufgabe 1 d zeigst du, ob du die Aussageabsicht des erzählenden Textes richtig verstanden hast, denn auch der Konflikt am Ende ergibt sich aus den unterschiedlichen Lebensweisen und Wertvorstellungen von Therese und Bull.
2. Betrachte die Beziehung der beiden auf den gesamten Text bezogen und achte auf die Einstellung von Thereses Eltern zum Leben. Wenn du beide Lebensweisen vergleichst, kannst du ermitteln, warum Therese nichts von der Freundschaft erzählt. Bedenke auch, was Therese selbst an Bulls Charakter nicht gefällt.

- dass Therese die Entscheidung, Bulls Diebstähle bei ihrer Lehrerin zu melden, nicht leicht fällt, wird durch eben dieses personale Erzählverhalten deutlich ...
- ihr innerer Konflikt wird außerdem durch eine Art Aufzählung von Ellipsen deutlich (Z. 185–193); dies zeigt ihren inneren Zwiespalt, ob sie ...
- ...

12. a) Lies noch einmal die Teilaufgabe 1 f. Mache dir klar, aus wessen Sicht du schreiben sollst:

Ich soll einen Text aus der Sicht von Therese, der Hauptperson aus der kurzen Erzählung „Der Freund" von Gina Ruck-Pauquét verfassen.

b) Notiere im Schreibplan stichwortartig, auf welche Inhalte du in dem inneren Monolog eingehen sollst.

1. erläutern, warum Therese (=ich) Bull zunächst interessant findet
2. ...
3. ...

c) Beantworte die Fragen (Aufgabe 1 f) stichwortartig aus der Sicht von Therese, d. h. du schreibst in der Ich-Form und berücksichtigst die Informationen, die der Textauszug gibt. Denke auch daran, ihre Gedanken und Gefühle darzustellen.

- Bull ist und lebt so ganz anders als ich; er geht nicht mehr in die Schule und macht nur das, worauf er Lust hat; er interessiert sich für mich und ich kann mit ihm lachen und Blödsinn machen; ich verbringe gerne Zeit mit ihm, denn mit ihm ist alles anders, leichter und fröhlicher ...
- der erste Verdacht, dass Bull stiehlt, kam mir, als ich ihn in der Schule gesehen hatte; danach fehlte ein Wollschal; nachdem ich ihn zur Rede gestellt hatte, grinste er nur – und ich wusste, dass er mich anlog, als er sagte, er würde nicht stehlen
- ...

**TIPP zu 11 a) und b)**

Achte bei der Untersuchung der Form und Sprache auf folgende Merkmale: Erzählform, Erzählverhalten, Satzbau und weitere sprachliche Gestaltungsmittel. Auf diese wird häufig bereits in der Aufgabenstellung hingewiesen. Notiere in deinem Schreibplan dazu auch immer die Wirkung dieser Merkmale.

**TIPP zu 12 a) – c)**

1. Wenn du als letzte Aufgabe einen Text aus der Sicht einer der Figuren schreiben sollst, achte darauf, dass du dich in die Figur hineinfühlst.
2. Schreibe in der Ich-Form und orientiere dich an den Erzählschritten des Textes sowie an den Gedanken und Gefühlen, die im Text deutlich werden. Du kannst auch Gefühle und Gedanken ergänzen, die nicht im Text genannt werden. Sie sollten aber zum Text passen.
3. Zur Gliederung deines Textes nutze die Fragen aus der Aufgabenstellung und beantworte sie nacheinander.
4. Gestalte deine Schreibweise so, dass sie zu der Figur passt (z. B. Therese: gut erzogenes Mädchen, dem Ehrlichkeit wichtig ist).

## Fünfter Schritt: Text schreiben

**TIPP zum fünften Schritt**

1. Formuliere deinen Text. Lasse einen **breiten Rand** an der Seite und unten, damit du Platz für die Überarbeitung und Ergänzungen hast.
2. Schreibe im **Präsens**. Um die Vorzeitigkeit auszudrücken, nutzt du das **Perfekt**.
3. Bringe die Ergebnisse aus deinem **Schreibplan** in einen **schlüssigen und zusammenhängenden Gedankengang**. Dazu fasst du **ähnliche Beobachtungen** zusammen und beschreibst ihre **Wirkung**, damit dein Leser versteht, warum der Autor bestimmte inhaltliche, sprachliche und formale Merkmale ausgewählt hat. Achte darauf, dass du **Wiederholungen vermeidest**.
4. Verwende **Zitate** – wie in den Teilaufgaben gefordert –, wenn du etwas Typisches oder Bemerkenswertes herausstellen willst oder **um eigene Aussagen zu belegen**. Kennzeichne Zitate durch Anführungszeichen und Zeilenangaben in Klammern: *„Die hätten das doch nicht verstanden." (Z. 102/103)*.
5. Verwende die richtigen **Fachbegriffe**, denn mit ihnen kannst du präzise formulieren. Zumeist erhältst du Hinweise dazu schon in der Aufgabenstellung.
6. Damit dein Text zusammenhängend wirkt, verwende passende **Satzverknüpfungswörter**.
7. Setze nach jeder Teilaufgabe einen **Absatz**.

13. Fasse deine Analyseergebnisse in einem geschlossenen Text auf einem Extrablatt zusammen. Orientiere dich am TIPP und nutze deine Vorarbeit aus dem Schreibplan.

In der kurzen Erzählung „Der Freund' von Gina Ruck-Pauquét, die diese im Jahre 1987 verfasst hat, geht es um die Beziehung zwischen zwei Jugendlichen mit ...
Therese und Bull sind befreundet, obwohl sie sehr unterschiedlich sind ...

## Sechster Schritt: Text überarbeiten

14. Überarbeite deinen Text. Verwende dazu die CHECKLISTE.

**CHECKLISTE zur Überarbeitung von Texten (Aufgabentyp 4a)**

**1. Den Text inhaltlich überprüfen (Inhaltsleistung)**

- ✓ Hast du in deinem Text alle Unterpunkte der Schreibaufgabe und die Ergebnisse aus deinem Schreibplan berücksichtigt?
- ✓ Sind deine Ergebnisse für den Leser nachvollziehbar formuliert, d. h. hast du erklärt, wie du etwas verstanden hast, und dieses durch Textbelege veranschaulicht?
- ✓ Wird klar, welche Bedeutung Form und Sprache des Textes für die Absicht haben?
- ✓ Hast du deine Ergebnisse miteinander verknüpft und Zusammenhänge hergestellt?
- ✓ Hast du in der Stellungnahme deine Position durch Begründungen sowie durch Zitate/Belege untermauert <u>oder</u> ist der Text aus Sicht einer Figur verfasst (Ich-Form) und passt zu den Informationen aus dem Text?

**2. Den Text sprachlich überprüfen (Darstellungsleistung):**

- ✓ Hast du den Text sinnvoll gegliedert? Ist er durch Absätze überschaubar gestaltet?
- ✓ Hast du unnötige Wiederholungen und unklare Formulierungen vermieden?
- ✓ Sind deine Sätze vollständig?
- ✓ Kannst du komplizierte Sätze vereinfachen?
- ✓ Hast du Zusammenhänge durch sinnvolle Satzverknüpfungen verdeutlicht?
- ✓ Überprüfe auch Rechtschreibung, Zeichensetzung und Grammatik, denn sie fließen in die Bewertung ein und können den Lesefluss beeinträchtigen.
- ➡ Kontrolliere deinen Text mehrfach und berücksichtige deine persönlichen Fehlerschwerpunkte

## B 7 Schreibaufgabe zu einem lyrischen Text in sechs Schritten bearbeiten

Auf den folgenden Seiten werden die wichtigsten Arbeitsschritte für das Lesen und Erschließen eines lyrischen Textes und die Schritte für die Bearbeitung der Aufgaben dargestellt. Auf der Seite 41 findest du den Liedtext, mit dem du diese Schritte üben kannst. Auch in den angeleiteten Prüfungsaufgaben zum Thema „Eine Frage der Beziehung“ (Teil D) wird auf diese grundlegenden Seiten verwiesen.

### Erster Schritt: Sich orientieren

**INFO zum ersten Schritt**

Stürze dich nicht gleich in die Arbeit, sondern verschaffe dir einen ersten Überblick:

1. Mache dir klar, was die Aufgabe von dir verlangt. Lies dazu die einzelnen Teilaufgaben und unterstreiche alle wichtigen Hinweise auf das, was du tun sollst. So erhältst du oft schon Anhaltspunkte, worauf du beim Lesen und Erschließen des lyrischen Textes achten musst.
2. Worum geht es? Was verrät die Überschrift?

1. Lies die Aufgabenstellung in der Prüfungsvorlage (S. 41) „mit dem Stift“. Markiere die Verben und die Schlüsselwörter.

2. Gib mit eigenen Worten wieder, was du tun sollst. Beachte auch die Reihenfolge der einzelnen Schritte.

3. Notiere stichpunktartig, was dir zu dem Titel „Wolke 4“ einfällt. Um welches Thema könnte es gehen? Wovon könnte der Liedtext handeln?

______________________________

______________________________

### Zweiter Schritt: Text erschließen und Inhalt erfassen

4. a) Erschließe den Liedtext, wie im TIPP zum zweiten Schritt dargestellt. Setze dazu die Bearbeitung fort.
   b) Kennzeichne Besonderheiten, die dir auffallen (z. B. zu Strophen- und Versanzahl, Reimschema, sprachlichen Gestaltungsmitteln), durch Unterstreichungen und Randbemerkungen.

5. Worum geht es im Liedtext? Formuliere Stichworte zum Thema.

   – Beziehung zwischen zwei Partnern
   – Vergleich von „Wolke 4“ und „Wolke 7“...
   – ...

**TIPP zum zweiten Schritt**

1. Markiere alle Textstellen, die dir unklar sind. Kläre diese Ausdrücke aus dem Sinnzusammenhang oder schlage sie im Wörterbuch nach. Beachte auch die Worterklärungen unter dem Text.
2. Unterstreiche Schlüsselstellen. Das sind Textstellen, die für das Verständnis wichtig sind.
3. Formuliere eine Überschrift und Stichworte zu den einzelnen Strophen; das sind oftmals Sinnabschnitte. Notiere auch Hinweise zur Atmosphäre und Stimmung.
4. Da auch die formale und sprachliche Gestaltung für das Verständnis wichtig sind, mache dir Notizen zu Strophen- und Versanzahl, Reimschema, sprachlichen Gestaltungsmitteln etc. (vgl. Glossar: Stichwort Lyrik, S. 133).

# Eine Frage der Beziehung

## Teil II

Lies bitte zunächst den Text, bevor du dich der Bearbeitung der Aufgaben zuwendest.
Schreibe einen zusammenhängenden Text.

**1** **Analysiere** den Liedtext „Wolke 4“ von Philipp Dittberner und Marv. Gehe dabei so vor:

a) **Schreibe** eine Einleitung, in der du Titel, Autor, Textart und Thema **benennst**.

b) **Fasse** den Inhalt des Liedtextes in eigenen Worten **zusammen**.

c) **Stelle** die im Liedtext dargestellte Einstellung des lyrischen Ich zu seiner Beziehung **dar**. **Erläutere** dazu den Unterschied zwischen der „Wolke 4“ und der „Wolke 7“.

d) **Erläutere**, wie die Einstellung des lyrischen Ich durch sprachliche Mittel *(mögliche Aspekte: Wortwahl, sprachliche Bilder)* deutlich gemacht wird.

e) Eine Schülerin sagt über den Liedtext: *„Meiner Meinung nach liebt das lyrische Ich seine Freundin bzw. seinen Freund nicht richtig. Es sollte sich trennen.“*
**Nimm Stellung** zu dieser Aussage und überlege, ob du dieser Aussage zustimmen kannst. **Begründe** deine Meinung und **beziehe dich** dabei auf den Text.

### Wolke 4 (2015)

*Philipp Dittberner & Marv*

Lass uns die Wolke vier bitte nie mehr verlassen
Weil wir auf Wolke sieben viel zu viel verpassen
Ich war da schon ein Mal, bin zu tief gefallen
Lieber Wolke vier mit Dir als unten wieder ganz allein

Imperativ: Lyrisches Ich fordert auf („höflich“), begründet Bitte, nennt Beispiel/belegt seine Bitte

Beurteilung der Situation

Ziemlich gut, wie wir das so gemeistert haben
Wie wir die großen Tage unter kleinen Dingen begraben
Der Moment der die Wirklichkeit maskiert
Es tut nur gut zu wissen, dass das wirklich funktioniert

Personifikation: maskieren = verdrängen?

Lass uns die Wolke vier bitte nie mehr verlassen
Weil wir auf Wolke sieben viel zu viel verpassen
Ich war da schon ein Mal, bin zu tief gefallen
Lieber Wolke vier mit Dir, als unten wieder ganz allein

Redensart („auf Wolke 7 schweben“): sehr glücklich/verliebt/in Hochstimmung

Hab nicht gesehen, was da vielleicht noch kommt
Was am Ende dann mein Leben und mein kleines Herz zerbombt
Denn der Moment ist das, was es dann zeigt, dass die Tage ziemlich dunkel sind
Doch Dein Lächeln bleibt. Doch Dein Lächeln bleibt …

Lass uns die Wolke vier bitte nie mehr verlassen
Weil wir auf Wolke sieben, viel zu viel verpassen
Ich war da schon ein Mal, bin zu tief gefallen

Lieber Wolke vier mit Dir als unten wieder ganz allein
Lieber Wolke vier mit Dir als unten wieder ganz allein
Lieber Wolke vier mit Dir als unten wieder ganz allein

## Dritter Schritt: Schreibplan anlegen

### INFO zum dritten Schritt

1. Deine Schreibaufgabe besteht darin, in einem zusammenhängenden Text alle Teilaufgaben zu bearbeiten. Nutze die Aufgabenstellung und deren Unterpunkte für deine Gliederung.
2. Lege in einem Schreibplan (Tabelle) die Gliederung deines Textes (linke Spalte) fest:
   a) In der **Einleitung** stellst du den Text vor, machst Angaben zu Titel, Autor, Textart und Thema (Teilaufgabe ❶ a). Du formulierst den sogenannten TATTE-Satz.
   b) Im **Hauptteil** wendest du dich den Aufgaben ❶ b – d zu. Das sind Aufgaben zu inhaltlichen und formalen Aspekten (z. B. *Art der Beziehung, Form, Sprache*). Beachte dazu genau die Verben (z. B. *darstellen, erläutern* ...) und die Schlüsselwörter in den Teilaufgaben (z. B. *dargestellte Einstellung* ...). Belege unterstützen deine Aussagen. Daher solltest du sie bereits in deinem Schreibplan notieren.
   c) Deinen Text rundest du am **Schluss** mit einer Stellungnahme ab (Teilaufgabe ❶ e).

6. a) Übertrage den folgenden Schreibplan auf eine DIN-A4-Seite. Lasse in den einzelnen Zeilen ausreichend Platz. Du kannst auch den vorbereiteten Schreibplan von S. 91 kopieren (D 5).
   b) Vervollständige stichwortartig die linke Spalte. Orientiere dich an der Aufgabe von Seite 41 (Verben und Schlüsselwörter). So behältst du die Aufgaben im Blick und vermeidest Wiederholungen.

| **Teilaufgaben** | **Stichworte zur Bearbeitung** |
|---|---|
| ❶ a) Einleitung: TATTE-Satz | – Titel: Wolke 4 – Autor: ...<br>– Textart: Liedtext (lyrischer Text)<br>– Thema: ... – Erscheinungsjahr: ... |
| ❶ b) Inhalt zusammenfassen | – das lyrische Ich schildert, wie es seine jetzige Beziehung einschätzt, ...<br>– ... |
| ❶ c) Einstellung zur Beziehung darstellen/Unterschied „Wolke 4/Wolke 7“ erläutern | – lyrisches Ich vergleicht Beziehung mit Stufe „Wolke 4“ (V. 1)<br>– erklärt den Unterschied zur Stufe „Wolke 7“ (man fällt nicht so tief (V. 3), „Wolke 7“ = frühere Beziehung ...<br>– ... |
| ❶ d) Einstellung mithilfe von sprachlichen Mitteln erklären | – lyrisches Ich hat schlechte Erfahrungen auf Wolke 7 gemacht (V. 3), ihm reicht „Wolke 4“ (V. 1) = höflicher Imperativ: bittet darum, bleiben zu können<br>– Vergleich: gibt sich mit weniger zufrieden (V. 4: „Lieber ... als ...)<br>– Vorstellungskraft wird aktiviert durch Redensart „auf Wolke 7 schweben“<br>– ... |
| ❶ e) ... | – ... |

## Vierter Schritt: Text untersuchen und Stichworte im Schreibplan festhalten

### INFO zum vierten Schritt

Ein Gedicht bzw. ein Liedtext stellt häufig ein zwischenmenschliches oder gesellschaftliches Problem (Konflikt) sowie Emotionen oder Stimmungen dar. In der Analyse sollst du diese Textaussage herausarbeiten:

1. Zuerst musst du das **Gedicht/den Liedtext vorstellen** und den **Inhalt zusammenfassen**. Dazu kannst du zumeist strophenweise vorgehen.
2. Danach bearbeitest du konkrete **Aufgaben zum Inhalt** und **zur Form/Sprache** des Textes:
   a) Lies dazu noch einmal die **Teilaufgaben** ganz genau und untersuche das Gedicht beim zweiten Lesen **aufgabenbezogen**, d. h. du konzentrierst dich auf die Schwerpunkte, die in den Aufgaben verlangt werden, z. B. *die dargestellte Beziehung* (Aufgabe 1 c), und suchst nach Versen, die zur Bearbeitung dieser Aufgabe hilfreich sind.
   b) Mit Blick auf **Inhalt**, **Form** und **Sprache** musst du auf Folgendes achten:
   - **Inhalt:** Überschrift, Thema/Motive, Atmosphäre/Stimmung, Handlung, Personen und ihre Beziehungen, Gefühle, Gedanken und Konflikte.
   - **Form** und **Sprache**: Gedichtform, Strophen- und Versaufbau und -anzahl, Reimschema, Wortwahl (Schlüsselwörter), Interpunktion, Satzbau, sprachliche Gestaltungsmittel (Metapher, Personifikation, Wiederholung, Vergleich ...). Wenn dir Fachbegriffe unklar sind, schlage im Glossar unter dem Stichwort *Lyrik* nach (S. 133). Auch die Rechtschreibung kann für die Interpretation wichtig sein.

   Du ermittelst diese Gestaltungsmerkmale, um die **Wirkung** und **Deutung** des Textes zu erklären.

7. Ergänze deinen Schreibplan stichwortartig. Beginne mit der ersten Zeile zur Einleitung (Aufgabe 1 a). Orientiere dich am TIPP.
   a) Notiere Titel, Autor, Erscheinungsjahr und Textart.
   b) Formuliere das Thema.

8. Notiere in der zweiten Zeile des Schreibplans Stichworte zur Inhaltszusammenfassung (Teilaufgabe 1 b):
   - Nutze deine Stichpunkte aus der Texterschließung (Aufgabe 4, S. 40).
   - Notiere die Stichworte zu den Strophen im Präsens in deinem Schreibplan. Für die Vorzeitigkeit verwendest du das Perfekt. Orientiere dich an den unterstrichenen Schlüsselwörtern. Beginne so:

   1. Strophe: (Z. 1–4)
   – Das lyrische Ich bittet darum, die derzeitige Stufe der Beziehung (Wolke 4) beizubehalten. Es ist bereits einmal auf einer höheren Beziehungsstufe (Wolke 7) gewesen. Dort hat es schlechte Erfahrungen gemacht. Es ist jedoch lieber auf der Stufe der Wolke 4 als ohne Partnerin bzw. Partner. ...

### TIPP zu 7.

**Formulieren einer Einleitung:**

1. Stelle das Gedicht vor: Autor, Titel, Erscheinungsjahr.
2. Ermittle die Textart genauer, wenn möglich: Handelt es sich um einen Liedtext, eine Ballade, ...? Die Merkmale dieser Textarten kannst du im Glossar ab Seite 132 nachlesen.
3. Formuliere das Thema des Gedichts in wenigen Sätzen. Achte darauf, dass deine Formulierung sich auf den gesamten Text bezieht, z. B. *In dem Liedtext wird die derzeitige Situation einer Beziehung aus der Sicht des lyrischen Ich dargestellt.*

9. a) Mache dir Notizen zur Stimmung des lyrischen Ich und markiere passende Textstellen. Ziehe Schlussfolgerungen über die dargestellte Beziehung und notiere diese in der dritten Zeile deines Schreibplans ① c. Ergänze passende Textstellen als Belege.

   - lyrisches Ich hat schlechte Erfahrungen in früherer Beziehung gemacht (V. 3)
   - es war „unten“ (V. 4): verletzt, am Boden zerstört
   - ist zufrieden mit der derzeitigen Situation (V. 5)
   - macht sich etwas vor, verdrängt die Wirklichkeit (V. 7) ...

   b) Finde heraus, worin sich die Beziehungsstufen „Wolke 4“ und „Wolke 7“ unterscheiden“ (V. 2). Sammle deine Stichwörter ebenfalls in der dritten Zeile der Tabelle.

10. a) Markiere Textstellen, die die Einstellung des lyrischen Ich besonders sachlich erscheinen lassen (Teilaufgabe ① d).
   b) Ermittle, welche formalen und sprachlichen Gestaltungsmittel diesen Eindruck zudem verstärken (Teilaufgabe ① d).

   - Vergleich (V. 4): lieber nur Stufe 4 als ohne Partnerin /Partner
   - verdrängt die Wirklichkeit (V. 7/8): sachliche Beschreibung des Zustandes (Wortwahl: gut zu wissen, es funktioniert)
   - ...

11. a) Lies die Aufgabe ① e. Mache dir klar, wozu du Stellung nehmen sollst. Erläutere die Aussage im Schreibplan kurz in eigenen Worten.

   Eine Schülerin sagt über den Liedtext, sie finde, dass sich das lyrische Ich trennen sollte, weil es ...

   b) Welchen Standpunkt vertrittst du?
   c) Sammle in Stichworten Gedanken dazu und notiere sie in deinem Schreibplan. Schreibe auch die Textstellen auf, die du als Belege in deiner Stellungnahme berücksichtigen willst.

**TIPP zu 9.**

1. Orientiere dich beim Festhalten der Notizen an den Verben (*stelle ... dar, erläutere*) und am Wortlaut (*Schlüsselwörter*) der Teilaufgabe. So kannst du beim Ausformulieren der Ergebnisse Wiederholungen vermeiden.
2. Wenn du die Teilaufgaben zu Inhalt, Form und Sprache bearbeitest, ergänze im Schreibplan Textbelege, die du beim Ausformulieren heranziehen willst. So ersparst du dir das Suchen im Text. Beim Belegen gibst du Verse an: z. B. *V. 3*.
3. Formuliere deine Stichwörter in eigenen Worten.

**TIPP zu 10 a) und b)**

Achte bei der Untersuchung der Form und Sprache auf folgende Merkmale: Strophen, Reimschema, Wortwahl, sprachliche Gestaltungsmittel. Auf diese wird häufig bereits in der Aufgabenstellung hingewiesen. Du kannst zusätzlich aber auch weitere Auffälligkeiten einbeziehen, z. B. Verse, Satzbau, etc. Manchmal weist eine Unregelmäßigkeit beim Strophenaufbau oder bei der Versanzahl auch auf inhaltlich Wichtiges hin. Notiere in deinem Schreibplan dazu auch immer die Wirkung dieser Merkmale.

**TIPP zu 11 a) – c)**

1. Wenn du eine Stellungnahme schreiben sollst, wird von dir erwartet, dass du dich mit einer Aussage bzw. mit einem Zitat aus dem Text befasst. Dazu gehört es, diese/dieses direkt oder indirekt wiederzugeben, und zu erklären, was damit gemeint ist.
2. Stelle deinen Standpunkt eindeutig dar. Du kannst zustimmen, ablehnen oder auch einen Kompromiss finden. Wichtig ist, dass du die Gründe abwägst und am Ende ein zusammenfassendes Fazit ziehst.
3. Begründe deine Position nachvollziehbar und stichhaltig. Beziehe dich dabei auf den Text und führe auch Zitate an, die deine Meinung anschaulich belegen.

## Fünfter Schritt: Text schreiben

**TIPP zum fünften Schritt**

1. Formuliere deinen Text. Lasse einen **breiten Rand** an der Seite und unten, damit du Platz für die Überarbeitung und Ergänzungen hast. Schreibe beim Ausformulieren so, als würde dein Leser das Gedicht nicht kennen. So erreichst du, dass du genau und detailliert arbeitest.
2. Schreibe im **Präsens**. Um die Vorzeitigkeit auszudrücken, nutzt du das **Perfekt**.
3. Bringe die Ergebnisse aus deinem **Schreibplan** in einen **schlüssigen und zusammenhängenden Gedankengang**. Dazu fasst du **ähnliche Beobachtungen** zusammen und beschreibst ihre Wirkung, damit dein Leser versteht, warum der Autor bestimmte inhaltliche, sprachliche und formale Merkmale ausgewählt hat. Achte darauf, dass du Wiederholungen vermeidest.
4. Verwende **Belege** – wie in den Teilaufgaben gefordert –, wenn du etwas Typisches oder Bemerkenswertes herausstellen willst oder **um eigene Aussagen zu belegen**. Kennzeichne Belege durch Anführungszeichen und Zeilenangaben in Klammern: *„bin zu tief gefallen."* (V. 3).
5. Verwende die richtigen **Fachbegriffe**, denn mit ihnen kannst du präzise formulieren.
6. Damit dein Text zusammenhängend wirkt, verwende passende **Satzverknüpfungswörter**.
7. Setze nach jeder Teilaufgabe einen **Absatz**.

12. Fasse deine Analyseergebnisse zum Liedtext „Wolke 4" von Philipp Dittberner und Marv in einem geschlossenen Text auf einem Extrablatt zusammen. Orientiere dich am TIPP und nutze deine Vorarbeit aus deinem Schreibplan sowie die folgenden Textanfänge zu den Teilaufgaben.

Teilaufgabe 1 a): In dem Liedtext „Wolke 4" von Philipp Dittberner und Marv beschreibt das lyrische Ich aus seiner Sicht die Situation seiner derzeitigen Beziehung ...

Teilaufgabe 1 b): Das lyrische Ich bittet seine Partnerin bzw. seinen Partner darum, auf der jetzigen Beziehungsstufe, die es als „Wolke 4" bezeichnet, zu bleiben, da es ...

Teilaufgabe 1 c): Die Beziehung des lyrischen Ich wird von ihm gleichgesetzt mit „Wolke 4" (V. 1). Das heißt, es bewertet seine Beziehungsstufen. In einer früheren Beziehung war es bereits auf Wolke 7, aber es wurde enttäuscht (V. 3). Im Liedtext werden die Wolke 4 und die Wolke 7 miteinander verglichen, das heißt ...

Teilaufgabe 1 d): Die Einstellung des lyrischen Ich zu seiner derzeitigen Beziehung wird besonders durch die Wortwahl deutlich. So verwenden die Autoren die Redewendung „Wolke 7", was soviel heißt, wie ...

Teilaufgabe 1 e): Eine Schülerin sagt über den Liedtext, sie finde, das lyrische Ich würde seine Freundin bzw. seinen Freund nicht richtig lieben und schlägt vor, es sollte die Beziehung beenden. Damit meint sie, dass die Beziehung der beiden keinen Sinn mehr hat, weil ...

Ich bin der Meinung, dass die Schülerin mit ihrer Aussage ...

## Sechster Schritt: Text überarbeiten

13. Überarbeite deinen Text. Verwende dazu die CHECKLISTE.

### CHECKLISTE zur Überarbeitung von Texten (Aufgabentyp 4a)

**1. Den Text inhaltlich überprüfen (Inhaltsleistung)**

- ✓ Hast du in deinem Text alle Unterpunkte der Schreibaufgabe und die Ergebnisse aus deinem Schreibplan berücksichtigt?
- ✓ Sind deine Ergebnisse für den Leser nachvollziehbar formuliert, d.h. hast du erklärt, wie du etwas verstanden hast, und dieses durch Textbelege veranschaulicht?
- ✓ Wird klar, welche Bedeutung Form und Sprache des Textes für die Aussageabsicht haben?
- ✓ Hast du deine Ergebnisse miteinander verknüpft und Zusammenhänge hergestellt?
- ✓ Hast du in der Stellungnahme deine Position durch Begründungen sowie durch Zitate/Belege untermauert oder ist der Text aus Sicht einer Figur verfasst (Ich-Form) und passt zu den Informationen aus dem Text?

**2. Den Text sprachlich überprüfen (Darstellungsleistung)**

- ✓ Hast du den Text sinnvoll gegliedert? Ist er durch Absätze überschaubar gestaltet?
- ✓ Hast du unnötige Wiederholungen und unklare Formulierungen vermieden?
- ✓ Sind deine Sätze vollständig?
- ✓ Kannst du komplizierte Sätze vereinfachen?
- ✓ Hast du Zusammenhänge durch sinnvolle Satzverknüpfungen verdeutlicht?
- ✓ Überprüfe auch Rechtschreibung, Zeichensetzung und Grammatik, denn sie fließen in die Bewertung ein und können den Lesefluss beeinträchtigen.
- ➡ Kontrolliere deinen Text mehrfach und berücksichtige deine persönlichen Fehlerschwerpunkte.

# B 8 Schreibaufgabe zu Sachtext und Schaubild in sechs Schritten bearbeiten

Auf den folgenden Seiten werden die wichtigsten Arbeitsschritte für das Lesen und Erschließen eines Sachtextes und eines Schaubildes und die Schritte für die Bearbeitung der Prüfungsaufgaben dargestellt. Auf den Seiten 48 und 49 findest du den Sachtext und das Schaubild, mit dem du diese Schritte üben kannst. Auch in den angeleiteten Prüfungsaufgaben zum Thema „Medien und mehr" (Teil E) wird auf diese grundlegenden Seiten verwiesen.

## Erster Schritt: Sich orientieren

1. Lies die Aufgabenstellung in der Prüfungsvorlage auf den Seiten 48 und 49 „mit dem Stift". Markiere die Verben und die Schlüsselwörter.

2. Gib mit eigenen Worten wieder, was du tun sollst. Beachte die Reihenfolge der einzelnen Schritte.

______

______

______

______

______

**TIPP zum ersten Schritt**

Verschaffe dir einen Überblick:
1. Was verlangen die Aufgaben von dir? Lies die einzelnen Teilaufgaben und unterstreiche alle wichtigen Hinweise auf das, was du tun sollst. Du erhältst oft schon Anhaltspunkte, auf was du beim Lesen und Erschließen der Texte achten musst.
2. Worum könnte es in den Materialien gehen? Was verraten dir die Überschriften?

3. Notiere stichwortartig, um was es in den einzelnen Materialien gehen könnte.

Material 1: Computerspiele – Nicht so schlecht wie ihr Ruf?

Material 2: ...

Material 3: ...

## Zweiter Schritt: Materialien erschließen und Inhalte erfassen

4. a) Erschließe die Materialien wie im TIPP zum zweiten Schritt dargestellt. Setze dazu die Bearbeitung fort.
   b) Kennzeichne Besonderheiten, die dir auffallen, durch Unterstreichungen und Randbemerkungen.

5. Gib den Inhalt von M1 wieder.

Spiele sind gut für das Lernen ...

______

6. Notiere die wichtigsten Aussagen aus M2 und M3.

______

______

______

______

**TIPP zum zweiten Schritt**

1. Markiere alle unbekannten Begriffe oder Textstellen. Kläre sie mit Hilfe des Wörterbuchs oder aus dem Textzusammenhang. Beachte auch die Worterklärungen unter dem Text.
2. Unterstreiche oder kennzeichne Textstellen, die dir wichtig erscheinen.
3. Markiere Textstellen, die du zur Bearbeitung der Teilaufgaben heranziehen willst.
4. Notiere zu jedem Textabschnitt Stichpunkte zum Inhalt.
5. Werte das Schaubild aus wie in B 4 auf Seite 22.

## Medien und mehr

### Teil II

Lies bitte zuerst den Text. Bearbeite dann die Aufgaben. Schreibe einen zusammenhängenden Text.

1. **Untersuche** die Materialien M1 bis M3 und **vergleiche** sie miteinander. Gehe dabei so vor:
   a) **Stelle** alle Materialien kurz **vor** und **benenne** das gemeinsame Thema.
   b) **Erkläre**, wieso der Verfasser von M1 Computerspiele als Chance bezeichnet.
   c) **Erläutere** die wesentlichen Aussagen von M2 und M3.
   d) **Vergleiche** M1 mit M2 und M3. **Erläutere**, ob Computerspiele wirklich eine Chance für Jugendliche darstellen. Berücksichtige dabei die Spieldauer und das unterschiedliche Spielverhalten von Jungen und Mädchen.
2. Ein Medienforscher hat Folgendes geäußert: *„Ich bin für ein Verbot des Verkaufs von Computerspielen mit aggressivem Inhalt an Jugendliche unter 18 Jahren, damit diese nicht süchtig bzw. sozial auffällig werden."* **Nimm Stellung** zu dieser Aussage und **begründe** deine Meinung. Beziehe dich dabei auch auf die Materialien.

### M1 Computerspiele als Chance

Wenn Schülerinnen und Schüler gefragt werden, warum sie Computerspiele spielen, bekommt man häufig als Antwort: „Warum nicht?"

!

Der Wert des Spielens an sich wird von niemandem in Zweifel gezogen, ganz im Gegenteil: Spiele regen an, ermöglichen das Lernen und fördern vielerlei Fähigkeiten. Auch Computerspiele sind Spiele! Sie machen Spaß und sie machen glücklich, wenn man gewinnt. Sie sind ganz unterschiedlich aufgebaut, sie fordern verschiedenste Fähigkeiten und Kompetenzen. Eine der wichtigsten Fähigkeiten bei Computerspielen ist das Lernen selbst. Ein Computerspiel fordert die Spielenden heraus, die Regeln, die Geschichte, den Inhalt, die Strategien und Handlungsmöglichkeiten zu meistern. Die Spieler müssen ihr Können ständig den Anforderungen anpassen. Sie entwickeln regelmäßig neue Strategien, erproben diese, setzen sie um oder verwerfen sie.

Computerspiele sind also Lernspiele und somit auch Lernhilfe. Man kann nicht erfolgreich spielen, wenn man nicht mit Informationen umgehen kann. Dies bedeutet, dass die Spielenden die vorliegenden Informationen überblicken und im Verlauf des Spiels immer wieder neu bewerten müssen.

Fähigkeiten

Computerspiele fördern die Kompetenzen der Spielenden in fünf Bereichen, und zwar im Bereich der Sensomotorik, der kognitiven Kompetenz, der Medienkompetenz, der sozialen Kompetenz und der persönlichkeitsbezogenem Kompetenz. Hinter diesen Kompetenzen steht eine Vielzahl an Fähigkeiten, wie z. B. die Auge-Hand-Koordination, Geschicklichkeit, das logische Denken, Wissen, Konzentrations- und Planungsfähigkeit, der Umgang mit Computersoftware, Teamfähigkeit, Kommunikationsfähigkeit, der Umgang mit Erfolg und Misserfolg, usw. Dies alles sind Fähigkeiten, die man in den Anforderungen für das Berufsleben des 21. Jahrhunderts wiederfindet.

Harald Stöveken (2016), zusammengestellt unter Verwendung von Informationen von https://www.eltern-bildung.at/ und aus dem Heft „Erziehung und Wissenschaft 12/2013"

## M2 Sind sechs Stunden täglich zu viel? Interview mit dem Medienforscher Markus L. zum Thema Computerspiele

**Reporter:** Kürzlich stellte der Hersteller des Computerspiels „Call of Duty“ eine beeindruckende Zahl vor. Der Gesamtumsatz des Spiels beträgt seit seinem Start im Jahr 2003 mehr als 10 Milliarden Dollar. Wie süchtig machen eigentlich Computerspiele?

**Medienforscher:** Eine eindeutige Aussage fällt schwer. Zum Feststellen einer Sucht sind mehrere Anzeichen über einen längeren Zeitraum notwendig. Dazu zählen die stetige Steigerung der Spielzeit am Computer, oft auch trotz Verbot, und das Verheimlichen des Spielkonsums. Hinzu kommen Veränderungen in der Gestaltung sozialer Kontakte, der Rückzug aus dem Freundeskreis, mangelndes Interesse an Familienaktivitäten und das Vernachlässigen bisheriger Hobbies. Dadurch entsteht eine zunehmende Isolation[1]. Auch schulische Auffälligkeiten, wie die starke Verschlechterung der Noten und zunehmende Fehlzeiten, sind feststellbar.

**Reporter:** Wenn jemand sechs Stunden am Tag Computerspiele spielt, ist das dann zuviel?

**Medienforscher:** Mit solchen Aussagen über eine süchtig machende Zeitdauer sollte man vorsichtig sein, aber wenn jemand jeden Tag mehrere Stunden spielt, deutet das zumindest darauf hin. Wer mehrere Stunden am Tag spielt, der leidet übrigns meistens auch unter lästigen Nebenwirkungen, z. B. Rückenbeschwerden vom stundenlangen Sitzen, Augenschmerzen vom Anstarren des Bildschirms oder Verspannungen durch die fehlende Bewegung. Hinzu kommen zudem oft noch Übermüdung, ungewöhnliche Stimmungswechsel, Teilnahmslosigkeit oder Aggressivität.

**Reporter**: Sind Spiele mit hohen Gewaltanteilen besonders problematisch?

**Medienforscher:** Die Forschungsergebnisse über den Einfluss von Computerspielen mit gewalttätigen Inhalten auf die Spielenden sind unter den Forschern umstritten. Zwar sind sich mittlerweile die meisten darüber einig, dass diese Spiele allein keine Gewalttaten hervorrufen. Aber häufig führen sie zu einem Abstumpfen gegenüber Gewalt sowie einem verringerten Mitleidsgefühl und können somit auch eine deutlich aggressionsfördernde Wirkung haben. Auch Amokläufe von Jugendlichen haben gezeigt, dass solche Spiele durchaus Einfluss auf die Spieler haben, denn viele der Täter haben nachweislich harte Ballerspiele gespielt.

erschienen im Neustädter Tageblatt, 18.09.2016

[1] Isolation: jemand steht im Abseits und unterhält kaum soziale Kontakte

## M3 Diagramm: Spieldauer von Jugendlichen am Computer

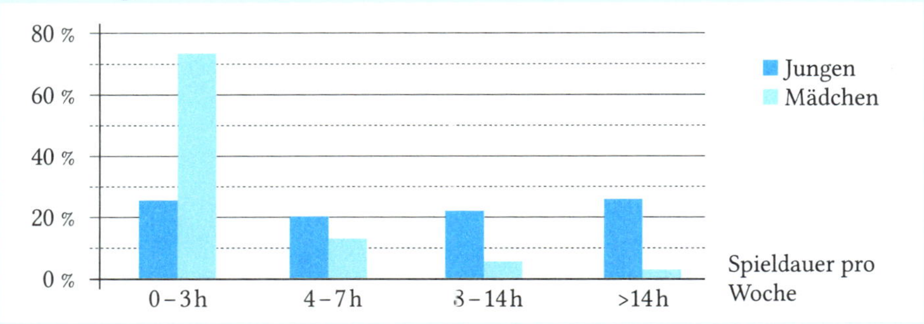


Quelle: bk-amwasserturm.de

## Dritter Schritt: Schreibplan anlegen

**TIPP zum dritten Schritt**

1. Deine Schreibaufgabe besteht darin, in einem zusammenhängenden Text alle Teilaufgaben zu bearbeiten. Nutze die Aufgabenstellung und deren Unterpunkte für deine Gliederung.
2. Lege in einem Schreibplan (Tabelle) die Gliederung deines Textes (linke Spalte) fest:
   a) In der **Einleitung** stellst du kurz die Materialien vor, machst Angaben zu Titel, Autor, Textart (❶ a) und schreibst auf, worum es allgemein in den drei Materialien geht.
   b) Im **Hauptteil** bearbeitetest du ❶ b – d. Stelle die wichtigsten Aussagen der Materialien dar und setze sie zueinander in Beziehung. Beachte Verben und Schlüsselwörter.
   c) Im Schlussteil nimmst du zu einer Aussage oder einem Problem Stellung. Achte auf die genaue Formulierung der Aufgabe ❷.

7. a) Übertrage den folgenden Schreibplan auf eine DIN-A4-Seite. Lasse in den einzelnen Zeilen ausreichend Platz. Du kannst auch den vorbereiteten Schreibplan von Seite 112 kopieren (E 5).
   b) Vervollständige stichwortartig die linke Spalte. Orientiere dich dazu an den Teilaufgaben von Seite 48 (Verben). So behältst du die Aufgaben im Blick und vermeidest Wiederholungen.

| Teilaufgaben | M 1 | M 2 | M 3 |
|---|---|---|---|
| ❶ a) Einleitung: Vorstellen von M1-M3 ... | Titel: Computerspiele als Chance | Titel: Sind sechs Stunden täglich ... | Titel: Spieldauer ... |
| ❶ b) Erklären: Computerspiele als Chance (M1) | ... | | |
| ❶ c) Aussagen von M2 und M3 erläutern ... | | | |
| ❶ d) M1 mit M2 und M3 vergleichen | | | |
| ❷ ... | | | |

## Vierter Schritt: Materialien untersuchen und vergleichen, Stichworte im Schreibplan festhalten

8. Ergänze nun deinen Schreibplan stichwortartig. Beginne mit der Einleitung (Teilaufgabe ❶ a):
   a) Stelle M1 bis M3 kurz vor. Notiere Titel, Autor, Erscheinungsjahr und Textart.

   M1 trägt den Titel ... ______

   M2 ist ... ______

   Das Diagramm M3 zeigt ... ______

   b) Formuliere das gemeinsame Thema.

   In allen Materialien geht es ... ______

**INFO zum vierten Schritt**

**Vergleichen** heißt, Textaussagen, Problemstellungen und Sachverhalte aus den verschiedenen Materialien unter bestimmten Aspekten gegenüberzustellen mit dem Ziel, Gemeinsamkeiten, aber auch Unterschiede zu ermitteln.

9. Erkläre in der zweiten Zeile des Schreibplans, wieso der Verfasser von M1 Computerspiele als Chance bezeichnet. (Aufgabe 1 b). Nutze dazu deine Stichpunkte aus der Texterschließung (Aufgabe 4, S. 47).

   – Spiele fördern das Lernen und regen an

   – auch Computerspiele sind Spiele und damit Lernspiele ...

10. Erläutere nun die wesentlichen Aussagen von M2 und M3, und notiere diese in der dritten Zeile deines Schreibplans (Teilaufgabe 1 c).

    M2: es fällt schwer, eindeutig zu sagen, wie süchtig ...

    M3: Diagramm: Spieldauer von ...

**TIPP zu 10.**

1. Lies zuerst die Überschrift und den Begleittext (Erläuterungen/Angaben) zum Diagramm, falls vorhanden.
2. Stelle fest, ob es sich um Mengen- oder Prozentangaben handelt.
3. Untersuche nun Auffälligkeiten, z. B. auffällig hohe oder auffällig niedrige Werte.

11. Vergleiche M1 mit M2 und M3, indem du überlegst, was die Materialien gemeinsam haben bzw. worin sie sich unterscheiden oder ergänzen (Teilaufgabe 1 d). Erläutere, was die einzelnen Materialien dazu aussagen, ob Computerspiele wirklich eine Chance für Jugendliche darstellen. Berücksichtige auch die Spieldauer und das unterschiedliche Spielverhalten von Jungen und Mädchen.

    M1: Autor sieht Computerspiele als Chance, da sie verschiedene Fähigkeiten fördern, die im ...

    M2: Medienforscher steht dem Thema kritischer gegenüber als der Autor von M1 und erläutert auch Nachteile, inbesondere von übermäßigem Spielen (Suchtgefahr) ...

    M3: geht nicht direkt darauf ein, ob Computerspiele eine Chance darstellen, sondern informiert allgemein über die Spieldauer; Inhalte des Diagramms unterstreichen die Aussagen aus M2 ...

12. Lies die Aufgabe 2. Mache dir klar, wozu du Stellung nehmen sollst. Erläutere die Aussage im Schreibplan kurz in eigenen Worten.

    Ein Medienforscher hat gesagt, dass er dafür ist, dass Jugendliche unter 18 Jahren keine Spiele mit aggressiven Inhalten kaufen dürfen, damit diese nicht ...

13. Welchen Standpunkt vertrittst du?

    Meiner Meinung nach kann man zwar fordern, dass Computerspiele mit gewalttätigen Inhalten nicht an Jugendliche ...

14. Sammle in Gedanken Stichworte zu Aufgabe 2. Notiere sie geordnet in deinem Schreibplan. Notiere auch die Textstellen, die du als Belege in deiner Argumentation berücksichtigen willst.

**TIPP zu 12.–14.**

In einer Stellungnahme wird von dir erwartet, dass du deinen Standpunkt klar und eindeutig darstellst. Erläutere ihn durch nachvollziehbare Gründe und anschauliche Beispiele. Gehe dabei so vor:

1. Überlege, welches Problem angesprochen wird. Welche Gesichtspunkte aus den vorliegenden Materialien sind dazu besonders wichtig? Musst du weitere ergänzen oder die vorhandenen kritisieren?
2. Formuliere deinen Standpunkt deutlich.
3. Sammle stichwortartig Gründe und Beispiele für deinen Standpunkt. Beziehe dich dabei auf den Text und auf Erfahrungen aus deinem persönlichen Umfeld.

## Fünfter Schritt: Text schreiben

**TIPP zum fünften Schritt**

1. Schreibe deinen Text auf DIN-A4-Papier. Lasse einen breiten Rand an der Seite und unten, damit du für die Überarbeitung Platz hast.
2. Bringe die Ergebnisse aus deinem Schreibplan in einen schlüssigen und zusammenhängenden Gedankengang. Vermeide Wiederholungen.
3. Beziehe dich in deinen Aussagen auf Textstellen, wenn du damit etwas Typisches oder Bemerkenswertes herausstellen willst oder um eigene Aussagen zu belegen.
4. Benutze Fachbegriffe, um präzise zu formulieren. Verwende außerdem passende Satzverknüpfungswörter, so wirkt dein Text zusammenhängend.
5. Setze nach jeder Teilaufgabe einen Absatz.

15. Verfasse deine vergleichende Analyse auf einem Extrablatt. Orientiere dich dazu am TIPP und nutze deine Vorarbeit aus dem Schreibplan sowie die folgenden Textanfänge zu den Teilaufgaben.

Teilaufgabe ❶ a): Es liegen drei Materialien vor. Material 1 ist … / Das gemeinsame Thema …

Teilaufgabe ❶ b): Der Autor von M1 bezeichnet Computerspiele als Chance, weil …

Teilaufgabe ❶ c): In M2 wird ein Medienforscher … Das Schaubild Material 3 bildet …

Teilaufgabe ❶ d): Während der Verfasser von M1 nur auf die positiven Auswirkungen von Computerspielen eingeht, … In M2 wird das Thema kritischer gesehen … Das Schaubild M3 unterstreicht …

Aufgabe ❷: Die von einem Medienforscher gemachte Aussage, kann ich nicht nachvollziehen …

## Sechster Schritt: Text überarbeiten

16. Überarbeite deinen Text. Verwende dazu die CHECKLISTE.

**CHECKLISTE zur Überarbeitung von Texten (Aufgabentyp 4b)**

1. **Den Text inhaltlich überprüfen (Inhaltsleistung)**
   - ✓ Hast du in deinem Text alle Unterpunkte der Aufgabenstellung und die Ergebnisse aus deinem Schreibplan berücksichtigt?
   - ✓ Sind deine Ergebnisse für den Leser nachvollziehbar formuliert?
   - ✓ Wurden nachvollziehbare Schlussfolgerungen gezogen, die sich sinnvoll aus den Materialien ergeben?
   - ✓ Hast du deine Aussagen am Text belegt?
   - ✓ Hast du deine Ergebnisse verknüpft und Zusammenhänge hergestellt?
   - ✓ Hast du in der Stellungnahme deine Position durch Begründungen gestützt und Bezug auf die Materialien genommen?
2. **Den Text sprachlich überprüfen (Darstellungsleistung)**
   - ✓ Hast du den Text sinnvoll gegliedert? Ist er durch Absätze überschaubar gestaltet?
   - ✓ Hast du unnötige Wiederholungen und unklare Formulierungen vermieden?
   - ✓ Hast du Zusammenhänge durch sinnvolle Satzverknüpfungen verdeutlicht?
   - ✓ Kannst du komplizierte Sätze vereinfachen?
   - ✓ Überprüfe auch Rechtschreibung, Zeichensetzung und Grammatik, denn sie fließen in die Bewertung ein und können den Lesefluss beeinträchtigen.
   - ➡ Kontrolliere deinen Text mehrfach und berücksichtige deine persönlichen Fehlerschwerpunkte.

# C Prüfungsaufgaben zum Themenbereich „Sprachkultur und Leselust“

In diesem Kapitel bearbeitest du mehrere Prüfungsbeispiele zum Themenbereich „Sprachkultur und Leselust“. Notiere die benötigte Arbeitszeit (siehe Seite 6).

## C 1 Leseverstehen: Durchblättern statt anklicken (angeleitetes Üben)

### Teil I

Lies den Text zunächst sorgfältig durch und bearbeite die Aufgaben 1 – 12.

**Durchblättern statt anklicken –**
**Warum das gebundene Buch eine Zukunft hat**
*Lukas Speckmann*

**(1)** Buchbinder – das klingt nach einem alten Beruf aus dem Mittelalter, nach kleinen Werkstätten und jeder Menge Handarbeit. Ganz falsch ist das nicht: Die Tradition dieses Handwerks beginnt tatsächlich im Mittelalter, und immer noch gibt es handwerkliche Buchbinder, die nach alter Väter Sitte[1] alles selber machen. Wer dagegen Heinz-Dieter Rohling in seinem Betrieb in Münster besucht, erlebt taghelle Hallen, riesige schneeweiße Papierstapel und schwere Maschinen. „Das sind die zwei Seiten der Buchbinderei“, sagt der Obermeister der Handwerkervereinigung „Industrie und Handwerk.“

**(2)** Es begann im ausgehenden Mittelalter als Nebenerwerb, wurde bis zum 18. Jahrhundert ein handwerklicher Beruf und geriet im 19. Jahrhundert in den Sog[2] der Industrialisierung. Neuerdings ist die Tendenz wieder gegenläufig: „Der Industriebereich ist sehr unter Druck“, berichtet Rohling. Besonders die Konkurrenz aus Asien macht den Industriebuchbindern Sorge. „Man kann sich behaupten[3]: mit erstklassigen Mitarbeitern, einem hochmodernen Maschinenpark und strenger Kostenkontrolle.“ Im Bereich der Kreishandwerkerschaft Münster gibt es noch sechs Innungsbetriebe[4], von denen zwei industriell fertigen.

**(3)** Die handwerklichen Betriebe hingegen stehen gut da: „Das Privatkundengeschäft mit Einzelanfertigung ist stark im Kommen“, berichtet Rohling. Als Buchbinder muss er einen Trend der Moderne allerdings zur Kenntnis nehmen: das E-Book. „Das wird im Moment sehr verstärkt“, meint der Meister, „aber damit wird nur ein gewisser Bereich abgedeckt. Für uns ist das nicht bedrohlich.“ Große Kataloge beispielsweise ließen sich immer noch besser durchblättern als anklicken – „und abends auf der Terrasse will ich nicht auch noch einen Bildschirm in der Hand halten ...“

**(4)** Käme plötzlich ein Stromausfall – Elke Rohling-Brockmeier müsste allenfalls Petroleumlampen entzünden. Um ihren Betrieb hätte die Buchbindermeisterin jedenfalls keine Angst: „Wir könnten komplett ohne Strom arbeiten.“ Das sagt eine Handwerkerin, die ihre „Universitäts-Buchbinderei E. Rahe-Rohling“ in fünfter Generation leitet und die zum Teil noch auf Werkzeug ihres Großvaters zurückgreifen kann. In Großbetrieben wird zwar mit riesigen Maschinen produziert, doch im lauschigen Hinterhof an der Buddenstraße arbeiten die Chefin, eine Gesellin und ein Geselle sowie zwei Azubis im Prinzip noch immer so wie im Gründungsjahr 1864.

**(5)** Vor einiger Zeit hätte man darüber vielleicht gelächelt; heute gilt diese Handarbeit als Zeichen von Individualität und Dauerhaftigkeit. Von den erstklassigen Ergebnissen ganz abgesehen. Buchbinderei – das ist die Kunst, aus einem Stapel bedruckten Papiers ein fertiges Buch zu machen. Da kommen zum Beispiel Studenten mit ihrer Examensarbeit und wünschen einen haltbaren Einband. Das ist ein Fall für eine klassische Klebebindung.

**(6)** Die Meisterin spannt den Papierblock ein und trägt den Klebstoff mit einem breiten Pinsel auf. Dann wird ein Gazestück[5] darüber gelegt und mit dem Falzbein[6] geglättet. Sobald der Klebstoff getrocknet ist, kann der Block beschnitten werden. Bei dicken Büchern wird der Buchrücken zusätzlich gerundet. „Das Buch lässt sich dann besser aufschlagen", erklärt die Meisterin. Dann werden die Pappen für den Einband zugeschnitten und die Rückeneinlage abgemessen. Welche Farbe der Einband haben und wie er beschriftet werden soll, steht auf der sogenannten „Musterpappe", die jedem Kundenauftrag beigefügt wird. Manche dieser Pappen sind jahrzehntealt und immer noch in Gebrauch; ein besonders guter Kunde – ein Steuerberater – lässt nach diesen Musterpappen seit 60 Jahren binden. Schließlich wird der Buchblock in die Deckel eingehängt und bleibt über Nacht in der Presse. „Und dann kann der Kunde kommen".

**(7)** „Aufwändiger geht es immer", betont die Chefin. Man könnte an eine Fadenheftung[7] denken, an eine Lederbindung oder sogar an Goldschnitt[8]. Manche Kunden lassen sich ihre alten Kochbücher, Liebesbriefe oder Gästebücher luxuriös gestalten. Alles eine Frage der Zeit und des Aufwands. Beides hat seinen Wert und seinen Preis ...

Westfälische Nachrichten, Sonderbeilage, 17.11.2012

[1] nach alter Väter Sitte: nach alter Art
[2] Sog: starke Kraft, die einen mitzieht
[3] sich behaupten können: hier: wirtschaftlich stark sein
[4] Innungsbetriebe: hier: Betriebe, die zur Interessengemeinschaft der Buchbinder im Kreis Münster gehören
[5] Gaze: Gewebe
[6] Falzbein: Werkzeug der Buchbinder
[7] Fadenheftung: besonders aufwändige Art, ein Buch zu binden
[8] Goldschnitt: dünne Gold-Schicht an den Rändern der Buchseiten

## Lösungshilfen zu 1 – 12

1. Nicht gleich in die Aufgaben stürzen! Erschließe zuerst den Text wie in B 3 (S. 20) dargestellt:
   - Kläre unbekannte Begriffe.
   - Unterstreiche wichtige Schlüsselstellen.
   - Formuliere am Rand Überschriften oder Stichwörter zu den Sinnabschnitten.

   Du findest zu den Aufgaben dann schnell die Textstellen.

**Aufgaben 1 – 12**

**TIPP zu 1 / 2**

**Richtige Aussagen ankreuzen**
Suche zu jeder Aussage die passende Stelle im Text und unterstreiche sie. Überprüfe genau, ob die Textstelle mit der Aussage unten übereinstimmt bzw. worin sie sich unterscheidet. Achte auf Wortwahl, Fragestellung und Schlüsselwörter.

**1** Welche der folgenden Aussagen ist richtig?
Beziehe dich dabei auf den Text. Kreuze die richtige Antwort an.

In diesem Text geht es um ...

| | | |
|---|---|---|
| a) | das seit dem Mittelalter bestehende Handwerk der Buchbinderei. | |
| b) | die Entwicklung der Buchbinderwerkstätten im Mittelalter. | |
| c) | die Vorteile der industriellen Fertigung von Druckereierzeugnissen in der Gegenwart. | |
| d) | die einzige Buchdruckerei in NRW, die noch heute mit mittelalterlichen Methoden arbeitet. | |

**2** Kreuze die richtige Antwort an.

Unter *„handwerklichem Buchbinden"* (Z. 4) versteht man im Textzusammenhang, dass ...

| | | |
|---|---|---|
| a) | Buchbinder überwiegend in Heimarbeit Werkstücke herstellen. | |
| b) | einzelne Bücher mithilfe von Werkzeugen gebunden werden. | |
| c) | Buchbinder alle Arbeitsschritte Maschinen überlassen. | |
| d) | ein Buch mit schnellen Handgriffen hergestellt wird. | |

**3** Erläutere, was mit dem Ausdruck *„die zwei Seiten der Buchbinderei"* (Z. 7/8) im Textzusammenhang gemeint ist.

________________________________________

________________________________________

________________________________________

________________________________________

________________________________________

________________________________________

________________________________________

________________________________________

**TIPP zu 3 / 7 / 11**

**Aussagen erläutern**
1. Markiere die angegebene Textstelle.
2. Lies die Textaussagen, die vor der angegebenen Textstelle stehen, und unterstreiche die zu der Textaussage passenden Schlüsselwörter (z. B. Tradition).
3. Formuliere die Antwort mit eigenen Worten: *Bei der einen Seite der Buchbinderei handelt es sich um ...*

4 Kreuze die richtige Antwort an.

*Die Buchbinderei „geriet im 19. Jahrhundert in den Sog der Industrialisierung“ (Z. 11–12).*

Mit dieser Aussage ist im Textzusammenhang gemeint, dass ...

**TIPP zu 4**

**Den Textzusammenhang berücksichtigen**

1. Mache dir klar, was die Textaussage bedeutet (z. B. Was bedeutet *Industrialisierung*?).
2. Schlage unbekannte Begrifflichkeiten im Wörterbuch nach oder erschließe sie aus dem Textzusammenhang.

| | | |
|---|---|---|
| a) | asiatische Produktionsstätten die Marktführung übernahmen. | |
| b) | das Buchbinderhandwerk im 19. Jahrhundert langsam eingestellt wurde. | |
| c) | damals immer mehr Buchbinder ihre Produkte industriell herstellten. | |
| d) | Buchbinder heute nur noch maschinell fertigen, um zu überleben. | |

5 Kreuze die richtige Antwort an.

Man kann sich heute gegen die Konkurrenz aus Asien (Abschnitt 2) wehren, indem man ...

**TIPP zu 5 / 6 / 9**

**Textabschnitte genau lesen**

1. Du findest die Antwort immer im genannten Abschnitt.
2. Spüre die angegebene Aussage im Textabschnitt auf. Wo findest du den gleichen Wortlaut wieder? Welche Wörter haben die gleiche Bedeutung (z. B. sich wehren = sich behaupten)?

| | | |
|---|---|---|
| a) | nun den Schwerpunkt auf handwerklich arbeitende Betriebe legt. | |
| b) | die hohe Anzahl der Mitarbeiter und Maschinen verringert. | |
| c) | alle Innungsbetriebe in Münster nur noch industriell fertigen lässt. | |
| d) | auf gute Mitarbeiter und Maschinen und Begrenzung der Kosten achtet. | |

6 Kreuze die richtige Antwort an.

Laut Abschnitt 3 steht das Buchbindehandwerk gut da, weil ...

| | | |
|---|---|---|
| a) | Privatkunden das Handwerk mit Spenden unterstützen. | |
| b) | Buchbinder zurzeit modernen Trends nachgehen. | |
| c) | Privatkunden individuelle Fertigungen bevorzugen. | |
| d) | Buchbinder nur Großaufträge von Firmen annehmen. | |

7 Erläutere die Aussage des Meisters, dass das E-Book keine Bedrohung darstelle (Abschnitt 3).

______________________________________________

______________________________________________

______________________________________________

8 Im Text (Abschnitt 4) wird deutlich, dass die Buchbinderei *Rahe-Rohling* auch ohne Strom arbeiten könnte. Nenne zwei Gründe.

a) ____________________

____________________

____________________

b) ____________________

____________________

____________________

**TIPP zu 8**

**Gründe nennen**

1. Lies den angegebenen Abschnitt genau und markiere die Gründe, die darin genannt werden.
2. Achte darauf, genau die Anzahl an Gründen zu nennen, die gefordert wird (z. B. *zwei* Gründe).

9 Kreuze die richtige Antwort an.

Laut Abschnitt 5 gilt ein handgebundenes Buch heute als etwas Besonderes, das ...

| | | |
|---|---|---|
| a) | lange Zeit halten wird. | |
| b) | ständig benutzt wird. | |
| c) | schnell produziert wird. | |
| d) | häufig belächelt wird. | |

**TIPP zu 10**

**Textaussagen ordnen**

1. Markiere den genannten Schritt im Text (z. B. „*spannt den Papierblock ein*").
2. Notiere am Rand die Nummer des Arbeitsschrittes: (1).
3. Übertrage die Nummern anschließend in die Tabelle.
4. Überprüfe deine Reihenfolge zum Schluss noch einmal.

10 Ordne die Arbeitsschritte der richtigen Reihenfolge nach (Abschnitt 6).

| | | **Arbeitsschritt (1, 2, 3, 4, 5, 6)** |
|---|---|---|
| a) | Abdecken mit Gazestoff | |
| b) | Auftragen des Klebstoffs | |
| c) | Beschneiden des Blocks | |
| d) | Einlegen des Buchblocks in den Deckel | |
| e) | Einspannen des Papierblocks | |
| f) | Glätten des Gazestoffes | |

**11** Kreuze die richtige Antwort an.

Mit dem Ausdruck *„Aufwändiger geht immer“* (Abschnitt 7) meint die Buchbinderin im Textzusammenhang, dass …

| | | |
|---|---|---|
| a) | man sich nur so viel Arbeit machen soll, wie es nötig ist. | |
| b) | besondere Kundenwünsche berücksichtigt werden können. | |
| c) | sie lieber einfache und preiswerte Bucheinbände herstellt. | |
| d) | manche Bucheinbände zu luxuriös und teuer sein können. | |

**12** Ein Schüler sagt nach dem Lesen des Textes:

*„In fünfzig Jahren werden keine Bücher in Papierform mehr hergestellt.“*

Du kannst dieser Aussage zustimmen oder nicht. Wichtig ist, dass du deine Auffassung begründest und dich auf mehrere Textaussagen beziehst.

Ich stimme der Aussage des Schülers, dass es … ______________________

______________________

______________________

______________________

______________________

zu/nicht zu, denn … ______________________

______________________

______________________

______________________

______________________

______________________

______________________

______________________

______________________

______________________

**TIPP zu 12**

**Zu einer Aussage Stellung nehmen**

1. Entscheide dich für eine der beiden Möglichkeiten: *Ich stimme zu/nicht zu.*
2. Überfliege den Text noch einmal und markiere Textaussagen, die deine Auffassung unterstützen.
3. Greife zu Beginn die Aussage, zu der du dich äußern willst, noch einmal auf.
4. Beziehe dich bei deiner Begründung auch auf die markierten Textaussagen *(Auch wenn das E-Book immer beliebter wird, wird es weiterhin gedruckte Bücher geben, denn …).*

Quelle (Aufgaben): Ministerium für Schule und Weiterbildung des Landes Nordrhein-Westfalen, Düsseldorf 2014

## C 2 Leseverstehen: Bis(s) zum Weltruhm (selbstständiges Üben)

### Teil I

Lies den Text zunächst sorgfältig durch und bearbeite die Aufgaben 1 – 12.

### Bis(s) zum Weltruhm

*Veronika Schaller*

**(1)** 15 000 kreischende Fans, Verkaufsrekorde, Teenies und Mütter im Robert Pattinson-Wahn: Das alles gelingt „Twilight“. Was für eine unglaubliche Erfolgsgeschichte der Vampir-Saga!

Forks ist die verregnetste Stadt der USA – und neuerdings Touristenmagnet. Ihre Besucherzahl schnellte von 5500 auf aktuell über 64 000 jährlich. Der Grund: in diesem Teil des Bundesstaates Washington lebt Bella Swan, die fiktive Hauptfigur der vierteiligen „Twilight-Saga“ von Autorin Stephenie Meyer. Mit Erscheinen des ersten Bandes 2005 wird der Ort zur Pilgerstätte für Leser. Viele Leser.

Über 53 Millionen Mal verkaufen sich die Bücher weltweit, verdrängen die „Harry Potter“-Bände von Platz eins der Bestseller-Listen. Die Verfilmung des ersten Bandes „Twilight – Bis(s) zum Morgengrauen“ verzeichnet in den USA mit rund 70 Millionen Dollar den höchsten Eröffnungswochenend-Umsatz des Jahres und die DVD geht am ersten Verkaufstag etwa drei Millionen Mal über die Ladentheke.

**(2)** Twilight macht Stephenie Meyer laut „Forbes[1]“ zu den 26 einflussreichsten Menschen der Welt. Der Hype um die Vampirgeschichte ruft unfassbare Reaktionen und Situationen hervor. Als zum Beispiel klar wird, dass Robert Pattinson die Rolle des Vampirs „Edward“ in der Verfilmung der Romane übernehmen soll, sind die Anhänger zunächst empört. 75 000 unterschreiben eine Online-Petition, damit er die Rolle nicht bekommt.

Aber der 23-Jährige überzeugt und wird zum Mega-Star. Auf die Straße kann er nicht mehr gehen ohne, wie in New York im Juni, von einer Menschenmeute verfolgt zu werden. Robert Pattinson selbst kann die Veränderung in seinem Leben kaum begreifen: „Ich höre, dass die Mädchen kreischen, aber ich fühle mich nicht angesprochen. Wenn man im Auge des Sturmes steht, bekommt man nichts von der Außenwelt mit.“ Außerdem betont Pattinson immer wieder: „Sie lieben nicht mich, sondern die Rolle."

**(3)** Dank Twilight werden beim Dreh zum zweiten Teil „New Moon – Bis(s) zur Mittagsstunde“ selbst Statisten zu hingerissenen Theaterbesuchern. Hauptdarstellerin Kristen Stewart erinnert sich an den Dreh einer Schlüsselszene im italienischen Montepulciano: „Sonst verschwinden Statisten nach getaner Arbeit vom Set. Aber in Italien sahen alle stumm und gebannt zu. Nach jedem Schnitt brach Applaus aus!“ Und Regisseur Chris Weitz erzählt: „Während der Dreharbeiten war es sehr schwer die Kameras hin und herzubewegen, weil tausende Fans den Weg versperrten. In einem der Cafés auf Toilette gehen? Unmöglich! Damit hatte ich wirklich nicht gerechnet.“ (...)

**(4)** „Jetzt will auch die ältere Generation wissen, für was sich die Jugend so sehr interessiert und will mitreden können“, sagt Nicola Bardola, Autor des Begleitbandes „Bestseller mit Biss“ (Heyne Verlag): „Deshalb spricht man in den USA bereits vom Beatles-Effekt[2]." Der Hype ist vergleichbar. Erstmalig wurde eine Band derart zum Kult, sodass ihre Anhänger regelmäßig bei deren Auftritten außer Rand und Band gerieten und sogar in Ohnmacht fielen. Ähnlich ist es bei „Twilight". Auch männliche Jugendliche begännen sich zunächst für die Filme, dann die Bücher zu begeistern. Ein Ende des Vampir-Triumphzuges ist demnach noch lange nicht in Sicht.

**(5)** Aber warum löst gerade die Geschichte über die Liebe zwischen Mädchen und Vampir eine so unfassbare Hysterie[3] aus? „Die unmögliche Liebe à la Romeo und Julia ist ein ebenso altes, wie erfolgreiches Prinzip", erklärt Jugendbuch-Experte Nicola Bardola: „Außerdem macht die Dreiecksgeschichte den Reiz aus – ein Mädchen steht zwischen zwei Jungen. Dabei fließt der Fantasy-Aspekt nur subtil[4] ein, da es sich bei den Jungen um Vampir und Werwolf handelt."

**(6)** Bardolas Umfragen zusammen mit dem Forum „Team-edward.net" unter hundert Fans ergaben: Für viele junge Mädchen ist das Ganze so realistisch, dass sie nachts für Vampir Edward ihre Fenster offen lassen.

Außerdem spielt laut Nicola Bardola die Verbreitung über das Internet eine enorm große Rolle, wie man seit Harry Potter wisse. Alleine in Deutschland gäbe es etwa 30 gut gemachte Twilight-Foren, teils von Schülerinnen selbst erstellt und alle miteinander verlinkt. So multipliziere sich die Bekanntheit. Dass auch der Fortsetzung des „Twilight"-Streifens ein Kino-Hit wird, wollen nun sogar Akademiker mit Hilfe einer mathematischen Formel voraussagen können. Dafür haben die Wissenschaftler 101 Filmreihen miteinander verglichen. Ihr Ergebnis: „New Moon" wird allein in den USA 267 Millionen Dollar einspielen und damit den zweiten Teil von Harry Potter schlagen.

Aber für die Prognose des Erfolges, braucht es eigentlich keine Experten. Was die Online-Vorverkäufe angeht, ist er schon jetzt der erfolgreichste Film aller Zeiten.

http://www.amica.de/liebe-psychologie/tid-3427/phaenomen-twilight-biss-zum-weltruhm_aid_7507.html Seitenaufruf 11.01.2016, leicht verändert

[1] Forbes: englischsprachige Zeitschrift
[2] die Beatles: eine berühmte Rockband aus den 1960er Jahren
[3] die Hysterie: große Aufregung
[4] subtil: behutsam, sehr fein

**Aufgaben 1 – 12**

**1** Welche der folgenden Aussagen ist richtig?
Beziehe dich dabei auf den Text. Kreuze die richtige Antwort an.

In diesem Text geht es um ...

| | | |
|---|---|---|
| a) | den Film „Bis(s) zum Weltruhm". | |
| b) | den Schauspieler Richard Pattinson. | |
| c) | die Twilight-Serie von Stephenie Meyer. | |
| d) | um das Liebespaar Romeo und Julia. | |

2 Kreuze die richtige Antwort an.

Unter „Hype“ (Abschnitt 2) versteht man im Textzusammenhang:

| | | |
|---|---|---|
| a) | dass Stephenie Meyer äußerst erfolgreich ist | |
| b) | eine extreme Begeisterung und Anteilnahme der Fans | |
| c) | einen heftigen Sturm | |
| d) | die Vergabe einer bestimmten Rolle an einen Schauspieler. | |

3 Erläutere, was mit dem Ausdruck „Beatles-Effekt“ (Abschnitt 4, Z. 41) im Textzusammenhang gemeint ist.

4 Kreuze die richtigen Antworten an.

In der Twilight-Saga spielen folgende Schauspieler mit ...

| | | |
|---|---|---|
| a) | Robert Pattinson | |
| b) | Stephenie Meyer | |
| c) | Chris Weitz | |
| d) | Kristin Steward | |
| e) | Nicola Bardola | |

5 Kreuze die richtige Antwort an.

In Abschnitt 4 heißt es in Zeile 45–46 *„Ein Ende des Vampir-Triumphzuges ist demnach noch lange nicht in Sicht“*. Das bedeutet im Textzusammenhang, dass ...

| | | |
|---|---|---|
| a) | es in Zukunft viele neue Vampirgeschichten geben wird. | |
| b) | Jungen als Vampire durch die Straßen ziehen. | |
| c) | die Begeisterung für die Twilight-Saga sich fortsetzen wird. | |
| d) | bereits neue Vampir-Figuren angekündigt werden. | |

6 Kreuze die richtigen Antworten an.

In Abschnitt 2 wird beschrieben, wie die Fans auf den Schauspieler Robert Pattinson reagieren. Die Fans ...

| | | |
|---|---|---|
| a) | lehnten ihn zuerst ab. | |
| b) | starten eine Unterschriften-Aktion gegen ihn. | |
| c) | verlieben sich in ihn und wollen ihn heiraten. | |
| d) | bezeichnen ihn als Außenseiter. | |
| e) | schreien ihn vor Wut an. | |
| f) | schreien vor Freude, wenn sie ihn sehen. | |

7 Erläutere die Aussage des Jugendbuch-Experten, dass die Dreiecksgeschichte den Reiz der Twilight-Saga ausmacht (Abschnitt 5).

8 Im Text (Abschnitt 6) wird deutlich, wodurch sich die Twilight-Saga so gut verbreitet. Nenne zwei Gründe.

a)

b)

9 Kreuze die richtige Antwort an.

Laut Abschnitt 5 liegt der Twilight-Saga das *Romeo-und Julia-Prinzip* zugrunde. Das bedeutet, dass es sich bei der Twilight-Saga um ...

| | | |
|---|---|---|
| a) | ein italienisches Liebespaar handelt. | |
| b) | eine Tierliebe handelt. | |
| c) | eine Geistergeschichte handelt. | |
| d) | eine unerwünschte Liebesbeziehung handelt. | |

**10** Ordne die Zeitpunkte der Veröffentlichung der richtigen Reihenfolge nach.
Was wurde zuerst veröffentlicht?

| | | **Reihenfolge der Veröffentlichung (1, 2, 3)** |
|---|---|---|
| a) | Twilight - Bis(s) zum Morgengrauen | |
| b) | New Moon - Bis(s) zur Mittagsstunde | |
| c) | Harry-Potter-Bände | |

**11** Kreuze die richtige Antwort an.

In Zeile 55–56 heißt es *„Für viele junge Mädchen ist das Ganze so realistisch, dass sie nachts für Vampir Edward ihre Fenster offen lassen."* Damit ist im Textzusammenhang gemeint, dass …

| | | |
|---|---|---|
| a) | die Mädchen sich wünschen, ein Vampir zu sein. | |
| b) | die Mädchen wirklich denken, Edward würde sie in der Nacht besuchen. | |
| c) | die Mädchen besonders gerne nachts die Bücher lesen. | |
| d) | die Mädchen von dem Vampir Edward träumen. | |

**12** Ein Schüler sagt nach dem Lesen des Textes:

*„Twilight oder Harry Potter, das ist doch alles gleich. Bald kommt die nächste Fantasy-Idee und alle Leser sind dann davon wieder begeistert. Ob Zauberer oder Vampire, das ist doch nicht entscheidend."*

Du kannst dieser Aussage zustimmen oder nicht. Wichtig ist, dass du deine Auffassung begründest und dich auf mehrere Textaussagen beziehst.

Begründung:

Ich stimme der Aussage des Schülers, dass es …

zu/nicht zu, denn …

## C 3 Was bedeutet die Aufgabenstellung „Informiere …“?

Die Aufgabenstellung stammt aus einer Prüfungsvorlage, in welcher ein informierenderText verfasst werden sollte. (Achtung: Die zugehörigen Texte und Materialien findest du auf den Seiten 68 – 69).

Bald wird an deiner Schule ein Theaterstück über Robinson Crusoe aufgeführt. Du bist gebeten worden, in der Schulzeitung zur Vorbereitung die Figur des Robinson Crusoe vorzustellen. Dein Text soll Schülerinnen und Schüler sowie Lehrkräfte und Eltern über die Figur des Robinson Crusoe informieren. Gehe dabei so vor:

Verfasse auf der Grundlage der Materialien M1 – M5 einen informierenden Text über Robinson Crusoe.

- Formuliere für den Text eine passende Überschrift.
- Schreibe eine Einleitung, in der du kurz Robinson Crusoe vorstellst.
- Erläutere, in welcher außergewöhnlichen Lebenssituation sich Robinson Crusoe nach dem Schiffbruch befindet und welche Folgen sich daraus für sein Leben und Handeln ergeben.
- Schlussfolgere anhand der Materialien und eigener Überlegungen, warum Menschen heute im Urlaub so leben möchten wie Robinson Crusoe.
- Notiere unterhalb deines Textes die von dir genutzten Materialien.

1. Die Aufgabenstellungen geben dir Hinweise zum Adressaten, der Situation bzw. dem Thema und dem Schreibziel. Markiere diese Stellen und notiere sie:

   Adressat: ______________________

   Situation/Thema: ______________________

   Schreibziel: ______________________

### INFO zu 2.

***verfassen/formulieren:*** einen Text schreiben
***(be)nennen/vorstellen:*** Informationen zusammentragen
***beschreiben:*** Textaussagen oder Sachverhalte in eigenen Worten strukturiert wiedergeben
***darstellen:*** Inhalte, Aussagen oder Zusammenhänge sachlich und strukturiert formulieren
***erläutern:*** Sachverhalte oder Textaussagen veranschaulichen und durch zusätzliche Informationen verständlich machen
***erklären:*** Textaussagen oder Sachverhalte auf der Basis von Kenntnissen und Einsichten darstellen
***begründen:*** eigene Aussagen erklären, z. B. durch Konjunktionen (*weil, denn, …*) einleiten
***schlussfolgern:*** auf der Grundlage gegebener Informationen zu eigenen Erkenntnissen gelangen

2. In der Aufgabenstellung oben ist zum Teil schon unterstrichen worden, was von dir erwartet wird. Unterstreiche auch in den weiteren Teilaufgaben, was du tun sollst. Die Verben geben dir Hinweise. Vergleiche deine Lösung mit der Info zu 2.

### INFO zu 1.

Um einen informierenden Text schreiben zu können, musst du dir Folgendes verdeutlichen:
- An welchen **Adressaten** richtest du dich?
- **Worüber** sollst du informieren (Situation/Thema)?
- Welches **Schreibziel** hast du?
- Welche **Informationen** aus dem vorgegebenen Material sind für deinen Text geeignet?

Orientiere dich sprachlich und inhaltlich an deinem Adressaten.

### INFO zu ① e)

Zum Schluss sollst du die von dir genutzten Materialien angeben. Damit vergewisserst du dich, dass du die Materialien, die du nennst, bewusst bearbeitet hast. Außerdem machst du deutlich, dass die Informationen der Materialien nicht von dir persönlich stammen, sondern andere Urheber haben.

## C 4 Aufgabentyp 2: Einen informierenden Text verfassen

Hier erhältst du eine Übersicht über die **Vorgehensweise zur Bearbeitung der Schreibaufgabe zum Aufgabentyp 2**. Die blau markierten Wörter (Arbeitstechniken, Operatoren, Fachbegriffe) kannst du im Glossar (ab S. 132) oder den Kapiteln B 5 (S. 24) und C 3 (S. 64) nachschlagen. Orientiere dich bei der Bearbeitung der Aufgabenstellungen in den Kapiteln C 6 – C 8 an dieser Übersicht.

### Sechs Schritte zur Bearbeitung der Aufgabenstellung

**1. Schritt: Sich orientieren**
- Aufgabenstellung und Teilaufgaben lesen
- Adressaten ermitteln
- Situation/Thema erfassen
- Teilaufgaben und **Operatoren** erfassen
- Schreibziel erkennen (→ **informieren**)

↓

**2. Schritt: Materialien erschließen und Inhalte erfassen**
- Texte, **Grafiken**, Tabellen lesen
- unbekannte Begriffe und Ausdrücke klären (Wörterbuch, Sinnzusammenhang)
- **Schlüsselstellen** markieren und bewerten (mit Symbolen, Pfeilen)
- Stichpunkte in der Randspalte notieren

↓

**3. Schritt: Einen Schreibplan anlegen**
- Tabelle anlegen (nach Teilaufgaben und Materialien gliedern)
- eigene Notizen machen („*Daran muss ich denken*"-Spalte)

↓

**4. Schritt: Materialien auswerten und Stichworte im Schreibplan festhalten**
- Überschrift: Thema nennen, Interesse wecken
- Einleitung: ins Thema einführen, Vorgaben der Teilaufgaben 1 a und 1 b berücksichtigen
- Hauptteil: Teilaufgaben ab 1 c berücksichtigen
- Schlussteil: Schlussfolgerungen zu den Aspekten der Teilaufgabe 1 e ziehen
- Materialiennutzung: Nummern der verwendeten Materialien notieren

↓

**5. Schritt: Einen informierenden Text schreiben**

**Inhalt:**
- Überschrift formulieren
- zusammenhängenden Text verfassen
- schlüssige Reihenfolge beachten
- Adressaten berücksichtigen (sachlich, verständlich, anschaulich schreiben)
- inhaltliche Zusammenhänge richtig darstellen (Fakten, Zahlen, Fachbegriffe)

**Darstellung:**
- nach Teilaufgaben Absätze einfügen
- in eigenen Worten formulieren
- verwendete Materialien aufzählen

↓

**6. Schritt: Text überarbeiten**
- Interessante Überschrift?
- Alle Teilaufgaben berücksichtigt (→ **Operatoren**)?
- Informationen für die Adressaten nachvollziehbar und interessant formuliert?
- Informationen richtig dargestellt?
- Sinnvolle Gliederung des Textes?
- Vollständige Sätze?
- Im **Präsens** geschrieben?
- In eigenen Worten formuliert?
- **Rechtschreibung, Zeichensetzung, Grammatik** korrekt?

## C 5 Schreibplan zu Aufgabentyp 2

Nutze diese Tabelle zur Planung deines informierenden Textes. Ergänze die Kategorien der Teilaufgaben und die Informationen aus den Materialien stichwortartig.

**Adressat:** ______________________________

**Situation / Thema:** ______________________________

**Schreibziel:** ______________________________

| Aufgaben/ Material | 1 a) Überschrift | 1 b) Einleitung | 1 c) | 1 d) | 1 e) | Daran muss ich denken: |
|---|---|---|---|---|---|---|
| M 1 | | | | | | |
| M 2 | | | | | | |
| M 3 | | | | | | |
| M 4 | | | | | | |
| M 5 | | | | | | |
| M 6 | | | | | | |
| M 7 | | | | | | |

# C 6 Aufgabentyp 2: Robinson Crusoe (angeleitetes Üben)

## Teil II

Bald wird an deiner Schule ein Theaterstück über Robinson Crusoe aufgeführt. Du bist gebeten worden, in der Schulzeitung zur Vorbereitung die Figur des Robinson Crusoe vorzustellen.
Dein Text soll Schülerinnen und Schüler sowie Lehrkräfte und Eltern über die Figur des Robinson Crusoe informieren. Damit du deinen Text schreiben kannst, bekommst du eine Materialsammlung (M1 – M5).

Lies bitte zunächst die Aufgabenstellung und dann die Materialien aufmerksam durch, bevor du mit dem Schreiben beginnst.

### Aufgabenstellung

**Verfasse** auf der Grundlage der Materialien M1 – M5 einen **informierenden Text** über Robinson Crusoe. Schreibe nicht einfach aus den Materialien ab, sondern achte auf eine eigenständige Darstellung in einem zusammenhängenden Text.

Gehe dabei so vor:

- **Formuliere** für den Text eine passende Überschrift.
- **Schreibe** eine Einleitung, in der du kurz Robinson Crusoe **vorstellst** (*Wer ist Robinson? Was ist ihm Besonderes passiert? Welcher Autor hat die Figur erfunden?*).
- **Erläutere**, in welcher außergewöhnlichen Lebenssituation sich Robinson Crusoe nach dem Schiffbruch befindet und welche Folgen sich daraus für sein Leben und Handeln ergeben.
- **Schlussfolgere** anhand der Materialien und eigener Überlegungen, warum Menschen heute im Urlaub so leben möchten wie Robinson Crusoe.
- **Notiere** unterhalb des Textes die von dir genutzten Materialien.

Quelle (Aufgaben): Ministerium für Schule und Weiterbildung des Landes Nordrhein-Westfalen, Düsseldorf 2012

## M1

Zeichnung MSW

## M2 Robinson Crusoe (Romanauszug) *Daniel Defoe*

Ich wurde im Jahre 1632 in der Stadt York als Sohn einer angesehenen Familie geboren, die aber nicht aus diesem Lande war, denn mein Vater war ein Deutscher aus Bremen und hatte sich zuerst in Hull niedergelassen. Er kam an diesem Ort als Kaufmann zu einem beträchtlichen Vermögen. Darauf siedelte er nach York über. Dort heiratete er meine Mutter, deren Familie Robinson hieß. Nach ihr und dem deutschen Namen meines Vaters wurde ich Robinson Kreutzner genannt. Da es aber in England üblich ist, deutsche Namen zu verunstalten, so wurde ich Robinson Crusoe genannt, und so haben mich auch meine Kameraden allezeit genannt.

Da man mich als dritten und letzten Sohn zu keiner ernsthaften Beschäftigung angehalten[1] hatte, fing ich bald an, mich mit abenteuerlichen Plänen zu beschäftigen. Mein Vater, der schon bei Jahren[2] war, hatte mir eine gute Erziehung gegeben und wollte einen Juristen aus mir machen. Mir aber gefiel nichts in der Welt so gut als das Seemannsleben, und die Begierde[3] danach trieb mich gegen den Willen meines Vaters und gegen alles Zureden meiner Mutter und anderer Freunde in mein späteres Elend. (...)

Defoe, Daniel: Robinson Crusoe. Hamburg: Hamburger Lesehefte Verlag, o. J., Nr. 116, S. 1.

[1] zu keiner ernsthaften Beschäftigung angehalten: zu keiner Arbeit verpflichtet
[2] bei Jahren: alt
[3] Begierde: Wunsch

## M3 Klappentext zum Roman

Als es den englischen Kaufmann und Seefahrer nach einem Schiffbruch als einzigen Überlebenden auf eine unbewohnte Insel verschlägt, ahnt er noch nicht, dass er dort für die nächsten 28 Jahre seine eigene Welt erschaffen muss. Mit Ausdauer, Geschicklichkeit und Willenskraft kämpft er ums Überleben, gegen Unwetter, Kannibalen und die Einsamkeit ...

Klappentext zu der Ausgabe „Robinson Crusoe“ von Daniel Defoe, Würzburg: ArenaVerlag, 2004.

## M4 Robinsons Alltag

Robinson baut sich eine kleine Festung, in deren Schutz er lebt. Er beginnt, Getreide anzubauen, zu jagen und Kleidung aus den Fellen wilder Ziegen herzustellen. Etwa am zwölften Tag nach seiner Landung errichtet er ein großes Kreuz, in das er den 30. September 1659 als Datum seiner Ankunft auf der Insel einritzt, und beschließt, fortan jeden Tag eine Kerbe in das Kreuz zu ritzen. Auch führt er ein Tagebuch, bis ihm schließlich die Tinte ausgeht. Seine Festung rüstet er mit vom Schiff geretteten Musketen[1] aus. All dies tut er mit äußerster Vorsicht, da er sich auf der Insel nicht sicher fühlt.

http://de.wikipedia.org/wiki/Robinson_Crusoe, Seitenaufruf am 07.02.2012

[1] Musketen: Handfeuerwaffen

## M5 Werbeanzeige für eine Urlaubsreise

**Leben wie Robinson Crusoe auf einer Südseeinsel**
Menschen, die von der Hektik des Alltags genug haben, können eine ganze Insel für sich buchen.

Ein Reisebüro bietet einen Aufenthalt auf der unbewohnten Insel Luahoko an. Die kleine Insel Luahoko für moderne Robinson Crusoes liegt in Tonga. Bevor die Touristen dort zehn Tage verbringen können, werden sie zunächst jedoch darauf vorbereitet. Zwei Tage Eingewöhnung stehen zu Beginn der Reise im Sandy Beach Resort auf Foa Island an. Wie auch einst Robinson Crusoe lernen die Reisegäste hier wichtige Fertigkeiten, um später auf der einsamen Insel zurechtzukommen. Dazu gehören der Umgang mit der Machete[1] sowie das Kochen am offenen Feuer. Außerdem wird ihnen beigebracht, wie man Kokosnüsse öffnet oder Matten und Hüte aus Palmwedeln herstellt.

Nach den Vorbereitungsmaßnahmen geht es auf die kleine Insel Luahoko, die man in gerade mal 30 Minuten umrunden kann. Dort leben die modernen Robinsons zehn Tage lang fernab jeglicher Zivilisation[2]. Da es keinen Strom gibt, werden die für die Südsee typischen Hütten – Fale Tonga genannt – mit Kerosinlampen[3] beleuchtet. Ansonsten erhellen nachts nur Mond und Sterne das Gebiet. Für den Notfall führen die Gäste jedoch ein Handy mit sich. Tagsüber können die Besucher schnorcheln gehen oder Fische mit dem Speer fangen.

Nach acht Tagen geht es wieder zurück in das Sandy Beach Resort, wo man sich langsam wieder an die Zivilisation mit allem Komfort gewöhnen kann.

http://www.marcopolo.de/reisenews/tongalebenwierobinsoncrusoe; Seitenaufruf am 07.02.2012

[1] Machete: großes Buschmesser
[2] Zivilisation: hier: moderne Lebensart
[3] Kerosinlampe: einfaches Beleuchtungsmittel

## Lösungshilfen zu Aufgabe 1 a) – e)

1. Führe den ersten und zweiten Arbeitsschritt durch (siehe B 5, S. 24).

2. Lege dir eine Tabelle als Schreibplan an (siehe B 5, S. 28). Nutze die Kopiervorlage C 5 auf Seite 66.

3. Notiere im Schreibplan Stichpunkte für eine passende Überschrift (Teilaufgabe 1 a).

   Beispiele: Robinson Crusoe/Abenteuer eines Schiffbrüchigen/Romanfigur ...

**TIPP zu 3.**

Denke daran, für deinen Info-Text eine passende Überschrift zu formulieren.

4. Notiere im Schreibplan, was du über die Figur Robinson Crusoe erfährst (Teilaufgabe 1 b).
   - Was erfährst du über Robinson Crusoe? (Geburtsjahr/Geburtsort/Interessen)
   - Welches Unglück passiert ihm?
   - Welcher Autor hat ihn erfunden?

**TIPP zu 4.**

Markiere in den Materialien (insbesondere M2, M3 und M4) die Informationen, die sich auf Teilaufgabe 1 b beziehen, in der gleichen Farbe. Gehe bei den Teilaufgaben 1 c und 1 d genauso vor.

5. Übertrage Stichpunkte zu der Lebenssituation, in der sich Robinson nach dem Schiffbruch befindet, in den Schreibplan. Notiere Folgen für sein Leben und Handeln (1 c).

   – Situation nach dem Schiffbruch: einziger Überlebender auf unbewohnter Insel / baut sich Festung ...

   – Folgen: kämpft ums Überleben (gegen Kannibalen, Unwetter ...), ...

6. a) Notiere im Schreibplan Stichpunkte dazu, warum Menschen heute im Urlaub so leben möchten wie Robinson Crusoe (Teilaufgabe 1 d).

   – Wunsch nach Ruhe, Ausstieg aus ...

   – Urlauber werden vorbereitet: Umgang mit Ausrüstungsgegenständen, Kochen am offenen Feuer ...

   – ...

6. b) Ziehe eigene Schlüsse, warum sich Menschen für diese Form des Urlaubs entscheiden (Teilaufgabe 1 d).

   – Ausstieg nicht für immer, sondern nur für ...

   – Menschen sind nicht wirklich auf sich allein gestellt, denn ...

   – ...

**TIPP zu 6.**

Unterstreiche dazu passende Aussagen in M5. Welche Gründe für einen Urlaub wie bei Robinson Crusoe werden dort genannt?
Wie läuft solch ein Urlaub ab?
Leite aus den Aussagen deine eigenen Schlüsse ab. Nenne Gründe für diesen Wunsch, gehe auf Vorteile bzw. Veränderungen ein, die sich daraus ergeben.

7. Schreibe deinen informierenden Text. Du kannst die folgenden Formulierungsvorschläge verwenden:

1 a) Überschrift: Die fantastische Welt des ...

1 b) Einleitung:

- Daniel Defoe hat mit seiner Romanfigur Robinson Crusoe viele Leser begeistert. In seinem Roman geht es um den Sohn einer angesehenen Kaufmannsfamilie, der ...
- Die Figur des englischen Kaufmanns und Seefahrers Robinson Crusoe wurde von dem englischen Schriftsteller Daniel Defoe erfunden. Darin rettet sich Robinson nach einem Schiffbruch ...

1 c) Hauptteil:

- Robinsons Leben auf der Insel gestaltet sich schwierig, da er ...
- Nach dem Schiffbruch beginnt für Robinson Crusoe ein neues Leben, denn ...
- Nachdem Robinsons Schiff gesunken ist, muss er nun als einziger Überlebender die nächsten Jahre auf ...
- Seine neue Lebenssituation hat auch Folgen für sein weiteres Handeln. So beginnt er ...

1 d) Schluss:

- Tatsächlich gibt es heute noch viele Menschen, die davon träumen, ihr Leben auf einer einsamen Insel zu verbringen. Sie möchten aus ihrem Alltag aussteigen, weil ...
- Einen Urlaub wie bei Robinson Crusoe zu verbringen hat viele Reize. So können die Urlauber für eine gewisse Zeit ...
- Sie können der Natur ganz nah sein, zum Beispiel durch ...
- Trotzdem besteht die Möglichkeit jederzeit zurückzukehren, denn ...

1 e) Ich habe für meinen Info-Text folgende Materialien verwendet: ...

8. Überarbeite deine Texte mithilfe der CHECKLISTE auf Seite 30.

# C 7 Aufgabentyp 2: Vampire in Büchern und Filmen (selbstständiges Üben)

## Teil II

Die nächste Ausgabe der Schulzeitung, die Schüler, Lehrer und Eltern lesen, widmet sich dem Thema „Phantastische Literatur". Du bist gebeten worden, für diese Ausgabe einen informierenden Text zum Thema „Vampire in Büchern und Filmen" zu schreiben. Zur Vorbereitung bekommst du eine Materialsammlung (M1 – M6).

Lies bitte zunächst die Aufgabenstellung und dann die Materialien aufmerksam durch, bevor du mit dem Schreiben beginnst.

### Aufgabenstellung

**Verfasse** auf Grundlage der Materialien M1 – M6 einen **informierenden Text** zum Thema „Vampire in Büchern und Filmen". Schreibe nicht einfach aus den Materialien ab, sondern achte auf eine eigenständige Darstellung in einem zusammenhängenden Text.

Gehe dabei so vor:

- **Formuliere** für den Text eine passende Überschrift.
- **Schreibe** eine Einleitung, in der du kurz **definierst**, was ein Vampir ist und woher die Vorstellung von Vampiren ursprünglich stammt.
- **Stelle dar**, welche Besonderheiten (Aussehen und Fähigkeiten) der Vampir bei dem Autor Bram Stoker hat. **Erkläre** dabei auch die besondere Rolle, die Bram Stoker für die Vampirliteratur hat.
- **Erläutere**, wie sich das Vampirbild im Film bis zu den heutigen Twilight-Verfilmungen entwickelt hat.
- **Schlussfolgere** anhand der Materialien und eigener Überlegungen, warum viele Menschen Vampirbücher und -filme faszinierend finden.
- **Notiere** unterhalb des Textes die Nummern der von dir genutzten Materialien.

## M1 Vampirbilder – von früher bis heute

Quelle (Aufgaben): Ministerium für Schule und Weiterbildung des Landes Nordrhein-Westfalen, Düsseldorf 2015

## M2 Was macht einen Vampir aus? Auszug aus einem Online-Lexikon

Vampire sind untot. Sie sind lebende Tote, deren Hauptanliegen – zumindest in Literatur und Film – meistens das Blutsaugen ist. Vampire brauchen Energie und Leben, das sie sich durch das Blut von Lebenden holen. Und auch sonst haben sie außergewöhnliche Eigenschaften. Häufig sind die besonderen Fähigkeiten – vor allem seit Stokers Roman „Dracula“ – allen Vampiren gemeinsam, doch manchmal unterscheiden sie sich leicht und treten in verschiedenen Zusammenstellungen auf.
Sie meiden das Tageslicht und schlafen tagsüber in ihren dunklen Särgen, während sie nachts erwachen und auf Nahrungssuche gehen. Außerdem können Vampire überdurchschnittliche Kräfte entfalten und auf natürlichem Wege niemals sterben. Feuer oder ein Holzpflock, der ihm grausam durchs Herz gestoßen wird, bringt den Vampir um. Als Abwehrmittel gelten vor allem Knoblauch und religiöse Utensilien wie Kreuze oder Weihwasser. Man kann sich jedoch niemals sicher sein, denn wie gesagt: Die Eigenschaften sind manchmal abgewandelt.

http://www.planet-wissen.de/kultur_medien/fabelwesen/vampire/, Seitenaufruf am 4.7.2014

## M3 Dracula war nicht der Anfang – Vampirvorstellungen im Volksglauben und in Büchern

**im Volksglauben**
- in Osteuropa entstanden
- Blutsaugen bei Vampiren noch unbekannt

**in Büchern**
- Bram Stokers Buch Dracula (1897): Ausgangspunkt für alle späteren Bücher & Filme
- neue Eigenschaften: spitze Zähne, der Biss in den Hals und Blutsaugen

Informationen basieren auf: http://www.planet-wissen.de/kultur_medien/fabelwesen/vampire/, Seitenaufruf am 23.7.14

## M4 Der Vampir ‚Dracula‘ von Bram Stoker als Vorbild für spätere Bücher

Für das breite Publikum ist der Vampir ein Blutsauger, der in der Nacht die Schlafenden aufsucht und ihren langsamen Tod bewirkt, indem er ihnen ihr Leben aussaugt. Romane und Filme haben uns vertraut gemacht mit den „Lebensgewohnheiten“ dieses Wesens: Der Vampir, der als lebender Toter das Tageslicht scheut, wenn die Sonne am Himmel steht, in seinem Sarg oder in einer Kiste, angefüllt mit der Erde des eigenen Grabes, schläft dort mit offenen Augen, während Ratten ihn vor jeder Annäherung anderer bewahren; er fürchtet nichts so sehr wie Kreuz und Knoblauch. Als Untoter hat er bleiche Haut, gut entwickelte und spitze Schneidezähne, blutrote Lippen und überlange Fingernägel, seine Hände sind eiskalt und seine Fäuste von eiserner Kraft. Begleitet vom Todesgeheul der Hunde und Wölfe verlässt er seinen Aufenthaltsort, und wenn er sich in ein Haus schleicht, verursacht er bei den Bewohnern eine hilflose Benommenheit. (...). Bram Stoker hat solche Merkmale gesammelt und mit Geschick angeordnet, um damit etwas zu schaffen, was zum Mythos des Vampirs geworden ist.

Claude Lecouteux: Die Geschichte der Vampire: Metamorphose eines Mythos. Patmos Verlag, 2008. S. 10 – 11.

## M5 Die Entwicklung des Vampirfilms

### a) Vom Monster zum sensiblen Teenie

| Jahr | Regisseur/in | Film | Besonderheit des Vampirs |
|---|---|---|---|
| 1922 | Murnau | Nosferatu | wirklich furchteinflößendes Monster |
| 1935 | Brownings | Das Zeichen des Vampirs | attraktiver Mann und gleichzeitig Monster |
| 1958 | Lee | Dracula | brutale, blutrünstige Art |
| 1992 | Coppola | Dracula | ein Ungeheuer mit gutem Kern |
| heute | Hardwicke | Twilight | sympathischer Typ |

Informationen aus: http://www.deutschlandradiokultur.de/heutige-vampire-sind-etwas verweichlicht. 954.de.html?dram:article_id=251330, Seitenaufruf am 23.7.14

### b) Das neue Vampirbild in Twilight

Stephenie Meyer hat mit ihrer „Twilight"-Saga ein neues Vampirbild geschaffen. Edward Cullen, der Held, verkörpert einen übernatürlich schönen Vampir, dessen Liebe zu einem Menschen stärker ist als sein Verlangen nach Blut. Er kämpft gegen seinen natürlichen Trieb an und macht es sich zur Aufgabe, seine Geliebte Isabella Swan zu beschützen. Dabei stellt Edward selbst zunächst die größte Gefahr für sie dar. Obwohl er und seine Vampir-Familie sich ausschließlich von Tierblut ernähren, fällt es ihm sehr schwer, dem Geruch des Blutes von Isabella zu widerstehen. Sie hingegen wünscht sich, ein Vampir zu werden, um ewig mit Edward vereint zu sein. „Twilight" erzählt somit von einer Liebe, wie sie außergewöhnlicher und bedingungsloser nicht sein kann.

Anhand der Geschichte wird deutlich, dass es sich im Fall der „Twilight"-Saga um eine Vampir-Romanze handelt, in deren Mittelpunkt die schwierige Liebesbeziehung zwischen Mensch und Vampir steht. Im Rahmen der Erzählung wird der Zuschauer über das Leben der Vampire aufgeklärt. Damit verblasst der geheimnisvolle Charakter dieser Wesen.

http://www.qucosa.de/fileadmin/data/qucosa/documents/6062/HA_Vom%20Mythos%20zur%20 Popkultur_Luise%20K%C3%B6hler.pdf, Seitenaufruf am 4.7.14

## M6 Faszination Vampir – Meinungen von Buch- und Filmbegeisterten

„Also ich liebe Vampir-Bücher und lese sie schon seit Jahren, also lange bevor Twilight und Co. diesen Hype erleben. Mich reizt die Vorstellung der Unsterblichkeit, was diese Wesen fühlen, wenn sie schon über Jahrhunderte hinweg durch die Welt gewandert sind."

„Für mich als Jugendlicher war alleine der Gedanke der absoluten Freiheit interessant. Alles machen und tun zu können, ohne auf irgendetwas eingeschränkt zu sein. Keiner Zeit, keinem Schicksal und ebenso keinem Gott unterworfen. Es sind halt Mittel und Wege zur Träumerei."

„Vampirbücher kommen meines Erachtens deshalb so gut an bei den Lesern, weil sie unabhängig vom Alter des Lesers alle Genres vereinigen: Liebe, Schmerz, Sehnsucht, Spannung, Crime, Action – und sobald für ‚jeden etwas dabei ist', verkaufen sich solche Dinge sehr gut, man spricht darüber, sie kommen auf die Bestsellerlisten ..."

http://www.gutefrage.net/frage/was-fasziniert-die-menschen-so-sehr-an-vampiren#answers / http://www.lovelybooks.de/thema/Vampire-Und-nochmals-Vampire-Sehnsucht-Liebe-Leiser-Grusel--809013472/, Seitenaufrufe am 23.7.14

## C 8 Aufgabentyp 2: Winnetou (selbstständiges Üben)

### Teil II

Bald wird an der Freilichtbühne deines Heimatortes an mehreren Tagen das Theaterstück „Winnetou“ aufgeführt. Alle Klassen deiner Schule sowie Eltern und Lehrerinnen und Lehrer werden sich das Stück ansehen. Du bist gebeten worden, in der Schulzeitung zur Vorbereitung die Figur des Winnetou vorzustellen. Dein Text soll Schülerinnen und Schüler sowie Lehrkräfte und Eltern über die Figur des Winnetou informieren.
Damit du deinen Text schreiben kannst, bekommst du eine Materialsammlung (M1 – M5).

Lies bitte zunächst die Aufgabenstellung und dann die Materialien aufmerksam durch, bevor du mit dem Schreiben beginnst.

### Aufgabenstellung

**Verfasse** auf der Grundlage der Materialien M 1 – M 5 einen **informierenden Text** über Winnetou. Schreibe nicht einfach aus den Materialien ab, sondern achte auf eine eigenständige Darstellung in einem zusammenhängenden Text.

Gehe dabei so vor:

- **Formuliere** für den Text eine passende Überschrift.
- **Schreibe** eine Einleitung, in der du kurz die Figur Winnetou **vorstellst** *(Wer ist Winnetou? Wer sind seine Begleiter? Welcher Autor hat die Figur erfunden?)*.
- **Stelle** das von Karl May geschaffene Winnetou-Bild **dar**. **Erläutere** dazu, welche Eigenschaften Winnetou verkörpert.
- **Erläutere**, wie Karl May seine eigenen Lebenserfahrungen mit der Welt seiner Figuren verknüpft. Beziehe dich dabei auf konkrete Beispiele.
- **Schlussfolgere** anhand der Materialien und eigener Überlegungen, was die Menschen an Winnetou fasziniert.
- **Notiere** unterhalb des Textes die von dir genutzten Materialien.

### M1

## M2 Zusammenfassung zu „Winnetou (I)“

Karl, angestellt als Hauslehrer einer Familie aus Deutschland, wird vom Büchsenmacher[1] Mr. Henry zur Eisenbahngesellschaft „Atlantic and Pacific Company“ vermittelt und soll dort als Vermesser arbeiten. Er sieht sich mit faulen und trunksüchtigen Kollegen konfrontiert, die ihm den Großteil der Arbeit zuschieben. Allein Will Parker, Dick Stone und Sam Hawkens sind ihm behilflich. Bei Hawkens lernt Karl die Jagd auf Büffel und Mustangs[2]. Als sie von einem Bären angegriffen werden, kann dieser von ihm durch Messerstiche getötet werden.

In diesem Moment kommen der Apachenhäuptling Intschu-tschuna, Winnetou, sein Sohn, und Klekih-petra in das Lager und erklären, dass die Landvermesser ihren Einsatz abbrechen müssen, weil sie sich auf Indianerland befinden. Die Ingenieure lehnen das Ansinnen ab und in einem Streit wird Klekih-petra erschossen. Winnetou und sein Vater reiten ins Lager, um Verstärkung zu holen und den Tod Klekih-petras zu rächen. Dazu benötigen sie die Hilfe der Kiowas[3], die sie nur notgedrungen in Anspruch nehmen. Während des gemeinsamen Angriffs auf die deutschen Ingenieure werden Intschu-tschuna und Winnetou von den Kiowa gefangengenommen. Karl, der inzwischen den Namen Old Shatterhand trägt, befreit die Indianer heimlich.

Old Shatterhand muss sich später einem Messerkampf stellen, bei dem er schwer verwundet wird. Mit seinen Freunden wird er in den Apachen-Pueblo gebracht und von Nscho-tschi, der Schwester Winnetous, gesund gepflegt, um anschließend den Martertod[4] zu sterben. Er verlangt immer wieder, Winnetou zu sprechen, um ihm zu zeigen, dass er dessen heimlicher Befreier war. Doch dazu kommt es nicht und er soll mit einem Gottesurteil[5] entscheiden, ob er und die anderen Weißen überleben dürfen. Mit einer List gewinnt Old Shatterhand und schließt mit Winnetou Blutsbrüderschaft. (...)

http://www.buchhexe.com/buch/winnetou-1, Seitenaufruf 04.01.2016, leicht verändert

[1] der Büchsenmacher: jemand, der Schusswaffen herstellt und repariert
[2] der Mustang: ein Wildpferd
[3] die Kiowa: ein Indinanerstamm
[4] der Martertod: am Marterpfahl getötet werden
[5] das Gottesurteil: durch ein übernatürliches Zeichen herbeigeführte Entscheidung

## M 3 Das fabelhafte Leben des Karl May

Menschen anflunkern – Karl May, 1842 im sächsischen Ernstthal geboren, war ein Meister darin! Der Sohn einer armen Weberfamilie hatte als falscher Arzt gearbeitet und verkleidet als Polizist Pelze und Pferde gestohlen. Nach Jahren im Gefängnis begann er zu schreiben. Seine Bücher, vor allem die Abenteuer um Winnetou und Old Shatterhand, machten ihn zu einem der erfolgreichsten Schriftsteller aller Zeiten. Millionen Menschen entdeckten mit den Büchern den Wilden Westen, der im 19. Jahrhundert noch eine fremde neue Welt war und darum so sehr faszinierte. Viele sahen in Karl May einen weit gereisten Experten für fremde Kulturen, dabei hatte er sie nur im Geiste besucht. Seine Erzählungen – pure Fantasie. Und das wäre ja auch nicht weiter schlimm gewesen, hätte May selbst nicht beständig das

Gegenteil behauptet. Er vertiefte sich so sehr in seine Erzählungen, dass er nicht mehr unterscheiden konnte, was erfunden und was Wirklichkeit war. „Ich bin wirklich Old Shatterhand", schrieb er 1896, „habe das alles und noch viel mehr erlebt." So zog er 1895 in die „Villa Shatterhand" nach Radebeul um. Schon zu seinen Lebzeiten warfen ihm Kritiker darum vor, er betrüge und spiele mit der Leichtgläubigkeit von Kindern. Erst im Alter von 66 Jahren reiste May zum ersten Mal in die USA. Den Apachen allerdings, die er in seinen Büchern als „edle Wilde" weltberühmt gemacht hat, begegnete er auch da nicht. Karl May starb am 30. März 1912.

Katharina Beckmann: Das fabelhafte Leben des Karl May. http://www.geo.de/GEOlino/mensch/video-hinter-den-kulissen-der-karl-may-festspiele-74121.html?p=2&eid=73999, Seitenaufruf 04.01.2016

## M4 Die vielen Gesichter von Winnetou Pierre Brice

Was Pierre Brice in den letzten 41 Jahren in der Rolle des Winnetous erlebte, ist einmalig. Von Anfang an war er die Idealverkörperung von Karl Mays Winnetou. Alles begann im Dezember 1962 mit dem deutschen Kinofilm „Der Schatz im Silbersee". Innerhalb weniger Monate wurde Pierre Brice zum beliebtesten Filmschauspieler in Deutschland – zum Idol mehrerer Generationen. (...) Wie ein roter Faden zieht sich die Winnetou-Figur durch das künstlerische Schaffen von Pierre Brice. Als Häuptling der Apachen dreht Pierre Brice elf Karl-May-Filme, spielt und schrieb zwei Fernsehserien und stand 15 Jahre bei den Karl-May-Festspielen in Deutschland nicht nur als Darsteller auf der Bühne. Im steten Wandel der Zeit hat er diese Figur nicht nur gespielt, sondern er vertrat sie auch. Er gab Winnetou eine persönliche Note und eine Botschaft, veränderte ihn und ließ ihn nie altmodisch werden. (...)

Wie immer man sich Winnetou vorgestellt haben mochte, das Karl-May-Publikum war einhellig der Meinung, Pierre Brice ist Winnetou: edel, schön und ernst. Mit „Winnetou und Shatterhand im Tal der Toten" wurde die erfolgreichste Kinofilmserie, die über 35 Millionen Zuschauer in die Lichtspielhäuser zog, abgeschlossen. Es hatte sich auch gezeigt, dass die Popularität von Winnetou nicht allein auf das deutsche Publikum beschränkt blieb. In über 60 Ländern zogen die bunten Filmillustrationen Zuschauer in die Kinos. (...) Das Medium Fernsehen brachte Winnetou später auch zu den Leuten, die seit zwanzig Jahren nicht mehr in den Kinos waren.

Im Jahre 1976 warteten die damals noch fast unbekannten Karl-May-Spiele Elspe im Sauerland mit einer Sensation auf: Winnetou Pierre Brice auf einer deutschen Freilichtbühne. Zehn Jahre spielte er hier in deutscher Sprache mit französischem Akzent, der einzigartig zu Winnetou passte. (...)

Martina Schneider: Die vielen Gesichter von Winnetou Pierre Brice (http://www.pierrebrice.de/winnetou/winstart.htm, Seitenaufruf 04.01.2016)

## M5 Interview mit einem Mitglied eines Winnetou-Fanklubs

**Interviewer:** Unsere Leser wüssten gerne, wann Winnetou gelebt hat?
**Fan-Mitglied:** Winnetou ist zwar ein sehr bekannter Häuptling der Indianer, aber es gibt ihn nur in Büchern und Filmen. Er hat nie wirklich gelebt. Er ist eine reine Erfindung von dem deutschen Schriftsteller Karl May, der vor etwa hundert Jahren lebte. Am Anfang hat Karl May das nicht zugegeben. Er hat behauptet, Winnetou habe wirklich gelebt.
**Interviewer:** Wie muss man sich Winnetou vorstellen?
**Fan-Mitglied:** Winnetou ist der Häuptling der Apachen, eines von vielen Indianervölkern in Nordamerika. Im Nordamerika des 19. Jahrhunderts spielen auch die Geschichten rund um Winnetou. Winnetou ist tapfer, gerecht und ehrlich. Er kann sehr gut reiten und schießen und kann auch sonst alles, was ein Indianer so können muss. Im Gegensatz zu vielen anderen Indianern ist Winnetou aber auch gebildet und kann lesen, schreiben und spricht mehrere Sprachen. Winnetous bester Freund ist Old Shatterhand, der aus Deutschland kommt. Winnetou lernt von Old Shatterhand, auf Rache zu verzichten. Gemeinsam kämpfen sie für Frieden und Gerechtigkeit. Dabei haben sie viele Abenteuer zu bestehen. Sie retten oft anderen Menschen das Leben und beschützen sich gegenseitig.
**Interviewer:** Wieso ist Winnetou heute immer noch so bekannt?
**Fan-Mitglied:** Neben den Winnetou-Büchern, die heute Bestseller-Status haben, trugen die Filme über Winnetou zum Kult bei. Seit 1962 wurden Filme über Winnetou gedreht, die große Erfolge im Kino wurden. Für die Menschen in Westdeutschland verkörperte der Schauspieler Pierre Brice Winnetou, im Osten galt Gojko Mitic als „der“ Indianer schlechthin. Hörspiele und Comics folgten. Zudem finden in jeder Spielzeit an verschiedenen Orten Karl-May-Festspiele statt. Unter freiem Himmel werden die Abenteuer Winnetous als Theaterstücke aufgeführt. Jedes Jahr kommen viele Besucher zu diesen Festspielen. Auch das Karl-May-Museum in Radebeul in Sachsen erinnert an Winnetou und seine Taten. Dort zeigt man den Besuchern auch eine Silberbüchse, das Gewehr von Winnetou.

nach: http://klexikon.zum.de/wiki/Winnetou#mw-navigation, Seitenaufruf 12.01.2016

## D Prüfungsaufgaben zum Themenbereich „Eine Frage der Beziehung“

In diesem Kapitel bearbeitest du zum Themenbereich „Eine Frage der Beziehung" mehrere Prüfungsbeispiele. Notiere die benötigte Arbeitszeit (siehe Seite 6).

## D 1 Familie und Ehrenamt sind wichtiger als Internet und Smartphone (angeleitetes Üben)

### Teil I

Lies den Text zunächst sorgfältig durch. Bearbeite anschließend die Aufgaben 1 – 12.

### Familie und Ehrenamt sind wichtiger als Internet und Smartphone

**(1)** In Deutschland wächst eine Generation heran, deren Verhalten, besonders in der Freizeit, ausschließlich von Medien geprägt ist. Das Internet und das Smartphone bestimmen ihr Leben und lassen für andere Aktivitäten kaum Platz. Mit diesem weit verbreiteten Vorurteil räumen die JIM-Studien 2014 und 2015 auf (Studien zu den Themen-Jugend, Information und (Multi-) Media).

**(2)** Neben den vielen multimedialen Freizeitmöglichkeiten ist der Alltag von Jugendlichen auch weiterhin von denselben Aktivitäten geprägt wie noch vor 15 Jahren. Nach wie vor ist das persönliche Treffen innerhalb der Freundesgruppe die häufigste Freizeitaktivität der Zwölf- bis 19-Jährigen: 78 Prozent der Mädchen und Jungen verabreden sich regelmäßig (täglich/mehrmals pro Woche) mit Freunden oder Bekannten. Sieben von zehn Jugendlichen treiben regelmäßig Sport (72 %) und 36 Prozent unternehmen mindestens mehrmals wöchentlich etwas gemeinsam mit ihrer Familie. Jeder Vierte macht selbst Musik (23 %) und hat in dieser Regelmäßigkeit Musikunterricht, Chor- oder Bandproben.

**(3)** Unterschiede zwischen Mädchen und Jungen zeigen sich in der Freizeitgestaltung hauptsächlich im Bereich Sport: Bei aktiver sportlicher Betätigung (mindestens mehrmals pro Woche, Mädchen: 66 %, Jungen: 78 %) als auch beim Besuch von Sportveranstaltungen (Mädchen: 10 %, Jungen: 17 %) sind Jungen deutlich aktiver. Dafür zeigen Mädchen eine Vorliebe für kreative Betätigungen wie Malen oder Basteln (Mädchen: 24 %, Jungen: 8 %). Tätigkeiten wie Treffen mit Freunden und das Besuchen von Partys gewinnen mit zunehmendem Alter der Jugendlichen leicht an Bedeutung, während die musisch-kreativen sowie sportlichen Aktivitäten bei den Jüngeren eine etwas größere Rolle spielen. Interessant ist dabei aber auch, dass die Bedeutung von Partybesuchen für die Zwölf- bis 19-Jährigen etwas abgenommen hat. Feierten vor zehn Jahren noch 13 Prozent regelmäßig auf Partys, so sind es aktuell nur noch vier Prozent.

**(4)** In der JIM-Studie 2014 wurde erstmals erfasst, welche Tätigkeiten Jugendliche in Vereinen oder Institutionen ehrenamtlich ausüben. Hierbei wurde ein Ehrenamt als regelmäßig ausgeübte freiwillige Tätigkeit in einem Verein, einer Gruppe oder Institution definiert, für die die Jugendlichen keine oder nur geringe Bezahlung erhalten. Die Hälfte der Zwölf- bis 19-Jährigen ist neben ihrem Schul- oder Ausbildungsalltag regelmäßig ehrenamtlich tätig. Knapp ein Viertel betätigt sich beispielsweise als Trainer oder im Vorstand eines Sportvereins (24 %). In der Schule übernehmen 17 Prozent der Jugendlichen Ehrenämter als Streitschlichter, Tutor oder Mentor. Ein etwas geringerer Anteil ist in der Kirche als Messdiener oder Gruppenleiter tätig (13 %). Insgesamt üben etwas mehr Mädchen (52 %) als Jungen (48 %) ein Ehrenamt aus.

**(5)** Mit Blick auf den Langzeittrend wird deutlich, dass die Häufigkeit, in der sich Jugendliche außerhalb der Schule mit Freunden treffen, zwar innerhalb der letzten zehn Jahre etwas zurückgegangen ist, dafür aber die Familie mehr denn je eine Rolle spielt: So ist der Anteil derer, die mindestens mehrmals wöchentlich etwas mit ihrer Familie unternehmen im Vergleich zur JIM-Studie 2014 um sieben Prozentpunkte gestiegen (2015: 36 %, 2014: 29 %), seit 2005 (16 %) hat sich der Wert sogar mehr als verdoppelt.

**(6)** Die Bedeutung der gemeinsamen Familienunternehmungen lässt sich auch durch die Ergebnisse der JIM-Studie 2014 nachweisen, in der erstmals die Kontaktwege der Jugendlichen zu ihren Großeltern erfasst wurden. Dabei wird die enge Bindung zwischen den Generationen sichtbar: Von den Jugendlichen, die zumindest ein Großelternteil haben und mit diesem auch in Kontakt stehen, sehen vier von fünf Jugendlichen ihre Großeltern mindestens einmal im Monat persönlich, ebenso viele telefonieren in diesem Zeitraum.

Immerhin ein Zehntel der Zwölf- bis 19-Jährigen kommuniziert über „WhatsApp“ mit den Großeltern. Online-Dienste spielen demnach bei der Kommunikation mit den Großeltern noch eine weitaus geringere Rolle als die telefonische Kommunikation. Mädchen (26 %) telefonieren insgesamt etwas häufiger mit ihren Großeltern als Jungen (22 %).

Autorentext, basierend auf Informationen aus den JIM-Studien 2014 und 2015 (Medienpädagogischer Forschungsverbund Südwest)

### Lösungshilfen zu ① – ⑫

1. Nicht gleich in die Aufgaben stürzen! Erschließe zuerst den Text wie in B 3 (S. 20) dargestellt:
   - Kläre unbekannte Begriffe.
   - Unterstreiche wichtige Schlüsselstellen.
   - Formuliere am Rand Überschriften oder Stichwörter zu den Sinnabschnitten.

   Du findest zu den Aufgaben dann schnell die Textstellen.

### Aufgaben ① – ⑫

① Kreuze die richtige Antwort an.

In diesem Text geht es um ein Vorurteil, dass …

| | | |
|---|---|---|
| a) | bestätigt werden soll. | |
| b) | erklärt werden soll. | |
| c) | mit Beispielen verdeutlicht werden soll. | |
| d) | widerlegt werden soll. | |

**2** Kreuze die richtige Antwort an.

Es wird festgestellt, dass der Alltag von Jugendlichen ...

| | | |
|---|---|---|
| a) | von denselben Aktivitäten geprägt ist wie noch vor 15 Jahren. | |
| b) | von denselben Aktivitäten geprägt ist wie noch vor 25 Jahren. | |
| c) | ausschließlich von vielen multimedialen Aktivitäten geprägt ist. | |
| d) | ausschließlich von nicht-multimedialen Aktivitäten geprägt ist. | |

**3** Kreuze die richtige Antwort an.

Im Text wird belegt (Abschnitt 5), dass ...

| | | |
|---|---|---|
| a) | der Anteil der Jugendlichen, die mindestens mehrmals wöchentlich etwas mit ihrer Familie unternehmen, seit 2005 um 7 % angestiegen ist. | |
| b) | der Anteil der Jugendlichen, die mindestens mehrmals wöchentlich etwas mit ihrer Familie unternehmen, seit 2005 um 20 % angestiegen ist. | |
| c) | der Anteil der Jugendlichen, die mindestens mehrmals wöchentlich etwas mit ihrer Familie unternehmen, seit 2005 um 30 % angestiegen ist. | |
| d) | der Anteil der Jugendlichen, die mindestens mehrmals wöchentlich etwas mit ihrer Familie unternehmen, seit 2005 um 10 % angestiegen ist. | |

**4** Kreuze die richtige Antwort an.

Der Satz „*Online-Dienste spielen demnach bei der Kommunikation mit den Großeltern noch eine weitaus geringere Rolle als die telefonische Kommunikation.*“ (Z. 117 – 121) soll aussagen, dass ...

| | | |
|---|---|---|
| a) | Jugendliche häufiger über Online-Dienste mit ihren Großeltern kommunizieren als mit ihnen zu telefonieren. | |
| b) | Jugendliche nicht über Online-Dienste mit ihren Großeltern kommunizieren. | |
| c) | Jugendliche häufiger mit ihren Großeltern telefonieren als mit ihnen über Online-Dienste zu kommunizieren. | |
| d) | Jugendliche nicht mit ihren Großeltern telefonieren. | |

**TIPP zu 5/6/7**

Der Wortlaut dieser Aufgabenstellungen gibt dir den Hinweis darauf, dass es mehrere richtige Lösungsmöglichkeiten geben kann. Also musst du evtl. auch mehrere Kreuze setzen.

**5** Kreuze die richtigen Antworten an.

Die Unterschiede hinsichtlich der Freizeitgestaltung bei Jungen und Mädchen (Abschnitt 3) liegen ...

| | | |
|---|---|---|
| a) | im sportlich-aktiven Bereich. | |
| b) | im Besuch von Sportveranstaltungen. | |
| c) | im Besuch von Partys. | |
| d) | im kreativen Bereich. | |

6 Kreuze die richtigen Antworten an.

Man kann ehrenamtlich (Abschnitt 4) tätig sein, indem man ...

| | | |
|---|---|---|
| a) | im Sportverein als Trainer Verantwortung übernimmt. | |
| b) | in der Schule als Streitschlichter die Lehrkräfte unterstützt. | |
| c) | in der Kirche eine Gruppe leitet. | |
| d) | im Supermarkt Regale einräumt. | |

7 Kreuze die richtigen Antworten an.

Die Häufigkeit von Partybesuchen (Abschnitt 3) ...

| | | |
|---|---|---|
| a) | hat in der Altersgruppe der Zwölf- bis 19-Jährigen in den letzten Jahren abgenommen. | |
| b) | hat in der Altersgruppe der Zwölf- bis 19-Jährigen in den letzten Jahren zugenommen. | |
| c) | beträgt in der Altersgruppe der Zwölf- bis 19-Jährigen zurzeit nur 13 %. | |
| d) | beträgt in der Altersgruppe der Zwölf- bis 19-Jährigen zurzeit nur 4 %. | |

**TIPP zu 8 und 9**

Suche die zu erklärenden Begriffe im Text und markiere sie. Erschließe die Bedeutung dieser Wörter aus dem Textzusammenhang und schlage sicherheitshalber auch noch einmal im Wörterbuch nach. Formuliere dann mit eigenen Worten eine Antwort, wenn gefordert.

8 Kreuze die richtige Antwort an.

Mit dem Ausdruck *„Mit Blick auf den Langzeittrend“* (Abschnitt 5, Zeile 84) ist gemeint, dass ...

| | | |
|---|---|---|
| a) | die Autoren der Studie einen längeren Zeitraum untersucht haben. | |
| b) | die Autoren der Studie einen kürzeren Zeitraum untersucht haben. | |
| c) | die Autoren der Studie viele Daten untersucht haben. | |
| d) | die Autoren der Studie nur wenige Daten untersucht haben. | |

9 Erläutere den Begriff *„Ehrenamt“* (Abschnitt 4) im Textzusammenhang.

______________________________________________

______________________________________________

______________________________________________

______________________________________________

______________________________________________

______________________________________________

**TIPP** zu ⑩ a) und b)

Die Wörter *denn, damit, weil, obwohl, als* ... sind Bindewörter (Konjunktionen). Je nachdem, welche Konjunktion du verwendest, verändert sich die Bedeutung des Satzes und eventuell auch der Satzbau.

⑩ Wähle aus den vorgegebenen Konjunktionen die passende aus und setze sie ein. Achte darauf, dass sie zu dem passt, was im Text ausgesagt wird.

a) Konjunktionen: *weil, denn, obwohl, als,*

*Mit zunehmendem Alter der Jugendlichen verändert sich das Freizeitverhalten,*

_________________________ *bestimmte Aktivitäten weniger werden und andere zunehmen.*

b) Konjunktionen: *weil, denn, als, während*

*Das persönliche Treffen innerhalb der Freundesgruppe ist die häufigste Freizeitaktivität der Zwölf- bis 19-Jährigen,* _________________________ *die Bedeutung von Partybesuchen für diese Altersgruppe etwas abgenommen hat.*

⑪ Erläutere, wodurch die enge Bindung zwischen den Jugendlichen und ihren Großeltern (Abschnitt 6) deutlich wird.

_________________________

_________________________

_________________________

_________________________

**TIPP** zu ⑪

Lies den betreffenden Textabschnitt (ab Zeile 98) durch. Markiere die im Text genannten Informationen und Zahlen mit eiem farbigen Stift.

⑫ Eine Frau sagt nach dem Lesen des Textes:
*„Die Jugendlichen heute interessieren sich doch nur noch für sich selbst. Werte wie Familie und Freundschaft interessieren sie doch gar nicht mehr."*

Du kannst dieser Aussage zustimmen oder nicht. Wichtig ist, dass du deine Auffassung begründest und dich auf mehrere Textaussagen beziehst.

**TIPP** zu ⑫

Denke daran, dass du deine Meinung am Text belegst (Zeilenangaben in Klammern).

Ich stimme der Aussage des Schülers, dass es ...

_________________________

_________________________

zu/nicht zu, denn ...

_________________________

_________________________

_________________________

_________________________

## D 2 Leseverstehen: Ein Freund, ein guter Freund (selbstständiges Üben)

### Teil I

Lies zunächst den Text sorgfältig durch und bearbeite die Aufgaben 1 – 10.

### Ein Freund, ein guter Freund *Kira Brück*

**(1)** Wir haben Hunderte auf Facebook, aber nur einen besten: Freunde verstehen uns, sie jubeln, lachen und trauern mit uns. Mit ein bisschen Glück bleiben sie uns ein Leben lang erhalten. „Ich bin so froh, dich zu haben!“ – schon mal diesen Satz von einem Freund gesagt, geschrieben oder gemailt bekommen? Es ist der schönste Satz der Welt. Weil er das „Ich liebe dich“ eines wahren Freundes ist. Und meistens bedeutet so ein Satz, dass die Freundschaft sehr lange halten wird.

**(2)** Aber bevor man sich so etwas sagt, muss man zusammen schon ein bisschen was erlebt haben: kennenlernen, beschnuppern, sympathisch finden. Etwas unternehmen, am Telefon quatschten und merken: Wir haben uns etwas zu sagen. Und dann kommt der entscheidende Moment, ob aus dieser Bekanntschaft tatsächlich Freundschaft wird.

Unterbewusst fragen wir uns: Kann ich dir vertrauen? Wir erzählen dem Freund in spe[1] zum ersten Mal von einem Geheimnis oder einem Problem. Wie geht er oder sie damit um? Behält er es für sich? Erzählt er auch von seinen Sorgen und Ängsten?“ Gegenseitiges Vertrauen ist der Beginn einer Freundschaft. Erst dann fühlt man sich miteinander richtig verbunden. Merkt man hingegen, dass man dem anderen nichts anvertrauen kann, bleibt es wohl bei einer oberflächlichen Bekanntschaft", erklärt Diplom-Psychologin Felicitas Heyne.

**(3)** Wir leben in einer Zeit, in der Individualismus[2] das höchste Gut zu sein scheint. Auf Facebook versucht jeder, sich so originell und einzigartig wie möglich darzustellen. Feste Familienbande gibt es nur, wenn man Glück hat. Und dazu verlangt der moderne Arbeitsmarkt von uns, dass wir zu Beginn der Ausbildung bereits fünf Praktika gemacht haben und bereit sind, ständig für eine neue Arbeitsstelle umzuziehen.

Freunde sind vielleicht unsere letzte Konstante[3] im Leben. „In unserer schnellen und technisierten Gesellschaft haben wir alle die Sehnsucht, Teil eines Teams zu sein, auf das wir uns hundertprozentig verlassen können“, sagt Felicitas Heyne.

**(4)** Doch dies zu finden ist gar nicht so einfach – in Zeiten knapper Ausbildungsplätze und weniger guter Jobs wissen manche vor lauter Leistungsdruck gar nicht mehr, wie Loyalität[4] und Zusammenhalt funktionieren. Wahre Freundschaft wird da schnell zur Mangelware. Dabei brauchen wir Freunde zum Überleben – und zwar wortwörtlich: Studien haben herausgefunden, dass Menschen länger leben, wenn sie gute Freunde haben.

Erinnern wir uns an den Moment, in dem eine unserer Freundschaften entstand, fühlt sich das geradezu magisch an. Er ist ein Geschenk des Lebens an uns. Denn einen Freund kann man nicht kaufen, und er gehört auch nicht zur Familie. Er ist jemand, der sich aus freien Stücken dazu entschließt, uns zu mögen, wie wir sind – und uns in den schweren Momenten daran erinnert, wie großartig wir sind.

**(5)** Wie kommt es überhaupt dazu, dass man jemanden mag? „Ganz einfach: Je ähnlicher mir jemand ist, desto sympathischer ist er mir. Das können äußerliche Dinge sein wie der Kleidungsstil oder auch das gleiche Hobby. Wir brauchen das Gefühl: Da tickt jemand ganz ähnlich wie ich", meint Felicitas Heyne. Funktionieren dann überhaupt Freundschaften zwischen Jungs und Mädels? Schon der Philosoph[5] Nietzsche meinte, dass eine gute Ehe auf dem Rezept der Freundschaft beruht. „Klar besteht immer das Risiko, dass es kippt und einer mehr für den anderen empfindet. Aber man sollte es trotzdem wagen, denn das positive Potenzial ist riesig. Sind Jungs und Mädels miteinander befreundet, bekommen sie immer auch eine andere Welt eröffnet." Ach, und dann ist da noch das größte Argument für Freundschaft: Sie hält in vielen Fällen ewig – mit der Liebe ist das oft etwas schwieriger. Genau deshalb sollten wir alle viel öfter zu unseren Freunden sagen: „Ich bin so froh, dass es dich gibt!" Wenn wir Glück haben, sitzen wir noch als verschrumpelte 80-Jährige nebeneinander auf der Veranda und lachen darüber, wie viele Menschen im Laufe des Lebens gekommen und gegangen sind. Aber die wichtigsten bleiben bei uns – wenn wir sie lassen.

http://www.spiegel.de/schulspiegel/leben/freundschaften-helfen-in-unsicheren-zeiten-in-job-und-beziehung-a-923990.html, Seitenaufruf 13.01.2016, leicht verändert

[1] in spe: zukünftig
[2] der Individualismus: der einzelne Mensch steht im Mittelpunkt
[3] die Konstante: eine gleichbleibende Größe; etwas, dass sich nicht verändert
[4] die Loyalität: die Zuverlässigkeit
[5] der Philosoph: ein Gelehrter; ein kluger Mensch

**Aufgaben 1 – 10**

**1** Ergänze die fehlenden Wörter, die das Thema des Textes deutlich machen.

*In dem Text geht es um das Thema* ______________________. __________________ *Freund zu haben, ist wichtiger als* __________________________ *Kontakte im Internet.*

**2** Kreuze die richtige Lösung an.
In Abschnitt 1 heißt es *„Ich bin so froh, dich zu haben!"*. Darunter versteht man im Textzusammenhang, dass …

| | | |
|---|---|---|
| a) | dies die Äußerung einer Liebesbeziehung ist. | |
| b) | dies das Besondere einer Freundschaft ausdrückt. | |
| c) | dies häufig bei Facebook gepostet wird. | |
| d) | diese Äußerung zu jeder Freundschaft gehört. | |

**3** Kreuze die richtige Antwort an.
In Abschnitt 2 steht, welche Grundvoraussetzung für Freundschaft benötigt wird. Um welche Grundvoraussetzung geht es?

| | | |
|---|---|---|
| a) | etwas miteinander zu unternehmen | |
| b) | miteinander über andere zu reden | |
| c) | regelmäßig miteinander zu telefonieren | |
| d) | sich sympathisch zu finden | |
| e) | sich auf jemanden verlassen zu können | |

**4** In Abschnitt 3 heißt es *„Auf Facebook versucht jeder, sich so originell und einzigartig wie möglich darzustellen“* (Z. 42 – 44). Erläutere diese Aussage, indem du dazu drei mögliche Beispiele aus deinem Erfahrungsbereich nennst.

1. Beispiel: ____________________

2. Beispiel: ____________________

3. Beispiel: ____________________

**5** Kreuze die richtigen Antworten an.
In Abschnitt 4 wird beschrieben, was Freundschaft bei uns auslöst. Freunde können uns dabei helfen, ...

| | | |
|---|---|---|
| a) | älter zu werden als Menschen ohne Freunde. | |
| b) | schneller einen Ausbildungsplatz zu finden. | |
| c) | sich zu verlieben. | |
| d) | traurige Zeiten besser zu überstehen. | |

**6** Kreuze die richtige Antwort an.
In Zeile 91 – 92 heißt es *„Da tickt jemand ganz ähnlich wie ich“*. Diese Aussage bedeutet, dass ...

| | | |
|---|---|---|
| a) | man das Herz des Anderen klopfen hört. | |
| b) | man denkt, jemand spinnt. | |
| c) | jemand eine bestimmte Angewohnheit hat. | |
| d) | jemand so ist wie man selbst. | |

**7** Ordne die Überschriften den Textabschnitten 1 bis 5 zu.

| | **Überschrift** | **Textabschnitt (1, 2, 3, 4, 5)** |
|---|---|---|
| a) | Gleich und gleich gesellt sich gern | |
| b) | Bekannte oder Freunde? | |
| c) | Jobs gehen, Freunde bleiben | |
| d) | Der schönste Satz der Welt | |
| e) | Lieber Selbstdarsteller als Teamplayer | |

8 In Abschnitt 5 (Z. 103 – 106) heißt es *„Sind Jungs und Mädels miteinander befreundet, bekommen sie immer auch eine andere Welt eröffnet.“* Erläutere, was mit dieser Textaussage gemeint ist.

9 In Abschnitt 5 wird der Begriff *„verschrumpelt“* (Z. 114) verwendet. Dieser Begriff bedeutet so viel wie …

| | | |
|---|---|---|
| a) | faltig | |
| b) | verbittert | |
| c) | einsam | |
| d) | freudlos | |

10 Eine Schülerin sagt nach dem Lesen des Textes:

*„Eine echte Freundschaft zwischen Jungen und Mädchen halte ich nicht für möglich.“*

Du kannst dieser Aussage zustimmen oder nicht. Wichtig ist, dass du deine Auffassung begründest und dich auf mehrere Textaussagen beziehst.

Ich stimme der Aussage der Schülerin, dass …

zu/nicht zu, denn …

# D 3 Was wird bei der Aufgabenstellung „Analysiere …“ erwartet?

1. Die Aufgabenstellung unten stammt aus einer Prüfungsvorlage, in welcher ein analysierender Text verfasst werden sollte. Lies die Aufgaben. (Achtung: Die zugehörigen Texte und Materialien findest du auf den Seiten 92 und 93.)

Analysiere den Textauszug aus dem Roman „Von Wahrheit, Schönheit und Ziegenkäse“ von Megan Frazer. Gehe dabei so vor:

- Schreibe eine Einleitung, in der du Titel und Autorin benennst und das Thema formulierst.
- Fasse den ersten Teil des Textes (Ausgangssituation, Z. 1 – 21) kurz zusammen.
- Beschreibe, wie Daras Mitschüler reagieren, als sie von Daras Little-Miss-Maine-Sieg erfahren.
- Erläutere, wie Dara sich fühlt, nachdem alle von ihrem Little-Miss-Maine-Sieg erfahren haben.
- Dara versucht ihren Little-Miss-Maine-Sieg als unbedeutend darzustellen. Erläutere, wie dies durch sprachliche Mittel deutlich gemacht wird *(möglicher Aspekt: Wortwahl)*.
- *„Sie hätte mich genauso gut schlagen können.“* (Z. 41 – 42). Ein Schüler sagt zu diesem Satz aus dem Text: *„Diese Reaktion von Dara ist übertrieben.“*
  - Nimm Stellung zu der Aussage des Schülers.
  - Begründe deine Meinung.
  - Belege deine Ausführungen am Text.

2. a) In der Aufgabenstellung 1 a) ist mit Unterstreichungen hervorgehoben worden, was von dir erwartet wird. Unterstreiche auch in den weiteren Teilaufgaben, was du tun sollst. Die Verben geben dir Hinweise.
   b) Lies die Info rechts. Sie erklärt, was unter den Arbeitsanweisungen genau zu verstehen ist. Unterstreiche wichtige Stellen.

3. a) Lies die Aufgabenstellungen oben noch einmal gründlich.
   b) Woran erkennst du an der Aufgabenstellung 1 e), dass du dich auf den Text beziehen musst?
   c) Woran erkennst du, dass du in der Aufgabenstellung 1 f) auch bewerten musst?

**INFO** zu 2.

***benennen:*** Informationen zusammentragen
***zusammenfassen:*** Inhalte oder Textaussagen in eigenen Worten wiedergeben
***beschreiben:*** Textaussagen oder Sachverhalte in eigenen Worten strukturiert wiedergeben
***erläutern:*** Textaussagen, Sachverhalte auf der Basis von Kenntnissen und Einsichten darstellen und durch Informationen und Beispiele veranschaulichen
***darstellen:*** einen Zusammenhang, ein Ergebnis, eine Problemstellung sachlich, strukturiert formulieren
***erklären:*** Textaussagen auf der Basis von Kenntnissen und Einsichten darstellen
***Stellung nehmen:*** eine Problemstellung, einen Sachverhalt auf der Grundlage von Kenntnissen, Einsichten und Erfahrungen kritisch prüfen und die Einschätzung sorgfältig abwägend formulieren

**INFO** zu 3.

Um einen erzählenden Text zu verstehen, musst du ihn ***analysieren***:
- Wo und wann spielt die Handlung?
- Welche Personen sind wichtig?
- In welchem Verhältnis stehen die Personen zueinander?
- Wie ist die Handlung aufgebaut?
- Wie wird erzählt (Erzählverhalten)?
- Welche sprachlichen Besonderheiten fallen auf und welche Funktion haben sie?
- Um welche Textsorte handelt es sich?

Zur Analyse gehört auch die ***Deutung***.
Dazu beantwortest du folgende Fragen:
- Welche Wirkung hat der Text auf die Leser?
- Mit welcher Absicht wurde er geschrieben?
- Welches Problem macht der Text deutlich?

# D 4 Aufgabentyp 4a: Einen Text analysieren und interpretieren

Hier erhältst du eine Übersicht zur **Vorgehensweise bei der Bearbeitung der Schreibaufgabe zum Aufgabentyp 4a**. Die blau markierten Wörter (Arbeitstechniken, Operatoren, Fachbegriffe) kannst du im Glossar (S. 132) oder den Kapiteln B 6 und B 7 (ab S. 31) und D 3 (S. 89) nachschlagen. Orientiere dich bei der Bearbeitung der Aufgabenstellungen in den Kapiteln D 6 – D 8 an dieser Übersicht.

## Sechs Schritte zur Bearbeitung der Aufgabenstellung

### 1. Schritt: Sich orientieren

- Aufgabenstellung und Teilaufgaben lesen
- Teilaufgaben und **Operatoren** erfassen
- Schreibziel erkennen (→ **analysieren**)

↓

### 2. Schritt: Text erschließen und Inhalt erfassen

- Text lesen, unbekannte Begriffe und Ausdrücke klären (Wörterbuch, Sinnzusammenhang)
- **Schlüsselwörter** und -**stellen** markieren
- Sinnabschnitte bilden und Zwischenüberschriften formulieren
- Stichworte zum Inhalt machen
- Beobachtungen zu den formalen und sprachlichen Merkmalen der Textart (**episch, lyrisch, dramatisch** oder **Sachtext**) notieren und deren Wirkungsweise festhalten

↓

### 3. Schritt: Schreibplan anlegen

- Tabelle anlegen (nach Teilaufgaben gliedern)

↓

### 4. Schritt: Text untersuchen und Sichworte im Schreibplan festhalten

- Informationen für Einleitung notieren: **TATTE**-Satz (**T**itel, **A**utor, **T**extart, **E**rscheinungsjahr und **T**hema)
- Inhalt **zusammenfassen**: Handlung stichpunktartig notieren
- Aufgaben zu Inhalt und Form stichpunktartig bearbeiten und passende Textbelege notieren
- zu einer Aussage/einem Zitat **Stellung nehmen** <u>oder</u> einen Text aus Sicht einer Figur verfassen

↓

### 5. Schritt: Text schreiben/Analyse verfassen

**Inhalt:**

- zusammenhängenden Text verfassen
- Einleitung formulieren
- Inhalt mit eigenen Worten zusammenfassen
- Zusammenhang zwischen Inhalt und Form aufgabengeleitet darstellen
- zu einer Aussage/Zitat Stellung nehmen oder Text aus der Sicht einer Figur verfassen

**Darstellung:**

- **Präsens** verwenden (bei Vorzeitigkeit: **Perfekt**)
- Beobachtungen belegen, **Zitiertechniken** beachten
- nach Teilaufgaben Absätze einfügen
- Überleitungen formulieren
- in eigenen Worten formulieren

↓

### 6. Schritt: Text überarbeiten

- Einleitung vollständig?
- Inhalt richtig und mit eigenen Worten zusammengefasst?
- Alle Teilaufgaben berücksichtigt (→ **Operatoren**)?
- Stellungnahme auf das Zitat/die Aussage abgestimmt <u>oder</u> Text aus der Sicht einer Figur in der Ich-Form verfasst?
- Im Präsens geschrieben?
- **Rechtschreibung, Zeichensetzung, Grammatik** korrekt?

## D 5 Schreibplan zu Aufgabentyp 4a

Nutze diesen Schreibplan zur Planung deines analysierenden Textes. Ergänze in der linken Spalte die Verben und Schlüsselwörter aus den Teilaufgaben und notiere in der rechten Spalte stichwortartig deine Ergebnisse mit passenden Textbelegen. Überflüssige Zeilen streichst du.

| Teilaufgaben | Stichworte zur Bearbeitung |
| --- | --- |
| 1 a) Einleitung: TATTE-Satz | Titel: ___ Autor: ___<br>Textart: ___ Erscheinungsjahr: ___<br>Thema: ___ |
| 1 b) Inhalt zusammenfassen | |
| 1 c) Aufgabe zu Form und/oder Inhalt | |
| 1 d) Aufgabe zu Form und/oder Inhalt | |
| 1 e) Aufgabe zu Form und/oder Inhalt | |
| 1 f) Stellungnahme <u>oder</u> Text aus Sicht einer Figur | |

# D 6 Aufgabentyp 4a: Textauszug aus Megan Frazer: Von Wahrheit, Schönheit und Ziegenkäse (angeleitetes Üben)

## Teil II

Lies zunächst den Text, bevor du die Aufgaben bearbeitest.
Schreibe einen zusammenhängenden Text.

### Aufgabenstellung

**Analysiere** den Textauszug aus dem Roman „Von Wahrheit, Schönheit und Ziegenkäse“ von Megan Frazer.

Gehe dabei so vor:

- **Schreibe** eine Einleitung, in der du Titel und Autorin **benennst** und das Thema **formulierst**.
- **Fasse** den ersten Teil des Textes (Ausgangssituation, Z. 1 – 21) kurz **zusammen**.
- **Beschreibe**, wie Daras Mitschüler reagieren, als sie von Daras Little-Miss-Maine-Sieg erfahren.
- **Erläutere**, wie Dara sich fühlt, nachdem alle von ihrem Little-Miss-Maine-Sieg erfahren haben.
- Dara versucht ihren Little-Miss-Maine-Sieg als unbedeutend darzustellen. **Erläutere**, wie dies durch sprachliche Mittel deutlich gemacht wird *(möglicher Aspekt: Wortwahl)*.
- *„Sie hätte mich genauso gut schlagen können.“* (Z. 41 – 42)
  Ein Schüler sagt zu diesem Satz aus dem Text: *„Diese Reaktion von Dara ist übertrieben.“*
  - **Nimm Stellung** zu der Aussage des Schülers.
  - **Begründe** deine Meinung.
  - **Belege** deine Ausführungen am Text.

## Von Wahrheit, Schönheit und Ziegenkäse (Textauszug)

*Megan Frazer*

Mr Fitz war wirklich ein toller Lehrer. Er wollte uns inspirieren, uns herausfordern und bessere Menschen aus uns machen. Er dachte sich immer wieder neue und aufregende Dinge aus, um uns für Literatur zu interessieren. Nachdem wir „Ich weiß, warum der gefangene Vogel singt“ gelesen hatten, mussten wir unsere Autobiografien[1] schreiben. Und es durfte keine einfache Erzählung sein, auch wenn es Maya Angelou[2] genügt hatte. Nein, wir sollten eine Multimedia-Präsentation hinlegen. „Versucht, eure Präsentationen um ein Thema herum anzulegen. Denkt an die Augenblicke, die euch geformt und zu dem gemacht haben, was ihr seid. Blickt tief in euch hinein: Wer seid ihr? Wofür tretet ihr ein?“

Mr Fitz drehte sich an der Tafel um, auf die er in Großbuchstaben das Wort AUTOBIOGRAFIE geschrieben hatte. „Dann werden wir jetzt Ideen sammeln“, sagte Mr Fitz. „Lasst euch ein paar Minuten Zeit und schreibt eure Ideen zu diesem Projekt auf.“ Er lehnte sich an sein Pult. Ich starrte die Seite in meinem Heft an. Auch ich schrieb AUTOBIOGRAFIE obendrüber. Das war alles. Ich hatte noch nichts getan, worüber sich zu schreiben lohnte, und Tragisches oder Aufregendes war mir bisher noch nicht passiert. Keinem von uns.

Quelle (Aufgaben): Ministerium für Schule und Weiterbildung des Landes Nordrhein-Westfalen, Düsseldorf 2014

„Okay, Leute“, sagte Mr Fitz. „Dann wollen wir mal hören, was ihr geschrieben habt. Also, Dara, was sind deine Gedanken?“ „Gedanken?“, fragte ich und wurde rot. „Sind dir mögliche Themen eingefallen?“
„Hast du nicht mal bei einer Misswahl[3] mitgemacht?“, fragte Dennis. Ich spürte, wie mein Gesicht heiß wurde. Woher wusste er das überhaupt? Er war nicht mit mir in der Grundschule gewesen, sondern kam erst in der neunten Klasse zu uns. Nur eine Handvoll Leute im Klassenzimmer, unter anderem auch Melissa, kannte mich damals. Die ganze Klasse starrte mich an. „Sie war Little Miss Maine[4]“, sagte Melissa grinsend. „Nichts Besonderes“, sagte ich. „Darüber würde ich schreiben, wenn ich du wäre“, sagte Dennis. „So interessant ist es nicht“, sagte ich schnell. „Ich hab nur gesungen und gesteppt.“ „Und gewonnen“, fügte Melissa hinzu. Sie beugte sich aufgeregt über den Tisch. Ich wünschte, dass sie einfach nur den Mund halten würde, weil ich genau wusste, was alle in der Klasse dachten.
„Du warst Little Miss Maine?“, fragte Katie. Sie sah aus, als ob sie mich eben beim Lügen erwischt hätte und das witzig fand. „Du hast einen Schönheitswettbewerb gewonnen?“ „Eigentlich war es ein Talentwettbewerb.“ Ein kaum merklicher Unterschied, auf den ich aber hinweisen wollte. Außerdem war es mir sowieso egal, was sie dachte. Sie hatte mich damals ja noch gar nicht gekannt. Sie wusste nicht, wie niedlich ich einmal war. „Wow“, sagte Katie. Eine Sekunde lang schien sie fast beeindruckt zu sein. „Ich fände es unheimlich interessant, wenn du über die Show schreiben würdest und dann noch, was danach passiert ist.“ Sie hätte mich genauso gut schlagen können. Keiner sagte etwas. Es gibt so eine Redewendung vom Elefanten im Raum – dieses riesengroße, auffällige Ding, über das keiner redet. Nicht zum ersten Mal in meinem Leben fühlte ich mich wie dieser Elefant. Das ist jedenfalls nach der Talentshow passiert: Ich wurde dick. Nicht gleich danach – die Pfunde schlichen sich an. Aber ich war einmal dünn und niedlich gewesen, und jetzt war ich es nicht mehr. Und Katie musste vor der ganzen Klasse unbedingt mit dem Finger darauf zeigen.
Mr Fitz nickte. Katies Beleidigung war ihm entgangen. „Der Wettbewerb scheint doch ein spannender Stoff zu sein. Was meinst du, Dara?“ Ich hörte jemanden kichern. „Ich weiß nicht“, sagte ich. Doch ich wusste: Ich hatte keinerlei Interesse daran, über die Little-Miss-Maine-Show zu schreiben. Zum Glück machte Mr Fitz weiter. „Schön, nun hat Dara ein paar Ideen. Wer ist der nächste?“

Megan Frazer, Von Wahrheit, Schönheit und Ziegenkäse. Übersetzt von Gerda Bean © Carlsen Verlag GmbH, Hamburg 2012

1 Autobiografie: literarische Darstellung des eigenen Lebens
2 Maya Angelou: US-amerikanische Menschenrechtlerin. Sie hat ihre Biografie unter dem Titel „Ich weiß, warum der gefangene Vogel singt“ veröffentlicht.
3 Misswahl: Veranstaltung, auf der eine Schönheitskönigin gewählt wird
4 Little Miss Maine: Siegerin des Talent- und Schönheitswettbewerbs des Bundesstaates Maine

## Lösungshilfen zu Aufgabe ❶ a) und ❶ b)

1. Führe den ersten Bearbeitungsschritt durch (vgl. dazu B 6: Sich orientieren).

2. Erschließe den Text mit der Lesemethode für literarische Texte (vgl. B 2, S. 18) und schreibe deine Notizen an den Rand, zum Beispiel:

   1. Abschnitt (Z. 1–3): Mr Fitz ist ein guter Lehrer, will Schülern Literatur nahebringen

   2. Abschnitt (Z. 4–10): Schüler sollen eigene Biografie schreiben und als Multimedia-Präsentation vorbereiten

   3. Abschnitt (Z. 11–21): Schüler sollen Ideen sammeln: Tragisches und Aufregendes; der Ich-Erzählerin fällt nichts ein; Dara soll ihre Ideen vorstellen …

   …

3. Sammle Stichworte zum Thema, zum Beispiel:

   ungewollte Bloßstellung einer Schülerin im Unterricht durch eine vom Lehrer gestellte Aufgabe; Vergangenheit holt eine Schülerin ein …

4. a) Lege dir einen Schreibplan zur Planung deines analysierenden Textes an. Orientiere dich dabei am dritten Schritt (vgl. B 6, S. 35). Du kannst auch die Vorlage aus D 4 (S. 91) verwenden.
   b) Ergänze deine Ergebnisse zu den Teilaufgaben ❶ a und ❶ b in den ersten beiden Zeilen. Achte dabei darauf, dass du laut der Teilaufgabe ❶ b nur den ersten Teil des Textes (Z. 1–21) zusammenfassen sollst. Also berücksichtige deine Stichworte aus den Abschnitten 1–3.

## Lösungshilfen zu Aufgabe ❶ c) – ❶ e)

5. a) Unterstreiche im Text die Stelle, in der offenbart wird, dass Dara als Kind an einer Misswahl teilgenommen hat.
   b) Markiere die unterschiedlichen Reaktionen der Mitschüler auf diese Aussage. Notiere am Rand dazu auch die jeweiligen Namen der Schüler und wie lange diese Dara schon kennen.
   c) Ergänze deine Ergebnisse zu der Aufgabe ❶ c in der dritten Zeile deines Schreibplans. Beginne so:

   – die Mitschüler reagieren unterschiedlich, als Dennis nachfragt, ob Dara nicht mal bei einer Misswahl teilgenommen habe (Z. 22)

   – zunächst ist die Klasse erstaunt und starrt Dara an (Z. 26–27); die Mitschüler wirken neugierig, da nicht alle Dara von früher kennen

   – auch Dennis war nicht mit Dara auf der Grundschule (Z. 23–25); er muss also von jemandem von der Misswahl gehört haben

   – …

6. a) Markiere in einer anderen Farbe die Textstellen, in denen deutlich wird, wie Dara sich fühlt, nachdem ihre Mitschüler von Daras Little-Miss-Maine-Sieg erfahren haben.
   b) Beschreibe ihre Gefühle und Gedanken stichwortartig und gib auch die Gründe an, die du aus dem Text erschließen kannst (1 d). Ergänze deine Notizen in der vierten Zeile des Schreibplans.

– Ich-Erzähler ist verlegen, wird rot, als das Thema von Dennis angesprochen wird („Ich spürte, wie mein Gesicht heiß wurde.", Z. 22–23)
– das Thema ist ihr peinlich, zumal einige Schüler, wie z. B. Melissa (Z. 30–31) die Teilnahme eindeutig belächeln
– Dara wünscht sich, dass in der Klasse nicht weiter darüber gesprochen würde, da sie glaubt zu wissen, was die anderen darüber denken (Z. 31–32), denn ...

7. Als Reaktion auf das Thema in der Klasse versucht Dara ihren Little-Miss-Maine-Sieg als unbedeutend darzustellen (1 e):
   a) Markiere in einer weiteren Farbe die Textstellen, die verdeutlichen, was Dara sagt, um zu erreichen, dass die anderen dieses Ereignis als nichts Besonderes bewerten und nicht mehr darüber sprechen.
   b) Fasse ihre Äußerungen stichwortartig zusammen und erkläre auch, warum sie so vorgeht. Berücksichtige dazu ihre Wortwahl und die Erzählweise. Notiere deine Ergebnisse in der fünften Zeile des Schreibplans.

– die Ich-Erzählerin wertet den Wettbewerb durch Adjektive ab, indem sie sagt: „Nichts Besonderes" (Z. 27–28) oder „So interessant ist es nicht" (Z. 29), um abzulenken
– Dana verändert das beschreibende Nomen „Schönheitswettbewerb" (Z. 34–35) in „Talentwettbewerb" (Z. 35), um die Aufmerksamkeit ihrer Mitschüler darauf zu lenken, dass sie auch singen und steppen musste
– Dara glaubt zu wissen, dass alle über sie lachen, weil sie sich nicht vorstellen können, dass Dara ein niedliches Kind war (Z. 38), während sie jetzt eher dick ist (Z. 45–46)
– die Gedanken werden durch Erzählform (Ich-Form) und innere Monologe deutlich (z. B. Z. 31–32) ...

**TIPP zu 5.–7.**

1. Durch die Teilaufgaben wird dir die Gliederung des Hauptteils deines Textes schon vorgegeben.
2. Wichtig ist, dass du die einzelnen Arbeitsschritte erkennst und sie in deinen Schreibplan aufnimmst. Hier bedeutet das:
   - Beschreibung der Reaktion von Daras Mitschülern auf die Frage von Dennis (1 c),
   - Erläuterung der Gefühle (und Gedanken) Daras, nachdem die Klasse von ihrem Sieg bei der Misswahl erfahren hat (1 d),
   - Erläuterung unter Berücksichtigung der Wortwahl dazu, wie und warum Dara ihren Misswahl-Sieg als unbedeutend darstellen will (1 e).
3. In Aufgabe 1 e kannst du weitere formale oder sprachliche Aspekte berücksichtigen, wenn du durch sie verdeutlichen kannst, warum Dara ihren Misswahl-Sieg abwerten will, z. B. *Erzählform, innerer Monolog* etc.
4. In diesen Aufgaben werden explizit keine Textbelege von dir erwartet. Dennoch solltest du Zeilenangaben machen, um deine Ergebnisse zu belegen.

## Lösungshilfen zu Aufgabe 1 f)

8. a) Lies noch einmal die Aussage in der letzten Teilaufgabe (1 f), zu der du Stellung nehmen sollst.
   b) Kannst du die Bewertung des Schülers teilen? Notiere deine Position in der letzten Spalte des Schreibplans.
   c) Sammle stichwortartig Argumente, die deine Position stützen. Beziehe dich dabei auf den Text.

**TIPP zu 8.**

1. Wenn du zu einem Zitat aus dem Text und/oder zu einer Aussage zum Text Stellung nehmen musst, gehe so vor.
   - Gib die Aussage wieder und erläutere sie kurz, wenn nötig.
   - Stelle deine eigene Position dazu dar und begründe, warum du auch dieser Meinung bist oder warum du sie nicht teilen kannst.
   - Beziehe dich in deiner Argumentation auf den Text, indem du Textbelege heranziehst.
   - Formuliere ein eindeutiges Fazit.
2. Nutze folgende Formulierungen: *Meiner Ansicht nach ... / Ich bin der Meinung, dass ... / Ich vertrete den Standpunkt, dass ... / Einerseits ... / andererseits ... / Daraus folgt ... / Sicherlich muss man auch bedenken ... / Außerdem ist anzumerken, dass ... / Folglich kann ich festhalten, dass ... / Zusammenfassend ...*

Ich teile diesen Standpunkt:
– Mitschüler sind nur neugierig: „Darüber würde ich schreiben, wenn ich du wäre", sagte Dennis." (Z. 28), denn sie haben vermutlich selber noch nie bei so einem Wettbewerb mitgemacht und wollen Näheres erfahren
– Katies Äußerung ist doch ziemlich neutral, denn sie zeigt Interesse daran, ob der Wettbewerb für Dara irgendwelche Folgen gehabt hat: „Ich fände es unheimlich interessant, wenn du über die Show schreiben würdest und dann noch, was danach passiert ist." (Z. 39–41); dabei denkt sich Dara nur, dass Katie sie beleidigen will, weil sie so dick geworden ist ...

## Lösungshilfen zum Schreiben

9. Formuliere deinen Textentwurf nach deinem Schreibplan in ganzen Sätzen. Setze nach der Erarbeitung jeder Teilaufgabe einen Absatz. So schaffst du eine durchgängige Struktur. Beginne so:

In dem vorliegenden Auszug aus dem Jugendroman „Von Wahrheit, Schönheit und Ziegenkäse" aus dem Jahre 2012 stellt die Autorin Megan Frazer die ungewollte Bloßstellung einer Schülerin im Unterricht durch eine vom Lehrer gestellte Aufgabe dar. Als dieser die Schüler dazu auffordert, eine eigene Biografie zu verfassen, wird die Ich-Erzählerin Dara von ihrer Vergangenheit eingeholt. Der erste Abschnitt des Textauszuges (Z. 1–21) beginnt damit, dass der bei den Schülern beliebte Lehrer Mr. Fitz seine Schüler dazu auffordert, eine Autobiografie zu schreiben, um ihr Interesse an Literatur zu verstärken.

10. Überarbeite deinen Textentwurf mithilfe der CHECKLISTE auf Seite 39.

# D 7 Aufgabentyp 4a: Theda Jacoba Olsen: Ich, meine Schwester (selbstständiges Üben)

## Teil II

Lies bitte zunächst den Text, bevor du die Aufgaben bearbeitest.
Schreibe einen zusammenhängenden Text.

**Analysiere** die Kurzgeschichte „Ich, meine Schwester" von Theda Jacoba Olsen.
Gehe dabei so vor:

- **Schreibe** eine Einleitung, in der du Titel, Autor, Textart und Erscheinungsjahr **benennst** und das Thema **formulierst**.
- **Fasse** den Inhalt des Textes mit eigenen Worten **zusammen**.
- **Beschreibe**, wie sich Solveig vor dem Wiedersehen mit ihrer Schwester fühlt.
- **Erläutere** deine Beobachtungen durch formale und sprachliche Gestaltungsmittel (*mögliche Aspekte: Erzählform, Rückblick, Vergleich, Aufzählung*).
- **Erläutere**, welche von Solveigs Bedenken sich nach dem Eintreffen der Schwester bewahrheiten. Ziehe dazu Textbelege heran.
- **Verfasse** einen kurzen Text aus der Sicht von Solveig.
  – Woran denkt Solvig, als sie im Auto auf der Fahrt zum Flughafen sitzt?
  – Welche Gedanken hat sie, nachdem sie Linda empfangen hat?
  **Schreibe** in der Ich-Form und berücksichtige die Informationen, die der Textauszug gibt.

## Ich, meine Schwester (1996) *Theda Jacoba Olsen*

Nun war das Jahr um. Vor einem Jahr war Linda davongeflogen. Heute würde sie wiederkommen. Wie sehr hatte Solveig diesen Tag herbeigesehnt, wie sehr hatte sie diesen Tag gefürchtet. Und auch jetzt, während der Fahrt zum Flughafen, weiß sie noch nicht, was überwiegt: die Freude? Oder die Furcht? Die Furcht, wieder den zweiten Platz einnehmen zu müssen. Neben dem neuen Ruhm ihrer großen Schwester unscheinbarer denn je auszusehen: wie farbloses Glas, Glas aus gepresstem Glas, ein Gefäß mit wechselnden Flüssigkeiten, leer oder gefüllt nach Belieben der anderen, durchsichtig, zerbrechlich.

Das Auto verlässt die Innenstadt und reiht sich in die Karawane[1] der Pendler ein, die um diese Zeit die Ausfallstraßen[2] bevölkern. Der Flughafen liegt vor der Stadt.

Vor einem Jahr ist Solveig diese Strecke zuletzt gefahren. Links neben ihr hatte Linda gesessen, ohne Pausen und Satzzeichen redend, mit vorgebeugtem Oberkörper, vibrierend vor Aufregung und Ungeduld und Spannung. Sie hatten viel gelacht während der Fahrt. Ihre Mutter hatte sich ständig zu Linda umgedreht und gefragt: „Hast du auch die Geschenke eingepackt? Dein Pass, wo ist dein Pass? Vergiss ja nicht, wenigstens ab und zu einen Brief zu schreiben. Hast du Fieber, du siehst so verschwitzt aus ..." Sie waren alle aufgeregt gewesen. So, als ob nicht nur Linda nach Amerika fliegen würde, sondern die ganze Familie (...) Das Auto ihres Vaters fuhr schneller als sonst.

Solveig war stolz gewesen auf ihre Schwester. Und ein wenig neidisch. Linda war eine von acht auserwählten Schülern, die ein Jahr in Amerika zur Schule gehen durften.

Das Auto biegt in das Flughafengelände ein. Die Wolken sind leer geregnet. Nur noch vereinzelt fällt Wasser auf die Erde, stattdessen strömt Sonnenlicht durch die Zweige der in Reihen angepflanzten, schmächtigen Bäumchen. Sie wachsen noch. Solveigs Mutter eilt voran. Ihre große Tochter kommt wieder!

Solveig schaut an sich herunter. Sie hat eine weiße Jacke an und eine neue, indigoblaue[3] Jeans. Im letzten Jahr sind ihr drei Hosen zu kurz geworden. Einen BH braucht sie immer noch nicht. Sie geht still ihren Eltern nach. Man sieht ihr nichts an, aber in ihr ist ein Tumult[4], ein angenehmes Prickeln. Geburtstagsstimmung, Lotteriefieber, Zeugnisausgabe, ein geheimnisvoller Brief ohne Absender. Ein Frei-Flugschein (...)

Energisch bleibt Solveigs Mutter stehen. Sie sind da. Hier werden sie Linda begrüßen. Um sie herum warten andere Grüppchen, andere unvollständige Familien, Mütter mit gereckten Hälsen, pseudogelassene Väter in breitbeiniger Stellung, Kaugummi kauende Brüder. Plötzlich fühlt sie den schweren, weichen Arm ihrer Mutter um ihre Schultern. „Na, dir hat es wohl völlig die Sprache verschlagen?“ Solveig schüttelt den Kopf und lehnt sich in die Rundung. Soll Linda doch kommen!

Und da kommt sie!

Der Stimmpegel[5] steigt, die wartenden Menschen geraten in Bewegung, die Zollsperre spuckt die Ankömmlinge aus. „Linda, hier, hier!“ Solveigs Mutter lässt Solveig los und reißt die Arme hoch. Ist sie das tatsächlich, dieses stämmige Mädchen mit dem gebräunten, runden Gesicht, in der ausgewaschenen Latzhose? Ihre Haare sind kurz geschnitten und die Ellenbogen etwas schorfig[6] und gerötet ... Jetzt reden alle durcheinander. Solveigs Mutter drückt Linda an sich, wieder und wieder. „Hi, Solly, Solly, deine Haare sind aber lang geworden ...“ Linda hat etwas Mundgeruch, sie fühlt sich anders an, fleischiger und strammer, hinter ihren Ohren riecht es süßlich, pudrig, verschwitzt ... Solveig muss lachen, ihr Vater räuspert sich und sagt: „Na bitte.“ Benno springt von einem Fuß auf den anderen und skandiert: „Lin-da, Lin-da, Lin-da.“

Und im Auto redet sie wieder ohne Unterlass, ohne Komma und ohne Punkt, vom Rückflug, auf dem sie keine Minute geschlafen hat, von ihrer amerikanischen Mom und ihrem amerikanischen Dad, von Moms großartigem Rezept für Tomatopudding[7], von ihrer Abschiedsparty, vom Tokeneke Beach Club[8] ... gelegentlich benutzt sie eine amerikanische Redewendung.

Solveigs Aufregung hat sich zu einem kleinen, festen Klumpen in der Magengrube zusammengeballt. Sie schaut an Lindas Profil vorbei aus dem Fenster hinaus. Eine Erinnerung kommt: an einen verwilderten, schattigen Winkel hinter dem Haus ihrer Tante, wo Sträucher und Blumen wuchsen, wie sie wollte. Dort gab es die Pflänzchen, die aus eigener Kraft nicht hochwachsen können, sie ranken um dicke Stämme und Äste dem Himmel zu, sie bedecken deren Rinde mit tassengroßen, fedrigen Blüten. Sie sind wunderschön. Ohne den Baumstamm aber bleiben sie am Boden.

aus: Bender, Anne (Hrsg.): Einfach stark! Geschichten für Mädchen in den besten Jahren. München: Deutscher Taschenbuch Verlag 1996

[1] Karawane: hier: Autoschlange; [2] Ausfallstraßen: Straßen, die aus der Stadt herausführen; [3] indigoblau: tiefes Blau (mit der Mischfarbe violett), das aus einer tropischen Pflanze gewonnen wird; [4] Tumult: lautes Durcheinander; [5] Stimmpegel: Lautstärke der Stimme(n); [6] schorfig: Haut mit Kruste; [7] Tomatopudding: Auflauf aus Tomaten; [8] Tokeneke Beach Club: Strandclub

# D 8 Aufgabentyp 4a: AnnenMayKantereit: Oft gefragt (selbstständiges Üben)

## Teil II

Lies bitte zunächst den Text, bevor du die Aufgaben bearbeitest.
Schreibe einen zusammenhängenden Text.

**Analysiere** den Liedtext „Oft gefragt" von der Gruppe AnnenMayKantereit.
Gehe dabei so vor:

- **Schreibe** eine Einleitung, in der du Titel, Autor, Textart und Erscheinungsjahr **benennst** und das Thema **formulierst**.
- **Fasse** den Inhalt des Songs kurz **zusammen**.
- **Untersuche**, was der Angesprochene für das lyrische Ich gemacht hat und welche positiven Eigenschaften es an dem Angesprochenen schätzt.
- **Untersuche** die Art der Beziehung zwischen dem lyrischen Ich und dem Angesprochenen und **erkläre**, wie diese durch sprachliche Mittel verdeutlicht wird (*mögliche Aspekte: Wortwahl, Wiederholungen*).
- **Erläutere** das im Refrain dargestellte Gefühl des lyrischen Ich: *„Zu Hause bist immer noch du / Zu Hause bist immer nur du"* (Z. 10–11).
- Eine Mitschülerin sagt über den Text: *„Das lyrische Ich ist bestimmt schon älter, denn so wertschätzend denkt man in jungen Jahren noch nicht von seinen Eltern."*
  - **Nimm Stellung** zu dieser Aussage.
  - **Begründe** deine Meinung.
  - **Belege** deine Ausführungen am Text.

### Oft gefragt (2015) *AnnenMayKantereit*

Du hast mich angezogen, ausgezogen, großgezogen
Und wir sind umgezogen, ich hab dich angelogen!
Ich nehme keine Drogen
Und in der Schule war ich auch

Du hast dich oft gefragt, was mich zerreißt
Ich wollte nicht, dass du es weißt
Du warst allein zu Haus', hast mich vermisst
Und dich gefragt, was du noch für mich bist
Und dich gefragt, was du noch für mich bist

Zu Hause bist immer noch du
Zu Hause bist immer nur du

Du hast mich abgeholt und hingebracht
Bist mitten in der Nacht wegen mir aufgewacht
Ich hab in letzter Zeit zu oft daran gedacht

Wir waren in Prag, Paris und Wien
In der Bretagne und Berlin, aber nicht in Kopenhagen
Du hast dich oft gefragt, was mich zerreißt
Ich habe aufgehört, mich das zu fragen

Du warst allein zu Haus', hast mich vermisst
Und dich gefragt, was du noch für mich bist
Und dich gefragt, was du noch für mich bist

Zu Hause bist immer nur du
Zu Hause bist immer noch du

Ich hab keine Heimat, ich hab nur dich
Du bist zu Hause für immer und mich
Du bist zu Hause für immer und mich
Du bist zu Hause für immer und mich
Du bist zu Hause für immer und mich
Du bist zu Hause für immer und mich
Du bist zu Hause für immer und mich
Hab keine Heimat, ich hab nur dich
Du bist zu Hause für immer und mich

# E Prüfungsaufgaben zum Themenbereich „Medien und mehr“

In diesem Kapitel bearbeitest du zum Themenbereich „Medien und mehr" mehrere Prüfungsbeispiele. Notiere die benötigte Arbeitszeit (siehe Seite 6).

## E 1 Leseverstehen: Fernsehsendungen sind ein Renner bei den sozialen Netzwerken (angeleitetes Üben)

### Teil I

Lies zunächst den Text sorgfältig durch und bearbeite anschließend die Fragen 1 – 12.

### Fernsehsendungen sind ein Renner bei den sozialen Netzwerken

**(1)** Der „Tatort“, der „Polizeiruf 110“, die „Tagesschau“ oder die RTL-Dschungelshow „Ich bin ein Star – Holt mich hier raus!“ machen es möglich: Sendungen im frei empfänglichen Fernsehen werden für Millionen Nutzer auf den Plattformen der sozialen Netzwerke immer mehr zum Renner, über sie wird während oder sofort nach der Sendung heiß diskutiert.

**(2)** 10,1 Millionen Twitter-Tweets und Facebook-Einträge beschäftigten sich im Jahr 2015 mit dem Fernsehen, im Jahr 2014 waren es 5,8 Millionen, 2013 nur knapp 2,4 Millionen. „Tatort“ und „Polizeiruf 110“, beide Sendungen werden am Sonntagabend um 20.15 Uhr ausgestrahlt und haben dabei die Spitzenposition mit etwas mehr als 750.000 Nennungen im Netz, wie jetzt eine Analyse eines Marktforschungsunternehmens ergab. Nach den Sonntagabendkrimis landete im Jahr 2015 die „Tagesschau“ – wie auch schon im vergangenen Jahr – mit etwas weniger als 750.000 Postings auf dem zweiten Platz.

**(3)** Dass die Sonntagabendkrimis und die von den deutschen Fernsehzuschauern als „eine Art heilige Kuh“ angesehene Nachrichtensendung „Tagesschau“ die meisten Kommentare im Netz nach sich ziehen, ist nicht erstaunlich. Alle drei Sendungen haben für viele, auch für Jugendliche, einen Kultstatus. Dieser ist nicht nur durch die schon seit Jahrzehnten laufenden Sendungen bzw. Serien begründet, sondern auch durch immer denselben Sendeplatz.

**(4)** Die RTL-Dschungelshow „Ich bin ein Star – Holt mich hier raus!“ schaffte es mit 620.000 Tweets und Kommentaren auf die dritte Position. Dies ist erstaunlich, weil diese Sendung nur einmal im Jahr für vierzehn Tage im Fernsehen gezeigt wird. Auch ist die Sendezeit, fast jeden Abend ab 22.15 Uhr, nicht unbedingt jugendfreundlich. Aber mit Einschaltquoten zwischen sechs und acht Millionen Zuschauern ist das Dschungelcamp zurzeit Deutschlands erfolgreichste TV-Show.

**(5)** Dabei sind sich alle einig, dass es sich beim Dschungelcamp um etwas handelt, das „Trash-TV“[1] genannt wird. Die teilnehmenden Promis sind eigentlich gar keine, die dort abzulegenden Prüfungen gehen bis an den Rand der Ekel-Grenze und darüber hinaus. Wenn die Teilnehmer aber schmatzend Raupen oder Schlimmeres in sich hineinstopfen und dann dagegen ankämpfen müssen, sich nicht zu übergeben, bekommt man vor allen Dingen eines: Mitleid. Dies hat für viele eine gewisse Faszination[2].

**(6)** Experten führen das besondere Zuschauerinteresse an der „Dschungelshow“ noch auf weitere Phänomene zurück: Die Sendung läuft seit vielen Jahren immer im Januar und wird vom ausstrahlenden Sender bereits kurz vor Weihnachten in allen Medien umfangreich beworben. Allein das Rätselraten, wer diesmal als „Promi“ ins Camp einzieht, wird von vielen in den sozialen Netzwerken diskutiert. Im Januar gehört für viele das Dschungelcamp einfach dazu, es ist für viele eine Art Ritual, diese Sendung zu sehen. Niemand weiß, wie es ausgeht. Gibt es Überraschungen oder unerwartete Wendungen? Wer wird herausgewählt oder geht freiwillig? Viele Zuschauer haben einfach Angst, etwas zu verpassen. Ein weiteres Phänomen bei der Dschungelshow ist die Präsenz[3] der Zuschauer in den sozialen Medien. Diese Präsenz ist der Ausgangspunkt für ganz viel Kommunikation und hat damit einen sehr hohen Unterhaltungsfaktor.

**(7)** Interessant ist, dass der deutliche Anstieg der Beiträge der Social-Media-Nutzer zu Fernsehsendungen nicht allein darauf zurückzuführen ist, dass sich immer mehr Menschen bei Facebook oder Twitter anmelden. Zwar ist im Moment noch ein leichter Anstieg der Mitgliedszahlen in den sozialen Netzwerken feststellbar, aber Experten rechnen in Zukunft mit einem Rückgang der Mitgliedszahlen. Wenn dennoch mehr zu TV–Sendungen gepostet wird, so liegt dies vor allem daran, dass die ohnehin schon diskutierenden Nutzer weitaus mehr Kommentare abgeben als früher.

Autorentext nach dem Artikel „TV ist der Renner bei Twitter und Facebook“ von Carsten Rave (HAZ vom 23.1.2016)

[1] „Trash-TV“: Fernsehsendungen auf sehr niedrigem Niveau, [2] Faszination: Anziehungskraft, [3] Präsenz: Anwesenheit

## Lösungshilfen zu Aufgabe 1 – 12

1. Nicht gleich in die Aufgaben stürzen! Erschließe zuerst den Text wie in B 3 (S. 20) dargestellt:
   - Kläre unbekannte Begriffe.
   - Unterstreiche wichtige Schlüsselstellen.
   - Formuliere am Rand Überschriften oder Stichwörter zu den Sinnabschnitten.

   Du findest zu den Aufgaben dann schnell die Textstellen.

### TIPP zu 1 bis 4

Lies jede Aufgabe genau, suche die dazu passenden Textstellen in der Vorlage heraus und unterstreiche sie. Vergleiche dann die Aussagen im Text mit den unten abgebildeten Sätzen und überlege, ob sie übereinstimmen. Achte genau auf den Wortlaut und auf die Satzzeichen.

**1** Kreuze die richtige Antwort an.
In diesem Text geht es um ...

| | | |
|---|---|---|
| a) | Fernsehsendungen wie den „Tatort“. | |
| b) | das Dschungelcamp als erfolgreiche TV-Show. | |
| c) | die starke Zunahme von Kommentaren zu bestimmten Fernsehsendungen in den sozialen Medien. | |
| d) | Fernsehzuschauer, die immer dieselben Sendungen kommentieren. | |

**2** Kreuze die richtige Antwort an.
Es wird durch eine Analyse belegt, dass …

| | | |
|---|---|---|
| a) | es 2015 fast viermal so viele Tweets und Facebook-Einträge zum Thema Fernsehen gab wie 2013. | |
| b) | es 2014 nur ungefähr 4 Millionen Tweets und Facebook-Einträge zum Thema Fernsehen gab. | |
| c) | die Tagesschau 2014 bei den Tweets und Facebook-Einträgen zum Thema Fernsehen auf Platz 1 landete. | |
| d) | das Dschungelcamp 2015 bei den Tweets und Facebook-Einträgen zum Thema Fernsehen auf Platz 2 landete. | |

**3** Kreuze die richtige Antwort an.
Die „Dschungelshow“ (Abschnitt 4) ist …

| | | |
|---|---|---|
| a) | jeden Abend ab 19.30 Uhr zu sehen. | |
| b) | zurzeit Deutschlands erfolgreichste TV-Show. | |
| c) | wird viermal im Jahr gesendet. | |
| d) | schafft in den sozialen Netzwerken mehr als eine Million Tweets und Kommentare. | |

**4** Kreuze die richtige Antwort an.
Der Satz *„Sendungen im frei empfänglichen Fernsehen werden für Millionen Nutzer auf den Plattformen der sozialen Netzwerke immer mehr zum Renner…“* (Z. 2–4) soll verdeutlichen, dass …

| | | |
|---|---|---|
| a) | die Zahl der Zuschauer, die Tweets und Kommentare zu Fernsehsendungen schreiben, nicht zunimmt. | |
| b) | die Zahl der Zuschauer, die Tweets und Kommentare zu Fernsehsendungen schreiben, immer stärker ansteigt. | |
| c) | die Zahl der Tweets und Kommentare zu Fernsehsendungen immer stärker ansteigt. | |
| d) | die Zahl der Tweets und Kommentare zu Fernsehsendungen nicht zunimmt. | |

**5** Kreuze die richtigen Antworten an.
Die RTL-Dschungelshow „Ich bin ein Star – Holt mich hier raus!“ schaffte es mit 620.000 Tweets und Kommentaren auf die dritte Position. Dies ist erstaunlich, weil … (Abschnitt 4)

**TIPP** zu 5 / 6 / 7 / 8

Der Wortlaut der Aufgabenstellungen gibt dir den Hinweis darauf, ob es evtl. mehrere richtige Lösungsmöglichkeiten geben kann. Also musst du evtl. auch mehrere Kreuze setzen.

| | | |
|---|---|---|
| a) | die Sendezeit, fast jeden Abend ab 22.15 Uhr, nicht unbedingt jugendfreundlich ist. | |
| b) | diese Sendung nur einmal im Jahr für vierzehn Tage im Fernsehen gezeigt wird. | |
| c) | diese Sendung jedes Jahr nur ein einziges Mal läuft. | |
| d) | diese Sendung nur von Jugendlichen gesehen wird. | |

6 Kreuze die richtigen Antworten an.
Das Dschungelcamp hat für die Zuschauer eine gewisse Faszination, weil ... (Abschnitt 5)

| | | |
|---|---|---|
| a) | die Zuschauer die Teilnehmer bemitleiden können. | |
| b) | die Zuschauer sich in die Lage der Teilnehmer hineinversetzen können. | |
| c) | die Dschungel-Prüfungen bis an den Rand der Ekel-Grenze und darüber hinaus gehen. | |
| d) | die Dschungel-Prüfungen zuhause nachgemacht werden können. | |

7 Kreuze die richtigen Antworten an.
Die deutliche Zunahme von Tweets und Kommentaren zu Fernsehsendungen ist darauf zurückzuführen, dass ... (Abschnitt 7)

| | | |
|---|---|---|
| a) | die Nutzer der sozialen Medien immer häufiger darüber diskutieren. | |
| b) | die Zahl der Nutzer der sozialen Medien noch ansteigt. | |
| c) | die Zahl der Nutzer der sozialen Medien nicht ansteigt. | |
| d) | die Nutzer der sozialen Medien immer weniger über Fernsehsendungen diskutieren. | |

8 Kreuze die richtigen Antworten an.
Beim Dschungelcamp handelt es sich um „Trash-TV" (Abschnitt 5), weil ...

| | | |
|---|---|---|
| a) | es eine Fernsehsendung auf sehr niedrigem Niveau ist. | |
| b) | viele Prominente mitmachen. | |
| c) | die Zuschauer bei den Aufgaben Mitleid mit den Teilnehmern haben. | |
| d) | die Prüfungen oft über die Ekelgrenze hinausgehen. | |

**TIPP zu 9 und 10**

Suche die zu erklärenden Begriffe im Text und markiere sie. Erschließe die Bedeutung dieser Wörter aus dem Textzusammenhang oder schlage zur Sicherheit noch einmal im Wörterbuch nach. Formuliere dann mit eigenen Worten eine Antwort, wenn gefordert.

9 Kreuze die richtige Antwort an.
Mit dem Ausdruck *„eine Art heilige Kuh"* (Z. 16) ist im Textzusammenhang gemeint, dass ...

| | | |
|---|---|---|
| a) | die genannten Fernsehsendungen sehr interessant sind. | |
| b) | die genannten Fernsehsendungen oft wiederholt werden. | |
| c) | die genannten Fernsehsendungen einen Kultstatus haben. | |
| d) | die genannten Fernsehsendungen sehr oft eingeschaltet werden. | |

10 Erläutere die Bedeutung des Begriffes „Ritual“ (Z. 42) im Textzusammenhang.

11 Nenne stichwortartig drei Gründe dafür, warum das Dschungelcamp bei den Zuschauern so beliebt ist.

**TIPP zu 11**

Lies den betreffenden Textabschnitt (Abschnitt 6, ab Z. 36) durch. Markiere die im Text genannten Gründe und formuliere sie in Stichworte um. Zur Sicherheit kannst du auch mehr als die drei geforderten Gründe aufschreiben, bekommst jedoch keine Extrapunkte dafür.

12 Zwei Personen haben sich im Netz zur Sendung Dschungelcamp geäußert:

A: *„Ich gucke das Dschungelcamp gern, weil ich dabei abschalten und mich nebenbei von den Kommentaren dazu auf Twitter oder Facebook berieseln lassen kann.*

B: *„Ich gucke das Dschungelcamp nicht, weil mir da jede Schadenfreude und jedes Mitleid fehlen. Mir ist die ganze Sache gleichgültig. Wozu muss ich wissen, welcher sogenannte Promi etwas Schlechtes über den anderen gesagt hat?“*

Welcher der beiden Aussagen stimmst du zu?
Wichtig ist, dass du deine Auffassung begründest und dich auf mehrere Textaussagen beziehst.

**TIPP zu 12**

Denke daran, dass du deine Meinung am Text belegst. Verweise dazu auf konkrete Textstellen, indem du in Klammern Zeilenangaben machst.

## E 2 Leseverstehen: Die Tageszeitung ist nicht out, aber ... (selbstständiges Üben)

### Teil I

Lies zunächst den Text sorgfältig durch und bearbeite anschließend die Fragen 1 – 12.

### M1 Die Tageszeitung ist nicht out, aber ...

**(1)** Keine Branche hat sich im letzten Jahrzehnt so stark verändert wie der Zeitungs- und Zeitschriften-Markt. Betrachtet man dabei die Zeitungslandschaft, so wurde in den letzten Jahren immer häufiger über eine Veränderung des alten Mediums Tageszeitung diskutiert. Die Zukunft der Zeitung ist unklar. Leser, Journalisten und Wissenschaftler sind sich uneinig, was mit ihr, ihrem Aufbau und Inhalt sowie ihrer Bedeutung als Massenmedium und Informationsquelle geschehen wird. Wie es genau weitergeht, kann man natürlich nicht wissen. Klar ist aber, dass sich die Zeitung, wie wir sie heute kennen, ändern wird.

**(2)** Über Generationen hinweg war es für viele selbstverständlich, morgens die Tageszeitung aus dem Briefkasten zu holen, die der Zusteller in aller Frühe dort hineingesteckt hatte. Und doch muss mit dieser scheinbar unantastbaren Tradition gebrochen werden. Die Verlage und Redaktionen sehen sich seit Jahren völlig neuen Herausforderungen gegenüber. Viele Probleme treten im wirtschaftlichen Bereich auf. Die Ursachen reichen von sinkenden Abonnementzahlen[1] über nachlassende Werbeeinnahmen bis hin zur Schnelligkeit und Übermacht des Mediums Internet mit all seinen Angeboten im Nachrichtenbereich. Zusätzlich gibt es noch andere Medien wie das Fernsehen und das Radio, durch welche man umsonst informiert wird.

**(3)** In unserem Zeitalter, in dem viele Menschen ein internetfähiges Smartphone, ein Tablet oder einen PC besitzen, mit dem sie Neuigkeiten kostenlos und vor allem jederzeit abrufen können, werden Zeitungen immer bedeutungsloser. Dies gilt vor allem für überregional erscheinende Tageszeitungen. Etwas anders stellt sich vermutlich die Situation bei den Regionalzeitungen dar. Diese beziehen sich auf das unmittelbare, lokale Umfeld der Menschen und haben einen regionalen Teil, den es so im Internet bzw. Fernsehen nicht gibt. Lokalreporter berichten dabei direkt vor Ort aus der Heimatregion auch von kleineren Veranstaltungen. Deshalb ist wahrscheinlich, dass diese Zeitungen auch in ihrer gedruckten Form längerfristig bestehen bleiben.

**(4)** Bei den Tageszeitungen ist man seit einigen Jahren bemüht, neue Wege zu finden und zu beschreiten, um die Position als wichtigster Nachrichtenlieferant wieder zu festigen. Die Zeitung ist heute längst mehr als eine Printausgabe[2]. Neben der gedruckten Fassung wird sie auf ganz unterschiedliche Arten angeboten, z. B als Online-Ausgabe oder als E-Paper[3], welches in der Regel über eine spezielle App geladen und gelesen wird.

**(5)** Auch bei Jugendlichen ist die Tageszeitung noch nicht out. Drei von zehn Jugendlichen zwischen 14 und 19 Jahren lesen jede Ausgabe einer Tages-/Wochen- und/oder

Sonntagszeitung (33,3 %). Bei den jungen Erwachsenen zwischen 20 und 29 Jahren beträgt der Anteil regelmäßiger Zeitungsleser sogar 47,4 Prozent. Aber erst wenn man Print und Online als Ganzes betrachtet, ergibt sich ein realistisches Bild der Zeitungsnutzung. Zeitungen erreichen mit ihren Printausgaben und Online-Auftritten 62,4 Prozent der 14- bis 29-Jährigen.

**(6)** Interessant ist auch, dass das Vertrauen junger Menschen in die Zeitung besonders hoch ist. Nicht selten werden Jugendliche mit verschiedenen Sichtweisen und unterschiedlichsten Darstellungen zu einem Thema konfrontiert. In der JIM-Studie 2014 (Jugend, Information, (Multi-) Media) des Medienpädagogischen Forschungsverbundes Südwest wurden die Jugendlichen gefragt, welchen Medien sie im Falle einer widersprüchlichen Berichterstattung am ehesten Glauben schenken würden. Für 40 Prozent der 12- bis 19-Jährigen ist die Zeitung am glaubwürdigsten. Platz zwei erreicht mit 26 Prozent das Fernsehen, gefolgt von Radio und Internet (17 % bzw. 14 %). Hier wird deutlich, dass die häufige Nutzung eines Mediums nicht zwingend auch mit hoher Glaubwürdigkeit einhergeht und umgekehrt. Obwohl die Tageszeitung bezüglich der regelmäßigen Nutzung weit hinter den anderen Medien steht, vertrauen die Jugendlichen ihr am meisten hinsichtlich der Einhaltung journalistischer Standards: Der Tageszeitung wird durch die Jugendlichen auch im digitalen Zeitalter eine besonders hohe Qualität zugesprochen.

Autorentext (2016)

[1] Anzahl derer, die beispielsweise eine Zeitung im Abonnement beziehen, also diese regelmäßig direkt nach Hause geliefert bekommen

[2] hier: gedruckte Ausgabe einer Zeitung

[3] hier: Zeitung, die ausschließlich in elektronischer Form veröffentlicht wird

**Aufgaben 1 – 12**

**1** Kreuze die richtigen Antworten an.
Die Zukunft der Zeitung ist unklar (Abschnitt 1), weil ...

| | | |
|---|---|---|
| a) | man momentan nicht weiß, welche Inhalte sie zukünftig bieten wird. | |
| b) | man momentan nicht weiß, welche Bedeutung als Informationsquelle sie zukünftig haben wird. | |
| c) | man momentan nicht weiß, wie viele Journalisten zukünftig dort arbeiten werden. | |
| d) | man momentan nicht weiß, welchen Anteil Bilder und Texte zukünftig an den Zeitungen haben werden. | |

**2** Kreuze die richtigen Antworten an.
Zeitungen erscheinen heute (Abschnitt 3) ...

| | | |
|---|---|---|
| a) | als Printausgaben. | |
| b) | als E-Paper. | |
| c) | als Fernsehausgabe. | |
| d) | online. | |

3 Kreuze die richtigen Antworten an.
In unserer digitalisierten Zeit werden die Tageszeitungen (Abschnitt 3) ...

| | | |
|---|---|---|
| a) | immer teurer. | |
| b) | immer dünner. | |
| c) | immer bedeutungsloser. | |
| d) | immer unübersichtlicher. | |

4 Kreuze die richtige Antwort an.
Jugendliche sind der Meinung (Abschnitt 4), dass ...

| | | |
|---|---|---|
| a) | die Tageszeitung besonders glaubwürdig ist. | |
| b) | die Tageszeitung besonders aktuell ist. | |
| c) | die Tageszeitung besonders informativ ist. | |
| d) | die Tageszeitung besonders übersichtlich ist. | |

5 Kreuze die richtige Antwort an.
Jugendliche wurden im gefragt, welchen Medien sie im Falle einer widersprüchlichen Berichterstattung am ehesten Glauben schenken würden. Die Formulierung *„im Falle einer widersprüchlichen Berichterstattung"* (Z. 103–105) soll in diesem Zusammenhang darauf hinweisen, dass ...

| | | |
|---|---|---|
| a) | es in verschiedenen Medien unterschiedliche Berichte zu einem Thema geben kann, die einander widersprechen. | |
| b) | verschiedene Medien unterschiedliche Autoren haben können. | |
| c) | nicht immer alles stimmt ist, was in der Zeitung steht. | |
| d) | es in verschiedenen Medien unterschiedliche Berichtsformen (z. B. Interview, Kommentar) geben kann. | |

6 Kreuze die richtige Antwort an.
Die Formulierung *„die häufige Nutzung eines Mediums geht nicht zwingend auch mit hoher Glaubwürdigkeit einher und umgekehrt"* (Z. 111–115) soll verdeutlichen, dass ...

| | | |
|---|---|---|
| a) | die Tageszeitung eine hohe Glaubwürdigkeit besitzt, weil sie von den Jugendlichen so oft gelesen wird. | |
| b) | die Tageszeitung eine hohe Glaubwürdigkeit besitzt, auch wenn andere Medien vielleicht häufiger genutzt werden. | |
| c) | die Tageszeitung eine hohe Glaubwürdigkeit besitzt, wenn sie von den Jugendlichen gelesen wird. | |
| d) | die Tageszeitung eine hohe Glaubwürdigkeit besitzt, obwohl sie von den Jugendlichen gelesen wird. | |

7 Viele Tageszeitungen haben heute wirtschaftliche Probleme. Nenne hierfür drei Gründe aus dem Text (Abschnitt 2).

___

___

___

## M2 Entwicklung der E-Paper-Auflagen im Zeitraum von 2005 bis 2015

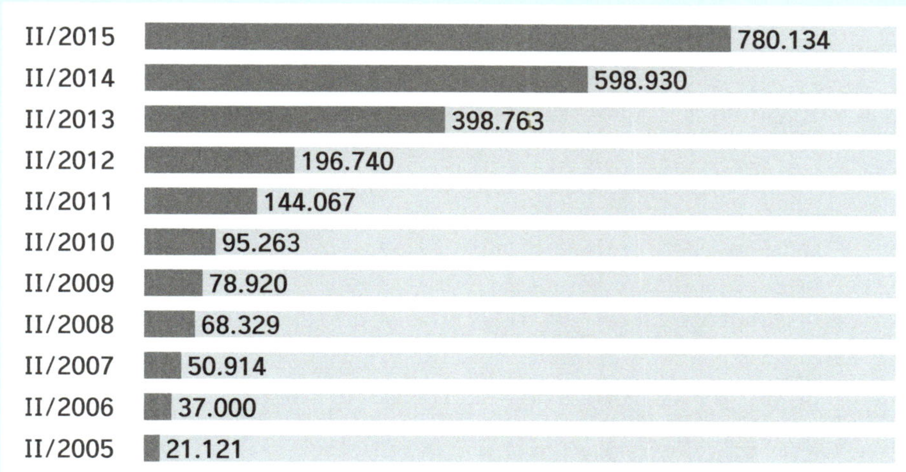


Entwicklung der E-Paper-Auflagen 2005 bis 2015, verkaufte Auflage
Basis: IVW-Quartalsauflagenlisten Quelle: Auflagenstatistiken der ZMG, Bundesverband Deutscher Zeitungsverleger

**8** Beschreibe kurz, welche Entwicklung in M2 dargestellt wird.

**9** Kreuze die richtigen Antworten an.

Das Diagramm …

| | | |
|---|---|---|
| a) | zeigt, wie viele Zeitungen spezielle E-Paper-Ausgaben anbieten. | |
| b) | zeigt die Entwicklung von verkauften E-Paper-Auflagen. | |
| c) | unterscheidet nicht zwischen regionalen und überregionalen Zeitungen. | |
| d) | zeigt die Entwicklung von verkauften Tageszeitungen pro Jahr. | |

**10** Begründe, ob Text und Diagramm zusammenpassen.

**11** Benenne zwei Vorteile von Regionalzeitungen gegenüber überregionalen Zeitungen (Abschnitt 3).

**12** Ein Schüler sagt nach dem Lesen des Textes:
*„Regionalzeitungen enthalten oft viel Überflüssiges, vieles, was mich nicht interessiert. Deshalb lohnt sich der der zeitliche und finanzielle Aufwand nicht, unsere Regionalzeitung zu lesen.“*
Du kannst dieser Aussage zustimmen oder nicht. Wichtig ist, dass du deine Meinung begründest und dich auf mehrere Textaussagen beziehst.

## E 3 Was bedeutet die Aufgabenstellung „Untersuche und vergleiche ...“?

1. Die Aufgabenstellung unten könnte aus einer Prüfungsvorlage stammen, bei der du verschiedene Sachtexte untersuchen und miteinander vergleichen musst. Lies die Aufgabenstellungen (ACHTUNG: Die zugehörigen Materialien findest du auf den Seiten 113 und 114).

❶ Untersuche und vergleiche die Materialien M1und M2 in einem zusammenhängenden Text.
- Stelle die Materialien kurz vor und benenne das gemeinsame Thema.
- Fasse zusammen, was Experten unter Jugendsprache verstehen (M1).
- Erläutere kurz, welche Kritik an der Jugendsprache geübt wird und ob diese berechtigt ist (M2).
- Setze M1 und M2 zueinander in Beziehung, indem du erklärst, warum Jugendliche eine eigene Sprache benutzen und welche besonderen Merkmale diese hat. Verdeutliche in diesem Zusammenhang insbesondere den Unterschied zwischen mündlicher und schriftlicher Jugendsprache anhand von jeweils zwei Beispielen.

❷ Hans Zehetmair, Vorsitzender des deutschen Rechtschreibrats, kritisiert den Sprachgebrauch Jugendlicher. Er klagt: *„Unsere Zeit ist so schnelllebig geworden. Da müssen Sie sich nur die Twitter-Beiträge ansehen, in denen es keine ganzen Sätze mehr gibt. Die Jugend schreibt keine Liebesbriefe mehr, sondern „HDL – Hab dich lieb“, um eine Liebe zum Ausdruck zu bringen.“* Nimm Stellung zu diesen Aussagen und begründe deine Meinung. Beziehe dich dabei auch auf die Materialien.

2. a) In der Aufgabenstellung oben ist teilweise schon unterstrichen worden, was von dir erwartet wird. Unterstreiche auch in den weiteren Aufgaben, was du tun sollst. Die Verben geben dir Hinweise.
   b) Lies die Info rechts. Sie erklärt, was unter den Arbeitsanweisungen genau zu verstehen ist. Unterstreiche wichtige Stellen.
3. Die Aufgabenstellung ❶ d gibt dir Hinweise, was genau du untersuchen und vergleichen sollst. Markiere, auf welche Stellen im Text du besonders achten musst. Gib diese stichwortartig wieder.

_______________________________________________

_______________________________________________

_______________________________________________

_______________________________________________

**INFO zu 2.**

***benennen:*** Informationen zusammentragen
***zusammenfassen:*** Inhalte, Aussagen, Zusammenhänge komprimiert und strukturiert wiedergeben
***erläutern:*** Textaussagen, Sachverhalte auf der Basis von Kenntnissen/ Einsichten darstellen und durch Informationen/Beispiele veranschaulichen
***erklären:*** Textaussagen, Sachverhalte auf der Basis von Kenntnissen und Einsichten darstellen
***Stellung nehmen:*** eine Problemstellung, einen Sachverhalt auf der Grundlage von Kenntnissen, Einsichten und Erfahrungen kritisch prüfen und die Einschätzung sorgfältig abwägend formulieren

**INFO zu 3.**

Um einen Sachtext zu verstehen, musst du ihn untersuchen:
– Welche Informationen enthält er?
– Welcher Aufbau ist erkennbar?
– Um welche Textsorte handelt es sich?
– Welche Wirkung hat der Text?
– Welche Absicht liegt dem Text zugrunde?
– Welche sprachlichen Besonderheiten gibt es, welche Funktion haben sie?

**Vergleichen** bedeutet, Texte nach bestimmten Gesichtspunkten in Beziehung zu setzen:
– Was haben sie gemeinsam?
– Welche Unterschiede sind erkennbar?
– Inwieweit ergänzen sich die Texte?
Diese Vergleiche können sich auf Inhalt, Form, Absicht, Wirkung und Sprache beziehen.
In den Aufgabenstellungen findest du Hinweise, auf welche Aspekte du achten musst.

# E 4 Aufgabentyp 4b: Einen Textvergleich verfassen

Hier erhältst du eine Übersicht zur **Vorgehensweise bei der Bearbeitung der Schreibaufgabe zum Aufgabentyp 4b**. Die blau markierten Wörter (Arbeitstechniken, Operatoren, Fachbegriffe) kannst du im Glossar (S. 132) oder im Kapitel B 8 (ab S. 47) und E 3 (S. 110) nachschlagen. Orientiere dich bei der Bearbeitung der Aufgabenstellungen in den Kapiteln E 6 – E 8 an der Übersicht.

## Sechs Schritte zur Bearbeitung der Aufgabenstellung

**1. Schritt: Sich orientieren**
- Aufgabenstellung und Teilaufgaben lesen
- Teilaufgaben und **Operatoren** erfassen
- Schreibziel erkennen (→ **vergleichend untersuchen**)

↓

**2. Schritt: Materialien erschließen und Inhalte erfassen**
- Texte, **Diagramme**, **Schaubilder** lesen (Lesemethode anwenden)
- unbekannte Begriffe und Ausdrücke klären (Wörterbuch, Sinnzusammenhang)
- **Schlüsselstellen** markieren und bewerten (mit Symbolen, Pfeilen)
- Inhalt abschnittsweise in Stichpunkten **zusammenfassen**

↓

**3. Schritt: Einen Schreibplan anlegen**
- Tabelle anlegen (nach Teilaufgaben und Materialien gliedern)

↓

**4. Schritt: Materialien auswerten und Stichworte im Schreibplan festhalten**
- Informationen für die Einleitung notieren: Titel, Autor, Textart, Erscheinungsjahr und Thema (= **TATTE-Satz**)
- Inhalt abschnittsweise in Stichpunkten zusammenfassen, Aussagen der Schaubilder zum Thema kurz benennen
- Aufgaben zu Inhalten der Materialien stichpunktartig bearbeiten
- zu einer Aussage oder einem Zitat **Stellung nehmen**
- **Operatoren** und Wortlaut der Teilaufgaben berücksichtigen

↓

**5. Schritt: Eigenen Text schreiben**

**Inhalt:**
- zusammenhängenden Text verfassen
- Einleitung formulieren
- Inhalte mit eigenen Worten zusammenfassen
- Aussagen der Schaubilder zum Thema darstellen
- vergleichende Ergebnisse am Text belegen
- zu einem Zitat/einer Aussage Stellung nehmen

**Darstellung:**
- im **Präsens** schreiben
- **Zitiertechniken** beachten
- in eigenen Worten formulieren
- Überleitungen formulieren
- Ergebnisse der Teilaufgaben miteinander verknüpfen
- nach Teilaufgaben Absätze einfügen

↓

**6. Schritt: Text überarbeiten**
- Einleitung vollständig?
- Inhalt richtig und mit eigenen Worten zusammengefasst?
- Alle Teilaufgaben berücksichtigt? (→ **Operatoren**)
- Stellungnahme auf das Zitat/die Aussage abgestimmt?
- Im **Präsens** geschrieben?
- **Rechtschreibung, Zeichensetzung, Grammatik** korrekt?

# E 5 Schreibplan zu Aufgabentyp 4b

Nutze diese Tabelle zur Planung deines Vergleichs. Ergänze die Kategorien der Teilaufgaben und die Informationen aus den Materialien stichwortartig. Wenn in deiner Prüfungsvorlage nur zwei Materialien oder weniger Teilaufgaben vorkommen, kannst du einfach eine Spalte bzw. Zeile streichen. Ebenso streichst du die Kästchen, die du für die Bearbeitung der Teilaufgaben nicht benötigst.

<table>
<tr><th>Teilaufgaben</th><th>M1</th><th>M2</th><th>M3</th></tr>
<tr><td>1 a) Einleitung: TATTE-Satz, gemeinsames Thema der Materialien benennen</td><td></td><td></td><td></td></tr>
<tr><td>1 b)</td><td></td><td></td><td></td></tr>
<tr><td>1 c)</td><td></td><td></td><td></td></tr>
<tr><td>1 d)</td><td colspan="3"></td></tr>
<tr><td>2</td><td></td><td></td><td></td></tr>
</table>

# E 6 Aufgabentyp 4b: Jugendsprache (angeleitetes Üben)

## Teil II

1. **Untersuche** und **vergleiche** die Materialien M1 und M2 in einem zusammenhängenden Text.
   Gehe dabei so vor:
   - **Stelle** die Materialien kurz **vor** und **benenne** das gemeinsame Thema.
   - **Fasse zusammen**, was Experten unter Jugendsprache verstehen (M1).
   - **Erläutere** kurz, welche Kritik an der Jugendsprache geübt wird und ob diese berechtigt ist (M2).
   - **Setze** M1 und M2 zueinander **in Beziehung**, indem du **erklärst**, warum Jugendliche eine eigene Sprache benutzen und welche besonderen Merkmale diese hat. **Verdeutliche** in diesem Zusammenhang insbesondere den Unterschied zwischen mündlicher und schriftlicher Jugendsprache anhand von jeweils zwei Beispielen.
2. Hans Zehetmair, Vorsitzender des deutschen Rechtschreibrats, kritisiert den Sprachgebrauch Jugendlicher. Er klagt: *„Unsere Zeit ist so schnelllebig geworden. Da müssen Sie sich nur die Twitter-Beiträge ansehen, in denen es keine ganzen Sätze mehr gibt. Die Jugend schreibt keine Liebesbriefe mehr, sondern „HDL – Hab dich lieb", um eine Liebe zum Ausdruck zu bringen."*
   **Nimm Stellung** zu diesen Aussagen und **begründe** deine Meinung. Beziehe dich dabei auch auf die Materialien.

## M1 Was ist eigentlich Jugendsprache?

Die Sprachforschung tut sich schwer, eindeutig zu beschreiben, was man hört, wenn Jugendliche den Mund aufmachen. Immerhin: Alle Experten sind sich einig, dass Jugendsprache eine bestimmte Art ist, sich auszudrücken, die die meisten jungen Menschen mehr oder weniger intensiv nutzen, oftmals, um sich sprachlich von der Welt Erwachsenen abzugrenzen. Auch lässt sich sagen, dass Jugendsprache vor allem typisch für die mündliche Kommunikation der Jugendlichen untereinander ist.

Eine einheitliche Definition von Jugendsprache gibt es jedoch nicht. Dies liegt daran, dass Jugendsprache sowohl regional[1] als auch in unterschiedlichen Altersgruppen verschieden ist. Oftmals unterscheidet sich Jugendsprache sogar von Clique zu Clique oder von Jahrgang zu Jahrgang. Es gibt also nicht die eine eigenständige Jugendsprache, stattdessen benutzen Jugendliche von der Grammatik oder dem Wortschatz her unterschiedliche Ausprägungen ihrer Sprache. Dabei spricht nicht jeder Jugendliche im gleichen Maße jugendsprachlich. Trotzdem gibt es einige Besonderheiten, die man eher von Jugendlichen als von Rentnern hört:

- Jugendliche haben eigene Wörter beim Grüßen, sie sagen eher „Hey, Digger" oder „Was geht, Alter?" als „Guten Tag, mein lieber Freund".
- Jugendliche heften zusätzliche Silben an Wörter: „Ich war **end**sauer."
- Jugendliche verwenden noch mehr Begriffe aus dem Englischen als es Erwachsene ohnehin schon tun: cruisen, chillen, scratchen usw. Dabei durchlaufen die Wörter mitunter eine beachtliche Veränderung. Aus dem Englischen to disrespect (missachten) beispielsweise machten Hip-Hop-Musiker to diss (beschimpfen) – was schon viele erwachsene Amerikaner oder Briten nicht kennen. Deutsche Jugendliche wiederum entwickelten daraus „dissen". Dieses neue Wort wurde schnell in die Jugendsprache integriert.

- Jugendliche malen mit ihrer Sprache gerne Bilder und benutzen lustige Begriffsbeschreibungen: Münzmallorca (Solarium), Taschentiger (Katze), behaarte Bifi (kleiner Hund).
- Jugendliche lassen häufig Wörter aus: „Ich geh nachher Lidl, kommst du?“ – „Auf jeden!“
- Jugendliche verwenden gerne Füllwörter: irgendwie, und so, na ja.

Harald Stöveken, 2016 (unter Verwendung von Informationen aus Nikolas Nützel: Sprache oder was den Mensch zum Menschen macht. München. cbj Verlag, S. 139-140)

[1] regional: hier: von Ort zu Ort

## M2 Wie sich bei Jugendlichen auch die Schriftsprache verändert - Interview mit einer Sprachforscherin

*Was genau versteht man eigentlich unter Jugendsprache?*

Die Jugend grenzt sich auch durch ihre Sprache von der Erwachsenenwelt ab und sichert sich damit auch einen Teilbereich ihrer eigenen Identität[1]. Durch das Brechen der sprachlichen Regeln sollen Protest und Rebellion ausgedrückt werden.

Oftmals stellt Jugendsprache eine Besonderheit bestimmter Gruppen dar. Ihre Sprache wird nur vom Freundeskreis verstanden, der ähnliche Interessen und Erfahrungen teilt und bestimmte Ausdrücke für Dinge oder Situationen verwendet.

*Welche Kritik an der Jugendsprache gibt es?*

Kritiker der Jugendsprache sagen ihr immer wieder negative Einflüsse auf den Sprachgebrauch Jugendlicher nach. Angeblich verlernen diese durch den Gebrauch der Jugendsprache das richtige Sprechen und die korrekte Grammatik. Die Folge sind Probleme in der Schule, und zwar beim Verfassen von Texten und natürlich auch in der Rechtschreibung. Auch hört man immer wieder, dass der Gebrauch von Jugendsprache dafür sorgt, dass Jugendliche später erwachsen werden. Wer Jugendsprache spricht, hält sich nämlich auch oft noch für jugendlich – obwohl er eigentlich längst im Erwachsenenalter angekommen ist.

Oftmals ist Jugendsprache auch sehr provokant[2] und wirkt deshalb wenig seriös und nicht seht respektvoll gegenüber Erwachsenen. Und manchmal schimpfen Erwachsene auch einfach deshalb über die Jugendsprache, weil sie sie nicht verstehen.

*Ist diese Kritik berechtigt?*

Trotz aller Kritik an der Jugendsprache haben verschiedene Studien aber gezeigt, dass diese keine negativen Auswirkungen auf die Sprachkompetenz[3] der Jugendlichen hat. Eine Sache fällt in letzter Zeit aber ganz besonders auf. War Jugendsprache früher eher typisch für die mündliche Kommunikation, so hat sich dies mittlerweile geändert. Durch die neuen Kommunikationsmöglichkeiten über Twitter, Facebook oder WhatsApp gibt es erstmals auch so etwas wie eine eigene schriftliche Jugendsprache. Auf korrekte Grammatik, Zeichensetzung und Rechtschreibung wird dabei in der Tat wenig Wert gelegt. Und wenn man sich viel zu sagen hat, aber nur wenig Platz oder einfach keine Lust, sich die Finger auf dem Display seines Smartphones wund zu tippen, muss man Abkürzungen oder Symbole benutzen, wie den allgegenwärtigen

Smiley oder Kurzsätze wie „lol“ (für „laughing out loud“ = „da muss ich laut lachen“) oder „cu“ (lautmalerisch für „see you“ = „wir sehen uns“). So lässt sich natürlich auch sicherstellen, dass der Adressat schnell liest, was man schreibt, und natürlich auch, dass er möglichst rasch antwortet.

Wobei Schreiben und Schreiben auch nicht dasselbe ist! Manche in Chats, SMS- oder WhatsApp-Nachrichten gebräuchliche Floskel kann und wird nicht in Texten in der Schule, z.B. bei schriftlichen Arbeiten, oder beispielsweise in einem Bewerbungsschreiben verwendet. Es lässt sich nachweisen, dass Schülerinnen und Schüler in diesen Situationen immer noch eine andere Sprache verwenden.

nach einem Artikel von Hans Neubauer, erschienen in den Neustädter Nachrichten vom 18.07.2016

[1] Identität: Persönlichkeit, das eigene Selbst
[2] provokant: andere bewusst herausfordernd [3] Sprachkompetenz: Sprachfähigkeit

## Lösungshilfen zu Aufgabe 1 a)

1. Bearbeite M1 und M2, indem du den ersten und zweiten Arbeitsschritt durchführst (siehe B 8, S. 47). Nutze die Ergebnisse deiner Vorarbeit, um die Teilaufgabe a) zu bearbeiten.

   Material 1: Was ist eigentlich Jugendsprache?
   Autor: ...
   Quelle: ...
   Material 2:
   Autor:
   Quelle:

**TIPP zu 1.**
Je besser du die Materialien erschlossen hast, desto leichter wird dir die Zusammenfassung der wichtigsten Aussagen fallen.

2. Notiere das gemeinsame Thema der Materialien.

   Beide Materialien befassen sich auf unterschiedliche Weise mit dem Thema Jugendsprache ...

3. a) Lege dir einen Schreibplan an und ergänze ihn. Orientiere dich dabei am dritten Schritt (s. B 8, S. 50). Du kannst auch die Vorlage aus E 5 verwenden (S. 112).
   b) Ergänze deine Ergebnisse aus Aufgabe 1 a im Schreibplan.

## Lösungshilfen zu Aufgabe 1 b)

4. Markiere in Material 1 alle Textstellen, in denen erklärt wird, was man unter Jugendsprache versteht

5. Fasse die wichtigsten Aussagen stichwortartig in der zweiten Zeile deines Schreibplans zusammen.

   – es ist schwer, zu beschreiben, was Jugendsprache genau ist
   – es gibt nicht die eine Jugendsprache, sie unterscheidet sich von Clique zu Clique, Ort zu Ort, usw., daher gibt es keine einheitlich Definition
   – fest steht aber: Jugendsprache ist eine bestimmte Art, sich auszudrücken, die alle Jugendlichen mehr oder weniger intensiv nutzen

### Lösungshilfen zu Aufgabe 1 c)

6. Markiere in Material 2 alle Textstellen, in denen Kritikpunkte an der Jugendsprache geäußert werden.

7. Fasse die wichtigsten Aussagen stichwortartig in der dritten Zeile deines Schreibplans zusammen. Notiere außerdem, ob die Kritik an der Jugendsprache berechtigt ist.

   – Jugendliche verlernen das richtige Sprechen und die korrekte Grammatik
   – Jugendliche werden später erwachsen
   – Jugendsprache ist oft wenig seriös und wenig respektvoll gegenüber Erwachsenen
   – …
   =>Studien haben ergeben, dass Jugendsprache sich nicht negativ auf den Sprachgebrauch Jugendlicher auswirkt

### Lösungshilfen zu Aufgabe 1 d)

8. Setze nun die Materialien zueinander in Beziehung. Konzentriere dich zunächst darauf, was in den beiden Materialien dazu ausgesagt wird, warum Jugendliche eine eigene Sprache benutzen. Notiere deine Ergebnisse in der vierten Zeile deines Schreibplans. Beginne so:

   Gründe für Jugendsprache:
   -Abgrenzung von der Erwachsenenwelt (M1 + M2)
   -Identitätsfindung/Persönlichkeitsbildung (M2)
   - Zugehörigkeit zu einer bestimmten Gruppe zeigen …

**TIPP zu 8.**

Markiere in den Materialien die Informationen, die sich auf Teilaufgabe d beziehen, in der gleichen Farbe. Setze dann die Materialien miteinander in Beziehung, indem du überlegst, was sie gemeinsam haben und worin sie sich unterscheiden oder ergänzen.

9. Untersuche nun, was in den Materialien im Hinblick auf den Unterschied zwischen mündlicher und schriftlicher Jugendsprache ausgesagt wird. Notiere die Ergebnisse auch in der vierten Zeile deines Schreibplans (Teilaufgabe 1 d).

   M1: Jugendsprache ist eher typisch für den Bereich der mündlichen Kommunikation (Z. 5–7)
   M2: Jugendsprache war früher typisch für die mündliche Kommunikation; heute gibt es durch die neuen Kommunikationsmöglichkeiten erstmals so etwas wie eine schriftliche Jugendsprache … (Z. 29–31)

10. Gehe nun darauf ein, welche besonderen Merkmale typisch für Jugendsprache sind, indem du diese anhand von Beispielen verdeutlichst. Erläutere dabei jeweils zwei typische Beispiele für mündliche und zwei typische Beispiele für schriftliche Jugendsprache. Notiere deine Ergebnisse wieder in der vierten Zeile deines Schreibplans (Teilaufgabe 1 d).

    Beispiele für mündliche Jugendsprache (M1):
    – Verwendung von Füllwörtern, wie irgendwie, so, na ja …
    – Anheften von Silben, z. B. ich war endsauer
    Beispiele für schriftliche Jugendsprache (M2):
    – korrekte Grammatik, Zeichensetzung und Rechtschreibung spielt keine Rolle …

## Lösungshilfen zu Aufgabe ❷

11. a) Lies noch einmal die Aussage in der letzten Aufgabe, mit der du dich auseinandersetzen sollst (hier: Aufgabe ❷).
    b) Kannst du diese Ansicht teilen? Formuliere deinen Standpunkt.
    c) Suche in den Materialien nach Aspekten, die deine Position stützen, und notiere diese in der letzten Zeile deines Schreibplans.

Hans Zehetmair sagt: ...

Ich teile diesen Standpunkt nicht. Natürlich werden bei Twitter, in Handy-Nachrichten oder in Chats viele Abkürzungen verwendet, damit man die Nachrichten schnell lesen und beantworten kann.

In allen anderen Bereichen, wie in Klassenarbeiten, Referaten oder Abschlussprüfungen, schreiben Jugendliche aber meistens ganze Texte ohne Abkürzungen. Dies lässt sich auch durch die Aussagen der Sprachforscherin in M2 belegen ...

**TIPP zu 11.**

In der letzten Aufgabe musst du entweder zu einem Zitat aus dem Text oder zu einer Aussage zum Text Stellung nehmen.
Gehe dazu so vor:
1. Gib die Aussage, zu der du Stellung nehmen sollst, wieder. Erläutere sie, falls nötig.
2. Stelle deine eigene Position dazu dar und begründe, warum du ebenfalls dieser Meinung bist oder warum du die Meinung nicht teilen kannst. Du kannst auch einen Kompromiss erarbeiten.
3. Beziehe dich in deiner Argumentation auf den Text. Ziehe dazu Textbelege heran.
4. Formuliere ein eindeutiges Fazit.

## Lösungshilfen zum Schreiben

12. Formuliere deinen Text nach dem Schreibplan. Hier sind einige Formulierungshilfen, die du verwenden kannst.

❶ a) Material 1 ist ein Text mit der Überschrift ... In Material 2 wird ... Beide Texte befassen sich auf unterschiedliche Weise mit dem Thema Jugendsprache ...

❶ b) Was genau verstehen Experten eigentlich unter Jugendsprache? Diese Frage ist gar nicht so leicht zu beantworten ...

❶ c) Kritiker der Jugendsprache bemängeln immer wieder, dass ... Untersuchungen haben aber ergeben, ...

❶ d) Warum aber nutzen Jugendliche überhaupt eine eigene Sprache? Dazu wird sowohl in M1 als auch in M2 erklärt, dass ...
Beschäftigt man sich näher mit dem Unterschied zwischen ...
Ein typisches Beispiel für mündliche Jugendsprache ist nach M1 ...

❷ Die Kritik von Hans Zehetmeier kann ich nur schwer nachvollziehen. Er bemängelt nämlich, dass Jugendliche kaum noch ganze Sätze verwenden und anstatt eines ...

13. Überarbeite deinen Text mithilfe der CHECKLISTE auf Seite 52.

## E 7 Aufgabentyp 4b: Kinderfotos im Internet (selbstständiges Üben)

### Teil II

1. **Untersuche und vergleiche** die Materialien M1, M2 und M3 in einem zusammenhängenden Text. Gehe dabei so vor:
   - **Stelle** M1 bis M3 kurz **vor** und **benenne** das gemeinsame Thema.
   - **Fasse** M1 kurz **zusammen**.
   - **Stelle dar,** was Eltern beachten sollten, die Fotos ihrer Kinder ins Internet stellen wollen (M2 + M3).
   - **Setze** die Aussagen der beiden Bloggerinnen aus M3 **in Beziehung** zu M1 und M2. **Erläutere** dazu, welche Aussagen in den Materialien M1 und M2 die unterschiedlichen Positionen der beiden Bloggerinnen stützen.
2. Eine Mutter äußert sich folgendermaßen: *„Wovor wollen wir unsere Kinder schützen? Vor der Wirklichkeit? Wir leben im Jahr 2017, da muss man mit dem Internet leben."*
   **Nimm Stellung** zu dieser Aussage und **begründe** deine Meinung. Beziehe dich dabei auch auf die Materialien.

### M1 „Nicht alles von sich preisgeben“

Glückliche Familienmomente – das können Geburtstage, Strandurlaube oder Ausflüge sein – werden gerne für die Ewigkeit mit einem Foto festgehalten. So manch ein Elternteil möchte diese Erinnerungen auch gern mit Freunden und Verwandten teilen. Der schnellste Weg hierfür ist das Internet. Schnell sind in den sozialen Netzwerken diese Bilder hochgeladen und teilweise für jedermann sichtbar. Deshalb hat die Polizei Hagen die Kampagne „Auch ich habe eine Privatsphäre“ gestartet. Diese appelliert an alle, vornehmlich Eltern, keine Fotos ihrer Kinder mehr im Internet zu veröffentlichen. „Eltern dürfen nicht fahrlässig sein. Viele posten ungeschützt und ungehemmt Bilder ihrer Kinder, teilweise als Nackedei oder nur leicht bekleidet,“ sagt der Social-Media-Kommissar Tino Schäfer. „Wichtig ist auch, dass die Eltern sich respektvoll und mit Bedacht gegenüber den eigenen Kindern verhalten müssen. Bilder, die die Eltern oder man selbst heute noch süß findet, können in ein paar Jahren endlos peinlich sein. Vor allem können sie auch ungeahnte Begehrlichkeiten wecken, denn Pädophile[1] suchen im Netz gezielt nach solchen Bildern. Viele unterschätzen das Risiko. Das fängt beim Posten des eigenen Zimmers an und geht weiter, indem die Leute verkünden, in welcher Zeit sie im Urlaub sind. Das öffnet Tür und Tor für Kriminelle“, weiß der Kommissar aus Erfahrung.

Die Polizisten in Hagen wissen nur zu gut aus ihrem Alltag um diese Gefahren und nutzten Facebook als Plattform, um aufzuklären. „Hören Sie bitte auf, Fotos Ihrer Kinder für jedermann sichtbar bei Facebook und Co. zu posten. Danke!" Mehr als sieben Millionen Menschen wurden mit dieser Botschaft erreicht. Vor allem eines hat Social-Media-Kommissar Tino Schäfer damit im Sinn gehabt: Eltern sollten einfach keine Bilder ihrer Kinder verbreiten. Sie könnten in falsche Hände geraten. Fakt ist: Wenn die Bilder einmal in die grenzenlose Welt der Internets geschickt wurden, lässt sich dieser Prozess nicht mehr stoppen. Das Netz vergisst nie.

Autor: Ken Voest (unter Verwendung von Informationen der Lüdenscheider Nachrichten vom 16.10.2015: „Nicht alles von sich preisgeben“)

[1] Erwachsener, der sich sexuell zu Kindern und Jugendlichen hingezogen fühlt

## M2 Kinderfotos im Netz – Das Risiko steigt mit jeder Information

**Ein Interview mit Olaf Maronde, Kriminalhauptkommissar, Landeskriminalamt Niedersachsen**

*Was genau sind die Risiken für Kinder?*

Das Risiko in einem sozialen Netzwerk Opfer einer Straftat zu werden, steigt mit jeder persönlichen Information im eigenen Profil. Betrug, Cybermobbing oder Pishing[1] sind Straftaten, die meist erst möglich werden, weil Nutzer leichtsinnig mit ihren Daten umgehen und allgemeine Sicherheitsempfehlungen ignorieren. Dies gilt nicht nur für den User solcher Plattformen, sondern ebenso für Familienangehörige oder Fremde, deren Bilder veröffentlicht werden.

*Leichtes Spiel für Dritte ...*

Es besteht die Gefahr, dass die Bilder der „Kleinen" gespeichert, verändert und auf anderen Internetseiten missbräuchlich eingesetzt werden. Kinderfotos können später einmal Nährboden für Mobbing sein und somit einen großen Anteil an Diffamierung[2], Verleumdung, Beleidigungen, übler Nachrede leisten. Im schlimmsten Fall bedienen sich pädophil veranlagte Menschen dieser Bilder, um sie für sich oder in einschlägigen Foren zu nutzen oder zu veröffentlichen.

*Was raten Sie Eltern?*

Seien Sie zurückhaltend mit der Veröffentlichung persönlicher Daten. Achten Sie grundsätzlich auch bei der Nutzung sozialer Netzwerke auf den Schutz Ihres PCs oder Ihres Smartphones. Nutzen Sie aktuelle Software und Virenscanner. Passen Sie die Privatsphären-Einstellungen so an, dass die private Chronik nur für ausgewählte Freunde oder Verwandte zugänglich ist.

erschienen in der Hildesheimer Allgemeinen Zeitung vom 22.10.2015

[1] Versuche, über gefälschte E-Mails, Webseiten, SMS ... an persönliche Daten eines Internet-Nutzers zu kommen

[2] gezielte Verbreitung von Gerüchten über Dritte

## M3 Zwei Meinungen zum Thema „Kinderfotos im Internet"

Die Bloggerin Henriette Zwick zeigt Kinderfotos, aber bewusst: „Bei der Diskussion um Fotos im Netz sollte man zwei Dinge nicht vergessen: Eltern handeln (meistens) im besten Gewissen FÜR ihr Kind. Niemand will seinem Nachwuchs absichtlich schaden. Und zweitens darf man den (meisten) Erwachsenen Medienkompetenz unterstellen, heißt ihnen ist klar, dass man sein Kind nicht nackt oder in peinlichen Situationen im Netz darstellt. Aber der wichtigste Punkt: Nicht die Eltern sind schuld, wenn mit den Fotos der Kinder Schindluder betrieben wird, sondern nur der, der sie dafür missbraucht. Eine Frau im kurzen Rock ist auch nicht schuld, wenn sie von Typen dumm angemacht wird."

Die Bloggerin Nina Massek hat einen Mittelweg gewählt: „Bei Fotos aber auch bei Texten, die sich ums Privatleben meiner Familie drehen, ist das ein ständiger Abwägungsprozess, was ich zeige, erzähle und was nicht.

Einen Familienblog ohne Fotos von Kindern wollte ich aber auch nicht. Also habe ich mich für einen Mittelweg entschieden. Die Kinder werden auf öffentlichen Profilen von der Seite, von oben oder hinten gezeigt, oder auch Detailaufnahmen wie eine Hand oder so. Ich frage meine Kinder übrigens auch vorher, wenn ich etwas poste."

http://www.berliner-zeitung.de/familie/sollte-man-kinderfotos-bei-facebook-posten---ja-oder-nein-sote,27871856,32165866.html#plx931411657

# E 8 Aufgabentyp 4b: Das Smartphone – Unser ständiger Begleiter (selbstständiges Üben)

## Teil II

1. **Untersuche** und **vergleiche** die Materialien M1, M2 und M3 in einem zusammenhängenden Text. Gehe dabei so vor:
   - **Stelle** die Materialien M1 bis M3 kurz **vor** und **benenne** das gemeinsame Thema.
   - **Fasse** den Inhalt von M1 kurz **zusammen**.
   - **Stelle dar**, wozu Smartphones am häufigsten benutzt werden (M2).
   - **Stelle** die wesentlichen Aussagen von M3 **dar** (Verhalten der Handy-Besitzer, Reaktionen der Zuhörer, Konsequenzen von Händlern ...).
   - **Vergleiche** die Materialien M1 bis M3, indem du Vor- und Nachteile des Handys als ständiger Begleiter **erläuterst**.
2. Ein Schüler sagt: *„In ein Restaurant, in dem ein Handy-Verbot herrscht, würde ich nicht mehr gehen."* **Nimm Stellung** zu dieser Aussage und **begründe** deine Meinung. Beziehe dich dabei auch auf die Materialien.

### M1 Das Smartphone – Unser ständiger Begleiter

Nicht ohne mein Handy! In neun von zehn deutschen Haushalten gibt es mittlerweile mindestens ein Handy. Damit ziehen Handys mit dem klassischen Festnetzanschluss praktisch gleich. Unter den 12- bis 19-Jährigen besitzen sogar 98 Prozent ein Handy, die meisten mittlerweile ein Smartphone. Die Menschen sind immer erreichbar, ständig verbunden, nehmen permanent am Leben von anderen teil und sind live bei den Erlebnissen anderer zugeschaltet. Sie posten auf Facebook oder Twitter und verschicken ständig Nachrichten und Fotos.

Ein Smartphone kann noch viele andere Dinge. Es ist ein Lexikon zum Nachschlagen wichtiger Begriffe, eine Foto- oder Videokamera, ein Vokabeltrainer, ein Musikabspielgerät, ein Kalender mit Terminen, eine Spielekonsole, ein Fotoalbum, ein Taschenrechner, ein Navi, eine Zeitung usw.

Immer mehr Menschen erwarten von ihren Mitmenschen, dass diese auch stets mobil erreichbar sind. Interessant dabei ist, dass viele nicht mit einem großen Kreis von Personen Kontakt haben, sondern dass mehr als die Hälfte der Telefongespräche, Nachrichten und SMS im Durchschnitt nur an vier bis sechs Menschen gehen, nämlich an die engsten Verwandten und Freunde, mit denen sie sich ohnehin oft treffen. Forscher sehen in dieser Zahl den Beweis dafür, wie stark das Mobiltelefon zum festen Bestandteil der Privatsphäre geworden ist. Mit dem Handy wird mit den engsten Freunden und Verwandten kommuniziert. Sich über Gedanken oder Gefühle auszutauschen, eine positive SMS zu verschicken oder ein lustiges Video weiterzuleiten, all das gehört heute zur Kommunikation innerhalb einer festen Bezugsgruppe dazu.

Die Finnen nennen ihr Mobiltelefon „Kanny", was nichts anderes bedeutet als „Verlängerung der Hand". Und so kommt es vielen Menschen mittlerweile vor – als wäre das Handy ein fester Bestandteil des Körpers, also quasi an der Hand angewachsen.

Harald Stöveken (2016)

## M2 Was Smartphone-Nutzer mit ihrem Gerät machen

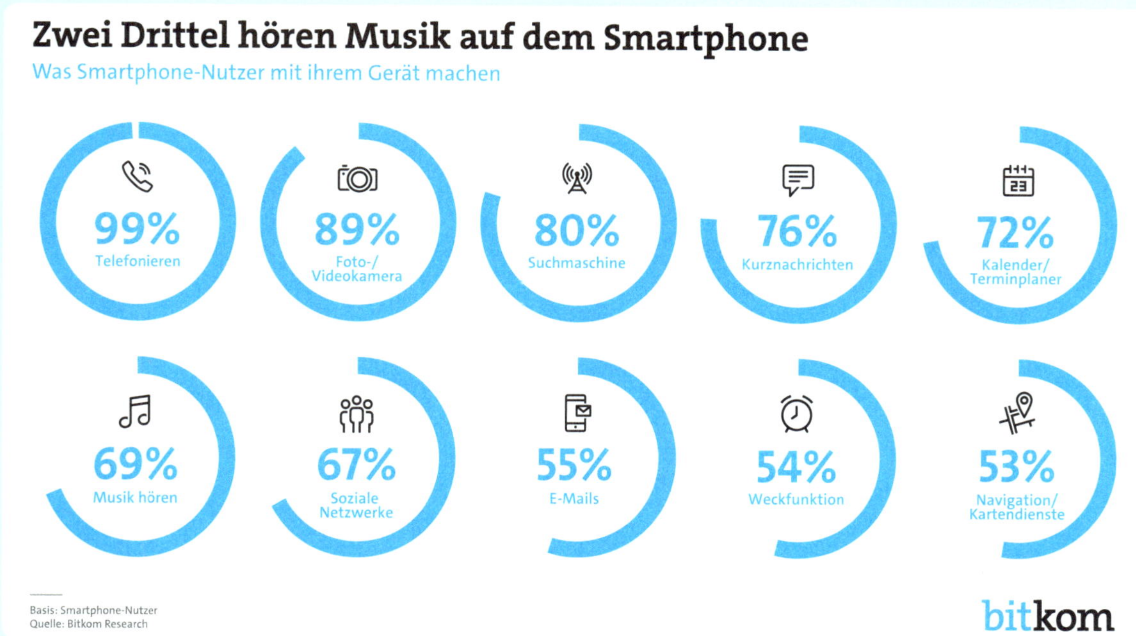


## M3 Menschen, die auf Smartphones starren

Man kann das täglich beobachten, an jeder beliebigen Supermarktkasse, im Bus oder in der Schlange beim Bäcker. Tippen, surfen, quatschen – der moderne Mensch wartet nicht mehr einfach nur, er schaut auf sein Smartphone. Erstmals hat nun ein Bäcker seinen Kunden in der Warteschlange verboten, mit dem Handy herumzuspielen, zu telefonieren, zu surfen oder Nachrichten zu tippen. In dem Laden stehen große Schilder mit der Aufschrift: Wer telefoniert, wird nicht bedient!
Der Bäckermeister argumentiert, dass die Handy-Gucker den Betrieb aufhalten, weil sie oft nicht merken, dass sie an der Reihe sind. „Das ist unhöflich und auch eine Beleidigung für unser Personal“, sagt er. Mit seiner Anti-Smartphone-Aktion findet er mittlerweile viel Beifall und auch Nachahmer. „Mit der einen Hand halten sie das Smartphone, mit der anderen fuchteln sie in der Gegend herum, um auf das zu zeigen, was sie haben möchten. Wünsche äußern können sie nicht, weil sie gerade telefonieren“, sagt ein anderer Ladenbesitzer. Auch in bestimmten Restaurants werden Gäste nicht mehr bedient, die ihr Smartphone benutzen. „Andere Gäste, die nicht telefonieren, sondern gut essen und sich unterhalten wollen, ärgern sich maßlos darüber, dass sie das Gequatsche eines anderen Gastes mit anhören müssen. Darum habe ich es untersagt“, sagt ein Restaurantbesitzer.

nach: Helmut Hetzel: „Menschen, die auf Smartphones starren“, Hannoversche Allgemeine Zeitung vom 16.1.2016 – geändert und ergänzt

# F Original-Prüfungsaufgaben: Hauptschulabschluss NRW

## F 1 Leseverstehen: Vor 30 Jahren wurde der digitale Smiley erfunden (2016)

### Vor 30 Jahren wurde der digitale Smiley erfunden

*Dirk Hautkapp*

**(1) Vor 30 Jahren schuf der US-amerikanische Wissenschaftler Scott F. Fahlman aus einer Laune heraus den digitalen Smiley. Tatsächlich aber ist das Grinse-Gesicht, von Fahlman aus den Tastatur-Zeichen Doppelpunkt-Bindestrich-Klammer gestaltet, viel älter und keine Erfolgsgeschichte.**

**(2)** Man muss die ganze Sache wirklich von der Seite aus betrachten. Als Scott Fahlman am 19. September 1982 um 11.44 Uhr in seinem Büro an der Carnegie Mellon Universität von Pittsburgh an seinem Computer auf die Sende-Taste drückte und dabei zur Kontrolle den Kopf schief hielt, konnte niemand ahnen, was ein liegendes Grinsegesicht zwischenmenschlich auslösen kann.

**(3)** 30 Jahre später werden weltweit täglich Millionen E-Mails und Textmitteilungen verschickt, an deren Ende entweder :-) oder :-( zu finden ist. Ganz zu schweigen von der Vielzahl greller „Emoticons"[1], die in der Netz-Gemeinde als fester Sprachersatz für nahezu jeden Gemütszustand dienen. Fahlman findet: viel zu oft. Der 64-jährige Forscher, der sich bis heute mit künstlicher Intelligenz beschäftigt, kann die vielen bunten Gefühlsgesichter nicht wirklich leiden, für die seine Zeichenkombination Vorbild war. Mal haben sie Tränen, mal Mundschutz, mal Sonnenbrillen auf. „Sie sind hässlich und unterlaufen die Herausforderung, mit der herkömmlichen Tastatur neue Smileys zu erschaffen", sagte Fahlman der „Huffington Post".

**(4)** Genau darum ging es dem aus Medina/Ohio stammenden Wissenschaftler anfangs. Um innerhalb der äußerst empfindlichen Kollegenschaft sicherzustellen, dass Ironie oder Spott im täglichen E-Mail-Verkehr richtig verstanden wird, dachte sich Fahlman das dem alten Kinderbuch-Muster Punkt-Punkt-Komma-Strich-Fertig-ist-das-Mondgesicht[2] entlehnte Symbol für Freude und Enttäuschung aus. Der Doppelpunkt – das sind die Augen, der Bindestrich – das ist die Nase, die Rechtsklammer – das ist der Mund mit den nach oben gezogenen Mundwinkeln. „Hat keine zehn Minuten gedauert." Dass sein Smiley die Internet-Chatrooms im Sturm erobern sollte, davon hätte Fahlman nie zu träumen gewagt.

**(5)** Zumal der Smiley bei Licht betrachtet gar nicht seiner ist. Wirklich erfunden hat das gelbe Grinsen einer, der damit kein Glück haben sollte. Harvey Ball, ein Werbe-Designer, dachte sich das universelle Glückssymbol 1963 für eine Versicherungs-Gesellschaft aus, die damit ihr Betriebsklima aufpeppen wollte. 45 Dollar Honorar war sein Lohn. Was Ball vergaß, sich das Copyright zu sichern, holte 1972 der pfiffige französische Journalist Franklin Loufrani nach. Er veränderte kurz die Original-Proportionen[3] des gelben Strahlemanns, ließ die Grafik in über 80 Ländern schützen, verkaufte das Signet[4] später an Firmen und verdiente damit weit über 100 Millionen Dollar.

**(6)** Der im Internet kursierenden feingliedrigen Variante von Fahlman mochte Loufrani nicht viel abgewinnen. „Das sind doch nur Zeichen." Es sind die Zeichen der Zeit. Etliche Computerprogramme erzeugen heute aus der Zeichenfolge Fahlmans unaufgefordert gelb angestrichene Smiley-Punkte. Dem Überangebot an digitalem Grinsen in allen Lebenslagen, rät Fahlman, kann man sich manchmal nur unter Einsatz der Löschtaste erwehren.
**(7)** Eine große Zahl von Wissenschaftlern hat zudem Art und Gebrauch der Kurzbotschaften analysiert und mit nicht verbalen[5] Symbolen aus der Vorzeit verglichen. Ergebnis: Zu Goethes Zeiten ließen besorgte Mütter schon mal Tränen in die Tinte kullern und Verliebte ihre Post-Botschaften mit zum Kuss geöffneten Lippen oder intensivem Moschus-Duft[6] verzieren, um jenseits des Aufschreibbaren Gefühle zu zeigen. Heute gilt **: ))))** als Ausdruck höchster Begeisterung, umgekehrt **: (((((** als Beweis größter Säuernis. Und wo früher Rosen geschenkt wurden, heißt es heute durch die Blume so: **@--)---**
**(8)** Scott Fahlman sieht die Entwicklung mit gemischten :-/ Gefühlen. Manchmal überkommt ihn aber auch so etwas wie Schadenfreude. Dann streckt der Mann, der den Smiley etabliert hat, der Welt kurz die Zunge raus. Wie das geht? Ganz einfach so **:-P** Natürlich von der Seite aus betrachtet.

http://www.derwesten.de/politik/usa/vor-30-jahren-wurde-der-digitale-smiley-erfunden-id7110569.html; Seitenaufruf am 13.01.2016

[1] Emoticon: buntes Bildchen, meistens gelb. Das Wort selbst ist eine Wortkombination aus engl. „emotion" (Gefühl) und „icon" (Zeichen).
[2] Punkt-Punkt-Komma-Strich-Fertig-ist-das-Mondgesicht: Merkspruch zum Zeichnen eines Gesichtes
[3] Proportionen: hier: Größenverhältnis und Anordnung der einzelnen Smiley-Elemente, die Augen, Nase und Mund darstellen
[4] Signet: Marke, Firmenzeichen
[5] verbal: sprachlich, mit Worten
[6] Moschus-Duft: Duftstoff für Parfums

## Aufgaben zum Leseverstehen[1]

**1** Kreuze die richtige Antwort an.
Das erste digitale Smiley (Z. 3 – 4) hat folgendes Aussehen:

| | | |
|---|---|---|
| a) |  | |
| b) | :-) | |
| c) |  | |
| d) | (-: | |

**2** Kreuze die richtige Antwort an.
Fahlman hält den Kopf schief (Abschnitt 2), weil er ...

| | | |
|---|---|---|
| a) | die Zeit von der Uhr abliest. | |
| b) | die Sendetaste drückt. | |
| c) | seine Erfindung überprüft. | |
| d) | plötzlich grinsen muss. | |

[1] Quelle (Aufgaben): Ministerium für Schule und Weiterbildung des Landes Nordrhein-Westfalen, Düsseldorf 2016

3 Kreuze die richtige Antwort an.
In Abschnitt 3 wird gesagt, dass ...

| | | |
|---|---|---|
| a) | seit 30 Jahren Textmitteilungen verschickt werden. | |
| b) | man Gefühle am besten mit Worten ausdrücken kann. | |
| c) | digitale Smileys und Emoticons übermäßig verwendet werden. | |
| d) | Emoticons immer nur bestimmte Gefühle ausdrücken. | |

4 Kreuze die richtige Antwort an.
Der 64-jährige Forscher lehnt bunte Smileys ab (Abschnitt 3), weil ...

| | | |
|---|---|---|
| a) | er sich mit der Entwicklung von künstlicher Intelligenz beschäftigt. | |
| b) | die Grinse- und Gefühlsgesichter viel zu grell gezeichnet sind. | |
| c) | Tränen, Mundschutz und Sonnenbrillen nicht gut zu erkennen sind. | |
| d) | durch sie kaum über neue Tastenkombinationen nachgedacht wird. | |

5 Kreuze die richtige Antwort an.
Ursprünglich zielte Fahlmans Erfindung (Abschnitt 4) darauf ab, ...

| | | |
|---|---|---|
| a) | missverständliche Äußerungen zu kennzeichnen. | |
| b) | Kollegen mit neuen Einfällen zu belustigen. | |
| c) | Kinderbuch-Erinnerungen wiederzubeleben. | |
| d) | Internet-Chatrooms im Sturm zu erobern. | |

6 Kreuze die richtige Antwort an.
Fahlman hätte nie zu träumen gewagt (Abschnitt 4), dass ...

| | | |
|---|---|---|
| a) | er für seinen Entwurf nur 10 Minuten braucht. | |
| b) | seine Idee eine so große Wirkung haben würde. | |
| c) | ein paar Zeichen sein Leben verändern können. | |
| d) | er ein neues Symbol für Freude erfinden würde. | |

7 Kreuze die richtige Antwort an.
Harvey Ball hatte kein Glück mit seiner Erfindung (Abschnitt 5), weil ...

| | | |
|---|---|---|
| a) | das Betriebsklima seiner Firma schlecht blieb. | |
| b) | sein Honorar mit 450 Dollar sehr niedrig gewesen ist. | |
| c) | er sie nicht gewinnbringend vermarktet hat. | |
| d) | es zu Beginn der Sechzigerjahre noch kein Internet gab. | |

8 Kreuze die richtige Antwort an.
Loufrani konnte mit seinem Einfall so viel Geld verdienen (Abschnitt 5), weil er ...

| | | |
|---|---|---|
| a) | das Aussehen des Smileys grundlegend veränderte. | |
| b) | als Journalist weitreichende Kontakte hatte. | |
| c) | mehr als 80 Länder bereiste und bekannt wurde. | |
| d) | sich als Erster das Recht auf Verwendung sicherte. | |

9 Erläutere im Textzusammenhang, was mit dem Ausdruck *„Überangebot an digitalem Grinsen“* (Z. 46) gemeint ist.

___

___

___

___

10 Kreuze die richtige Antwort an.
Die Hinweise zur Geschichte des Schreibens in Abschnitt 7 zeigen, dass ...

| | | |
|---|---|---|
| a) | sich alle Wissenschaftler für die Vorzeit interessierten. | |
| b) | zu Goethes Zeiten Tränen in Briefen besonders modern waren. | |
| c) | schriftliche Mitteilungen durch zusätzliche Signale emotionaler wurden. | |
| d) | früher Menschen ihre Gefühle nicht so gut schriftlich ausdrücken konnten. | |

11 Erläutere im Textzusammenhang, warum Scott Fahlman die Entwicklung der Nutzung von digitalen Smileys mit gemischten Gefühlen sieht (Abschnitt 7 und 8).

___

___

___

___

12 Eine Schülerin sagt nach dem Lesen des Textes:
*„Smileys können Wörter gut ersetzen.“*
Du kannst dieser Aussage zustimmen oder nicht. Wichtig ist, dass du deine Auffassung begründest und dich auf mehrere Textaussagen beziehst.

___

___

___

___

___

# F 2 Aufgabentyp 4a: Markus: Zusak: Underdog (2016)

## Wahlthema 1

Lies zunächst den Text, bevor du die Aufgaben bearbeitest.
Schreibe einen zusammenhängenden Text.

### Aufgabenstellung[1]

**Analysiere** den Textauszug aus dem Roman „Underdog" von Markus Zusak.
Gehe dabei so vor:

- **Schreibe** eine Einleitung, in der du Titel und Autor benennst und das Thema formulierst.
- **Fasse** den Text zusammen.
- **Untersuche**, welche Wirkung Rebecca auf Cameron ausübt. Berücksichtige dabei auch, wie dies durch sprachliche Mittel deutlich gemacht wird (mögliche Aspekte: Wortwahl, Satzbau, ...).
- **Erläutere**, wie der Ich-Erzähler sich bei der Begegnung selbst einschätzt.
- **Verfasse** einen kurzen Text aus Rebeccas Sicht:
  – Welche Gedanken hat Rebecca während der Begegnung mit Cameron?
  – Wie fühlt sie sich dabei?
  **Schreibe** in der Ich-Form und berücksichtige die Informationen, die der Textauszug gibt.

## Underdog

*Markus Zusak*

Ein Ereignis lauerte auf mich. Irgendwo da draußen, jenseits des normalen, begrenzten Lebens, das ich führte. Es war da draußen. Es wartete nicht. Es existierte einfach. Es war. Vielleicht wunderte es sich nur ein bisschen, ob ich tatsächlich irgendwann auftauchen würde.

Vielleicht rede ich auch nur Unsinn.

Egal.

Das Ereignis, das mir schließlich passierte, war die Begegnung mit diesem Mädchen, als ich am Samstag Dad wieder bei der Arbeit half.

Sie war klasse, das kann ich euch sagen.

Wir befanden uns in einem Wohngebiet etwa fünf Kilometer von zu Hause entfernt und ich hatte den ganzen Morgen damit verbracht, einen Graben unter und neben dem Haus zu graben. Ich war tot. Schon in der Mittagspause war ich völlig erledigt.

Ich war von oben bis unten mit Dreck beschmiert. Ich hatte einen steifen und verrenkten Nacken vom vielen Bücken und Schaufeln. Als ich aus dem Graben herauskrabbelte, war sie da. Sie stand neben ihrer Mutter und ihrem Vater und war so wirklich, dass ich mich fast verschluckte, obwohl mein Mund völlig ausgetrocknet war. Sie war ungefähr so groß wie ich und der Ausdruck in ihrem wirklichen Gesicht war ruhig und wach. Sie lächelte mit ihren wirklichen Lippen und ihre wirkliche Stimme sagte „Hallo", als wir schließlich einander vorgestellt wurden.

Ich wischte mir meine Hand an meinen Hosen ab und schüttelte ihnen allen die Hand. Mutter. Vater. Mädchen.

„Mein Sohn Cameron", sagte mein Vater, während ich aus dem Graben stieg

[1] Quelle (Aufgaben): Ministerium für Schule und Weiterbildung des Landes Nordrhein-Westfalen, Düsseldorf 2016

und die Dreckklumpen aus meinen Haaren schüttelte. In seiner Stimme lag etwas, was fast vermuten ließ, dass er froh war, mich bei sich zu haben.
„Guten Tag", sagte ich, als ich ihnen gegenüberstand. Dad zeigte den Eltern, was wir bisher auf ihrem Anwesen getan hatten. Sie planten einen ziemlich umfangreichen Anbau, wodurch der Garten sich verkleinern würde. Aber es war ein schönes Haus.
Das Mädchen.
„Rebecca", hatte ihre Mutter sie vorgestellt. Ihr Dad führte die Besichtigungstour an und ich blieb mit ihr alleine. Was sollte ich jetzt machen? Reden?
Warten?
Mich hinsetzen?
Schließlich standen wir erst eine Weile herum und setzten uns dann auf zwei Liegestühle, die auf dem Rasen herumstanden. Ich schaute weg und schaute sie an und schaute wieder weg. Was für ein Trottel ich doch war. Ich konnte so richtig gut mit Frauen umgehen, nicht wahr?
Als es schon fast zu spät war und die alten Herrschaften bereits zurückkamen, sagte ich zu ihr mit der leisen Stimme eines scheinbar Geisteskranken: „Ich arbeite gern hier." Nach einer kurzen Pause lachten wir beide kurz auf und ich dachte: Was für ein idiotischer Spruch. Ich arbeite gern hier. Ich arbeite gern hier. Ich arbeite.
Gern hier. Ich. Arbeite gern hier.
Während ich den Satz immer und immer wieder in meinem Geist wiederholte, fragte ich mich, ob sie wusste, was ich wirklich damit gemeint hatte. Ich glaube schon.
Rebecca.
Es war ein schöner Name. Ich mochte die Ruhe in ihrem Gesicht, doch ihre Stimme gefiel mir noch besser. Ich hielt sie in meinem Gedächtnis fest und rief sie immer wieder in mir wach. Nur dieses eine „Hallo". Mitleiderregend, ich weiß, aber wenn man über meine verschwindend geringe Erfahrung mit Frauen verfügt, muss man nehmen, was man kriegt.
Es dauerte den ganzen Nachmittag an. Sogar die Arbeit tat nicht mehr ganz so weh, denn ich hatte ja jetzt Rebecca. Ich hatte ihre Stimme und das Bewusstsein, dass sie wirklich existierte, was alles andere betäubte. Es betäubte die Blasen auf meinen Handballen und dämpfte den stechenden Schmerz, der sich in meine Wirbelsäule bohrte.
„Hallo", hat sie gesagt. „Hallo." Und sie hat mit mir gelacht, als ich etwas ziemlich Dummes gesagt habe. Ich bin zwar schon früher von Mädchen ausgelacht worden, aber es war eine völlig neue Erfahrung, mit einem Mädchen zu lachen. Es war auch eine neue Erfahrung, sich so gut zu fühlen. Die Stadt in meinem Rücken und das Gesicht eines Mädchens dicht vor mir. Sie war aus Fleisch und Blut. Sie war wirklich. Das war das Beste daran. Dieses Mädchen würde ich niemals im Leben verletzen oder kränken.
Augen. Lebendige Augen. Helles Haar, das über ihren Rücken fällt. Ein Pickel auf ihrer Schläfe, dicht neben dem Haaransatz. Hübscher Nacken. Hübsche Schultern. Keine Schönheitskönigin. Keine von denen. Ihr wisst, was ich meine.
Sie war Wirklichkeit.

Markus Zusak: Underdog. Ravensburg: Ravensburger Buchverlag 2012. S. 55–58.

# F 3 Aufgabentyp 2: Sprachenreichtum an unserer Schule (2016)

## Wahlthema 2

Am 1. Juli findet an deiner Schule ein Projekttag „Sprachenreichtum an unserer Schule“ statt. Dafür wird ein Ordner zur Vorbereitung erstellt, der allen Schülerinnen und Schülern sowie Lehrkräften zur Verfügung steht. Du bist gebeten worden, für den Vorbereitungsordner einen informierenden Text zum Thema „Mehrsprachigkeit“ zu verfassen. Um deinen Text schreiben zu können, bekommst du eine Materialsammlung (M1 – M6).

Lies bitte zunächst die Aufgabenstellung und dann die Materialien aufmerksam durch, bevor du mit dem Schreiben beginnst.

### Aufgabenstellung[1]

**Verfasse** auf der Grundlage der Materialien M1 – M6 einen informierenden Text zum Thema „Mehrsprachigkeit“. Schreibe nicht einfach aus den Materialien ab, sondern achte auf eine eigenständige Darstellung in einem zusammenhängenden Text.
Gehe dabei so vor:

- **Formuliere** für den Text eine passende Überschrift.
- **Schreibe** eine Einleitung, in der du kurz erklärst, was Mehrsprachigkeit ist.
- **Stelle die Vorteile dar,** wenn man von Geburt an mehrsprachig aufwächst.
- **Erläutere**, wie sich die Meinungen zu „Mehrsprachigkeit ab Geburt“ geändert haben.
- **Schlussfolgere** anhand der Materialien und eigener Überlegungen, warum viele Firmen es gut finden, wenn Auszubildende neben Deutsch auch noch andere Sprachen sprechen.
- **Notiere** unterhalb des Textes die Nummern der von dir genutzten Materialien.

## M1 Definitionen

### a) Mehrsprachigkeit von Geburt an

Hinsichtlich von zweisprachig aufwachsenden Kindern ist damit gemeint, dass zwei Sprachen zur gleichen Zeit erworben werden: Zweisprachig aufwachsende Kinder lernen also die Laute, Wörter und die Grammatik von mindestens zwei unterschiedlichen Sprachen gleichzeitig.

http://www.dbl-ev.de/service/eu-tag-der-logopaedie/2014/mehrsprachigkeit-was-ist-das.html; Seitenaufruf am 18.1.16

### b) Mehrsprachigkeit durch Fremdsprachenunterricht

Mehrsprachigkeit, die durch das gesteuerte Unterrichten einer fremden Sprache im Klassenzimmer entsteht.

revistas.ucm.es/index.php/RFAL/article/download/36543/35377; Seitenaufruf am 18.1.16

### c) Unterscheidungsmerkmale bei Mehrsprachigkeit

Es handelt sich um unterschiedliche Arten von Mehrsprachigkeit, je nachdem ob man mehrere Sprachen von Kind auf gleichzeitig erwirbt oder sie

[1] Quelle (Aufgaben): Ministerium für Schule und Weiterbildung des Landes Nordrhein-Westfalen, Düsseldorf 2016

nacheinander lernt. Dann bestehen die Unterschiede darin, ob man die Sprache in einer natürlichen Umgebung erwirbt oder ob man sie in der Schule lernt. Und schließlich muss man noch unterscheiden, ob man die Sprachen als Kind oder als Erwachsener erwirbt.

Claudia Maria Riehl: Mehrsprachigkeit. Eine Einführung. Darmstadt: Wissenschaftliche Buchgesellschaft, 2015, S. 11.

## M2 Warum es gut ist, mit vielen Sprachen aufzuwachsen

*Georg Rüschemeyer*

Sophia wird es mal leichter haben in der Schule, zumindest in Englisch und Französisch. Denn das fünf Jahre alte Mädchen hat einen britischen Vater und eine französische Mutter, mit denen es in Deutschland wohnt. Zuhause redet Sophia mit ihren Eltern Englisch und Französisch, im Kindergarten und mit den Nachbarskindern Deutsch. Klar, dass sie da manchmal etwas durcheinanderbringt: „Can I have ein bisschen Schokolade, s'il vous plaît?" Früher dachte man, dass so eine Sprachverwirrung für Kinder schlecht sei. Inzwischen sind sich die meisten Sprachforscher einig, dass Probleme wie das Vermischen der Sprachen oder eine anfangs oft etwas langsamere Sprachentwicklung bald vorübergehen. Der Vorteil, mehrere Sprachen wie eine Muttersprache zu beherrschen, bleibt dafür ein Leben lang. Und so richtig geht das eben nur im Vor- und Grundschulalter, in dem Kinder wahre Meister im Sprachenlernen sind. Anstatt mühevoll Vokabeln und Grammatik zu pauken, saugen sie die Sprache oder eben auch mehrere Sprachen ihrer Eltern und anderer Bezugspersonen ganz nebenbei in sich auf und lernen sie dabei besser, als man es später mit Unterricht im Jugend- oder Erwachsenenalter je könnte. Berieselung durch Hörbücher oder Filme hilft dabei nur wenig. Wirklich lernen kann das Kind nur durch den aktiven Umgang mit anderen Menschen. Und die sollten die Sprache natürlich auch wirklich beherrschen. Die Vorteile der Mehrsprachigkeit beschränken sich durchaus nicht darauf, später faulenzen zu können, während die Mitschüler Vokabeln lernen müssen. Da würden einem exotischere Sprachen, wie Aserbaidschanisch oder Thailändisch, auf deutschen Schulen wohl auch wenig bringen. Dafür gibt es aber viele Hinweise darauf, dass es mehrsprachig aufgewachsenen Menschen später leichter fällt, weitere Sprachen zu lernen und dass sie allgemein etwas flexibler denken können. Dieses bessere sprachliche Verständnis ist bei Mehrsprachlern stärker ausgeprägt und scheint bis ins hohe Alter günstig auf alle möglichen anderen geistigen Fähigkeiten abzufärben. Besonders groß sind diese Vorteile allerdings nicht und es braucht sich niemand doof vorzukommen, weil er nur eine einzige Muttersprache hat.

http://www.faz.net/aktuell/feuilleton/familie/wie-erklaere-ich-s-meinem-kind/kindern-erklaert-vorteil-mehrsprachigkeit-13315729.html; Seitenaufruf am 18.1.16

## M3 Veraltete Vorurteile

Es gibt noch immer viele Vorurteile gegen Mehrsprachigkeit und mehrsprachige Menschen. Aus der Forschung wissen wir, dass diese Vorurteile nicht stimmen.

- Für ein Kind ist es nicht verwirrend, zwei oder mehrere Sprachen zu hören und zu sprechen. Der Spracherwerb wird durch Mehrsprachigkeit nicht erschwert.
- Der gleichzeitige Erwerb von mehreren Sprachen führt nicht zu Problemen in der sprachlichen oder körperlichen Entwicklung.
- Mehrsprachigkeit führt nicht zu Sprachstörungen und verschlimmert nicht bereits vorhandene Störungen.

http://www.zas.gwz-berlin.de/fileadmin/projekte/bivem/Flyer%20So%20gehts/BIVEM-Flyerreihe 2_deutsch.pdf; Seitenaufruf am 18.1.16

## M4 Mehrsprachigkeit als Normalfall

| Land/Region | Sprachen |
|---|---|
| Deutschland | Deutsch |
| Ghana | Englisch, afrikanische Sprachen |
| Gibraltar | Englisch (Schule und amtliche Zwecke), Spanisch, Italienisch, Portugiesisch |
| Grönland | Grönländisch (East Inuit), Dänisch, Englisch |

## M5 Wichtigkeit von Fremdsprachenkenntnissen

a) Gute Fremdsprachenkenntnisse sind in vielen Unternehmen nicht mehr nur „nice to have", sondern notwendig – zunehmend auch in kleineren und mittleren Unternehmen. Besonders Englisch, die Weltsprache Nummer eins, ist aus dem beruflichen Alltag nicht mehr wegzudenken.
Gefragt ist fremdsprachliche Kompetenz nicht nur im Export/Import, im Marketing oder Vertrieb.
Auch in anderen Unternehmensbereichen – beispielsweise im Einkauf oder in der Logistik, aber auch im Rechnungswesen.

http://www.ostwestfalen.ihk.de/bildung/berufsbildung-international/fremdsprachen/; Seitenaufruf am 18.1.16

b) Es ist hilfreich, die Sprache der Kunden zu sprechen. Im Jahr 2006 wurde im Auftrag der Europäischen Kommission eine Studie durchgeführt, um die Kosten fehlender Fremdsprachenkenntnisse bei den Unternehmen in der EU zu beziffern. Darin wurde aufgezeigt, dass die Exportzahlen von kleinen und mittleren Firmen, die in die Sprachkenntnisse ihrer Angestellten investieren oder eine Sprachstrategie verfolgen, 44,5 % höher sind als die Exportzahlen von kleinen und mittleren Firmen, die dafür kein Geld ausgeben.

http://europa.eu/rapid/press-release_MEMO-12-703_de.htm; Seitenaufruf am 11.1.16

## M6 Meinungen eines mehrsprachig aufgewachsenen Jugendlichen

„Ich habe eine deutsche Mutter und einen ägyptischen Vater. In Ägypten, wo ich geboren und aufgewachsen bin, hat meine Mutter mit mir Deutsch geredet, mein Vater mit mir Arabisch. Untereinander haben sie Englisch gesprochen. Deshalb bin ich praktisch mit drei Sprachen aufgewachsen. Hin und wieder habe ich schon Aussetzer. Dann fange ich einen Satz an und komme zu einem Wort, das ich gerade nur auf Englisch und nicht auf Deutsch weiß. Das ist eben ein Problem, wenn die einzelnen Sprachen nicht so ausgeprägt sind. Mit deutschen Fachbegriffen bin ich zum Beispiel nicht so gut. Da merkt man dann schon einen Unterschied. Ich habe auch versucht, Französisch zu lernen. Aber dadurch, dass ich die anderen drei Sprachen so nebenbei gelernt habe, keine Karteikarten mit Vokabeln auswendig lernen musste, fiel mir das schon schwer."

http://www.fluter.de/de/sprachen/erfahrungen/9446/; Seitenaufruf am 18.1.16

# Glossar

**Alliteration:** → *Sprachliche Mittel*

**Anapher:** → *Sprachliche Mittel*

**Anekdote:** Eine Anekdote ist eine kurze, humorvolle Erzählung über eine Begebenheit, die für eine historische Persönlichkeit oder einen bestimmten Zeitraum bezeichnend ist.

**Auktorialer Erzähler:** → *Merkmale erzählender Texte*

**Bericht:** → *Journalistische Textsorten*

**Diagramm:** → *Grafik*

**Direkte Rede:** → *Merkmale erzählender Texte*

**Ellipse:** → *Sprachliche Mittel*

**Epik:** Unter diesem Begriff fasst man alle Arten der erzählenden Dichtung zusammen. Es gibt viele epische Kleinformen (→ *Erzählung*, → *Fabel*, → *Kurzgeschichte, Märchen, Sage, Schwank*). Zu den umfangreicheren epischen Texten gehört der → Roman.

**Erlebte Rede:** → *Merkmale erzählender Texte*

**Er-/Sie-Erzählung:** → *Merkmale erzählender Texte*

**Erzählperspektive:** → *Merkmale erzählender Texte*

**Erzählung:** In der Literatur versteht man unter einer Erzählung alle kurzen erzählenden Texte, die nicht eindeutig einer anderen Kurzform (→ *Fabel, Märchen, Sage, Schwank*) zugeordnet werden können.

**Essay:** → *Journalistische Textsorten*

**Euphemismus:** → *Sprachliche Mittel*

**Fabel:** Dies ist eine zumeist kurze Erzählung, in der Tiere oder Pflanzen sich wie Menschen verhalten. Häufig stehen sich zwei Tiere mit gegensätzlichen Eigenschaften gegenüber. Meistens wird nach einer kurzen Einführung die Handlung durch Rede und Gegenrede fortgeführt
und endet mit einem überraschenden Schluss. Am Beispiel des erzählten Geschehens wird eine Lehre gezogen oder Kritik an bestimmten Verhaltensweisen geäußert.

**Gedicht:** → *Lyrik*

**Glosse:** → *Journalistische Textsorten*

**Grafik:** Grafiken stellen statistische Größen und Größenverhältnisse mithilfe von Diagrammen bildlich dar. Man unterscheidet folgende Typen von Diagrammen:

1. **Balkendiagramme** oder **Säulendiagramme**, die absolute Zahlen anzeigen. Die Höhe der Säule oder die Länge des Balkens gibt eine Anzahl an.
2. **Tortendiagramme** bzw. **Kreisdiagramme**, die eine prozentuale Zusammensetzung einer Gesamtmenge verdeutlichen. Der Kreis ist in mehrere Teile unterteilt, die jeweils den Anteil an der Gesamtmenge wiedergeben.
3. **Kurvendiagramme** oder **Liniendiagramme**, die eine Entwicklung anzeigen. Die Daten von verschiedenen Zeitpunkten können mithilfe eines solchen Diagramms miteinander verglichen werden.
4. **Flussdiagramme** oder **Ablaufpläne** stellen den Verlauf eines (Handlungs-)prozesses inklusive möglicher Variationen logisch dar. Sie eignen sich insbesondere, um Handlungs- bzw. Ablaufprozesse zu planen bzw. zu erklären.

**Hyperbel:** → *Sprachliche Mittel*

**Ich-Erzählung:** → *Merkmale erzählender Texte*

**Indirekte Rede:** → *Merkmale erzählender Texte*

**Innerer Monolog:** → *Merkmale erzählender Texte*

**Interview:** → *Journalistische Textsorten*

**Ironie:** → *Sprachliche Mittel*

**Journalistische Textsorten:**

**Informierende Texte**
Die **Meldung** ist die Kurzform der Nachricht. Sie enthält nur die wichtigsten Informationen (Wer? Wo? Was? Wann?). Sie steht häufig auf der ersten Seite und weist meist auf einen ausführlichen Bericht im Innenteil der Zeitung hin.

Der **Bericht** ist die ausführliche Form der Nachricht. Er liefert eine detaillierte und sachliche Darstellung eines Sachverhalts.
Merkmale:
1. Die Überschrift (häufig mit Unterüberschrift) informiert sachlich.
2. Ein halbfett gedruckter Vorspann fasst die wichtigs-ten Informationen (W-Fragen) zusammen.
3. Im Hauptteil erfolgt eine ausführliche Darstellung der Nachricht mit Erklärung der Zusammenhänge und Hintergründe.
4. Die Darstellung ist sachlich, wertende Äußerungen durch den Berichterstatter fehlen.
5. Aussagen von Personen werden in direkter und indirekter Rede wiedergegeben.
6. Häufig ergänzt den Text ein erklärendes Bild.

Die **Reportage** ist das Ergebnis vielfältiger Nachforschungen (= Recherchen). Die Reportage will nicht nur informieren, sondern die Leser auch durch die

lebendige Art der Darstellung in besonderem Maße ansprechen.
Merkmale:
1. Die Überschrift ist so formuliert, dass sie die Neugier der Leser weckt.
2. Häufig informiert ein halbfett gedruckter Vorspann über den Inhalt der Reportage.
3. Der Anfang lässt die Leser oft ein Geschehen miterleben.
4. Sachlich-informierende Textstellen wechseln mit persönlich-schildernden Darstellungen.
5. Dadurch ergibt sich oft ein Wechsel von Zeitstufen (z. B. Präteritum für Rückblick).
6. Häufig werden Aussagen von Personen in wörtlicher Rede wiedergegeben.
7. Oft findet man wertende Meinungsäußerungen der Autorin/des Autors.
8. Illustrierende oder erklärende Bilder unterstützen die Aussagen des Textes.
9. Der Name der Autorin/des Autors wird angegeben.

Das **Interview** ist das Ergebnis eines Gesprächs, in dem ein Journalist/eine Journalistin gezielte Fragen an eine Person stellt, die von ihr beantwortet werden. Das Ziel kann darin bestehen, aktuelle Informationen über bestimmte Sachverhalte zu erhalten oder die persönliche Meinung zu einem bestimmten Problem zu erfahren.

**Kommentierende Texte**
Der **Kommentar** liefert eine Meinung zu einem Sachverhalt. Diese kann zustimmend oder ablehnend sein.
Merkmale:
1. Häufig wird er in Verbindung mit einem Bericht oder einer Meldung geschrieben.
2. In vielen Zeitungen erscheinen die Kommentare an einer bestimmten Stelle (z. B. Kommentare zu politischen Ereignissen).
3. Kürzere Kommentare beziehen sich oft auf einen Artikel auf der gleichen Seite.
4. Die Autorin/der Autor wird genannt.
5. In der Regel verwenden Kommentare keine Bilder.

Oft haben Kommentare einen typischen Aufbau:
1. Zunächst werden die wichtigsten Informationen dargestellt, die zum Verständnis der Stellungnahme nötig sind.
2. Die Autorin/der Autor legt seine Meinung begründet dar.
3. Als Abschluss wird meist ein Wunsch oder ein Ausblick formuliert.

Die **Glosse** ist ein locker geschriebener, häufig kritisch gehaltener Kommentar zu einem aktuellen Ereignis. Glossen stehen in vielen Zeitungen und Zeitschriften an einem festen Platz, haben das gleiche Layout und sind eine Form der persönlichen Meinungsäußerung.
Merkmale:
1. Sie sind oft zugespitzt formuliert und humorvoll geschrieben.
2. Aktuelle Themen oder neue gesellschaftliche Erscheinungen werden kritisiert oder verspottet.
3. Die Kenntnis des Sachverhalts wird vorausgesetzt.
4. Sie enden oft mit einer überraschenden Wende am Schluss (Pointe).
5. In Glossen tauchen immer wieder ironische Formulierungen, sprachliche Bilder, Wortspiele, Doppeldeutigkeiten und Anspielungen auf.

Der (oder das) **Essay** ist eine kürzere, sprachlich lebendige Abhandlung, in der ein Problem von verschiedenen Seiten betrachtet und in der die persönliche Meinung der Autorin/des Autors zum Ausdruck gebracht wird.

**Karikatur:** Durch Über- oder Untertreibungen werden in Zeichnungen menschliche Schwächen oder Missstände kritisiert und lächerlich gemacht.

**Klimax:** → *Sprachliche Mittel*

**Kommentar:** → *Journalistische Textsorten*

**Konjunktiv:** Die Verbform, die wir normalerweise verwenden, nennt man **Indikativ (Wirklichkeitsform)**: *Er sagt: „Ich komme morgen."*
In der indirekten Rede (→ *Merkmale erzählender Texte*) verwendet man meistens den **Konjunktiv (Möglichkeitsform)**: Er sagt, er komme morgen.
Der Konjunktiv gibt an, was ein anderer gesagt haben soll.

**Kurzgeschichte:** Es handelt sich um einen kürzeren erzählenden Text. Die folgenden Merkmale sind zwar typisch für Kurzgeschichten, aber nicht immer treffen alle Kriterien in gleicher Weise zu.
Merkmale:
1. Die Handlung setzt unvermittelt ein.
   Es fehlen einleitende Angaben zu Ort, Zeit und Personen der Erzählung.
2. Gegenstand der Kurzgeschichte sind Alltagspersonen in Alltagssituationen.
3. Die Hauptperson ist einem Problem oder einer kritischen Situation ausgesetzt.
4. Oft nimmt die Handlung eine unerwartete Wendung.
5. Der Schluss ist offen. Der Leser soll über den Fortgang der Handlung selbst nachdenken.
6. Die Darstellung der Handlung ist kurz gefasst und auf das Wesentliche beschränkt.
7. Typische Merkmale der Sprache in Kurzgeschichten:
   - Wiederholungen, Aufzählungen,
   - Umgangssprache, Jugendsprache,
   - mehrere kurze Sätze, die aufeinanderfolgen,
   - unvollständige Sätze (Ellipsen).

**Lyrik:** Lyrik bezeichnet Dichtung in Versform (Gedichte). Früher wurden die Verse zur Lyra, einem alten Saiteninstrument, gesungen. Deshalb sagt man auch heute noch einfach: Lyrik ist liedartige Dichtung. Viele Gedichte sind vertont worden.
Im Gedicht drückt das → *lyrische Ich* seine Gefühle, seine Stimmungen, aber auch seine Erlebnisse, Einstellungen und Gedanken aus.
Viele Gedichte sind in **Strophen** gegliedert. Mindestens zwei Verszeilen werden in einer Strophe zusammengefasst. Oft beginnt mit einer Strophe ein neuer Gedanke. Es gibt Gedichte, die zwar einem bestimmten Rhythmus folgen, aber nicht am Wort- und Versende gereimt sind.

Durch **Reime** erhalten Gedichte eine bestimmte Klangwirkung. Durch den Gleichklang der Reimwörter (z. B. *küssen – müssen; Fassaden – baden*) werden oft zwei oder mehr Verszeilen miteinander verbunden.
Drei Reimformen werden besonders oft verwendet (siehe S. 134):

**Paarreim**
a Sonne
a Wonne
b Eis
b heiß

**umarmender Reim**
a Sonne
b Eis
b heiß
c Wonne

**Kreuzreim**
a Sonne
b Eis
a Wonne
b heiß

Unter dem **Metrum** eines Gedichts versteht man die Folge von betonten und unbetonten Silben in den Wörtern eines Verses:

x x́ x x́ x x́ x (= Jambus)
*Es war, als hätt der Himmel ...*
x́ x x́ x x́ x x́ x (= Trochäus)
*Als ich schläfrig heut erwachte ...*

Eine besondere Gedichtform stellt das **Sonett** dar. Diese Gedichtform wurde im 14.–16. Jahrhundert häufig verwendet. Sie besteht aus zwei Strophen zu vier Zeilen und zwei Strophen zu drei Zeilen. Häufig wird in den beiden Vierzeilern das Thema vorgestellt, während die abschließenden Dreizeiler eine Auswertung oder Schlussfolgerung beinhalten.

**Lyrisches Ich:** Das lyrische Ich kann die oder der Sprechende im Gedicht sein. Das lyrische Ich kann, muss aber nicht die Einstellung oder Stimmung der Dichterin/des Dichters wiedergeben.

**Märchen:** Märchen erzählen Geschichten, die sich in Wirklichkeit nicht ereignen könnten. Oft handeln sie von Zauberern, Hexen, Feen und sprechenden Tieren. In einer räumlich und zeitlich nicht festgelegten Welt steht die Hauptfigur vor großen Gefahren und kaum lösbaren Aufgaben. Die Zahlen 3, 6, 7, 12 spielen eine besondere Rolle. Auch formelhafte Sprüche sind typisch für Märchen. Am Ende siegt meist das Gute.

**Merkmale erzählender Texte:** Wenn man eine Erzählung analysieren will, ist die genaue Untersuchung von folgenden Merkmalen wichtig:

1. **Erzählperspektive:** Ein Autor kann in unterschiedlicher Weise erzählen. Daher unterscheidet man:
   **Ich-Erzählung:** Das Geschehen, aber auch Gedanken und Gefühle werden aus der Sicht einer bestimmten Figur in der 1. Person erzählt: *Meine Eltern schlafen sicher schon. Mir aber dreht sich der Kopf, und ich komm nicht zur Ruhe. Was soll ich nur tun? Könnte ich doch nur die Zeit um einen halben Tag zurückdrehen!*
   **Er-/Sie-Erzählung:** Der Erzähler stellt seine Personen in der dritten Person vor. Er kann dabei **als auktorialer Erzähler** a (**auktoriales Erzählverhalten/auktoriales Erzählen**) uftreten. Der Autor ist der Allwissende, der das Geschehen von außen erzählt und auch mehr weiß als die Figuren des Geschehens und daher Ereignisse voraussehen oder auf sie zurückblicken und sie kommentieren kann.
   *Jan vermutete, dass seine Eltern schon schliefen, während er sich im Bett wälzte und sich heftige Vorwürfe machte. Ein bisschen tat er sich auch selbst leid. Seine Eltern schliefen jedoch keineswegs, sondern fassten einen Entschluss.*
   Der Erzähler kann aber auch in der 3. Person aus der Sicht einer Person die Geschichte erzählen und kommentieren. Man spricht dann von einem **personalen Erzähler (personales Erzählverhalten/personales Erzählen):**
   *Jan wälzte sich im Bett und fand keine Ruh. Sicher würden seine Eltern schon schlafen. Warum nur konnte er die Zeit nicht zurückdrehen, nur einen halben Tag?*
   Der Erzähler kann die Ereignisse aber auch von außen schildern und sich dabei auf die reine Wiedergabe der Handlung beschränken. Er gibt keine Kommentare oder Erklärungen ab. Manspricht dann von einem **neutralen Erzähler (neutrales Erzählverhalten/neutrales Erzählen):**
   *Jan fuhr mit dem Fahrrad zum Training. Auf dem Sportplatz war niemand. „Wo seid ihr?“, rief Jan. Er stellte sein Fahrrad ab und setzte sich auf eine Bank.*

2. **Zeitverhältnisse:** Wenn ein Erzähler ein Geschehen, das in der Realität sehr kurz ist, sehr ausführlich darstellt und kommentiert, spricht man von **Zeitdehnung:**
   *In diesem Augenblick des Fallens liefen die Ereignisse der letzten Tage in seinem Kopf wie in einem Film ab: die Begegnung mit seinem Vater, sein unbeherrschtes Verhalten Marion gegenüber und das Treffen mit dem großen Unbekannten, der ihn in diese ausweglose Situation gebracht hatte.*
   Von **Zeitraffung** hingegen spricht man, wenn der Autor ein Geschehen, das in der Realität länger dauert, zusammenfasst, nur andeutet oder überspringt:
   *Als Jan Stunden später im Krankenhaus aufwachte, hatte er Mühe, sich zurechtzufinden.*
   Stimmen die erzählte Zeit und die Erzählzeit überein, laufen also die Handlung im Text und in der Realität ungefähr gleich schnell ab, spricht man von **Zeitdeckung.**

3. **Redeformen:** Der Erzähler kann unterschiedliche Redeformen verwenden.
   **Direkte Rede:** In wörtlicher Rede werden Äußerungen und Gedanken wiedergegeben: *Jan war aufgebracht: „Was wissen Sie schon, was geschehen ist!“*
   **Indirekte Rede:** Äußerungen werden vom Erzähler wiedergegeben, zumeist unter Verwendung des → Konjunktivs: *Vollkommen unbeherrscht machte er allen um ihn Stehenden Vorwürfe, dass schließlich niemand gekommen sei, ihm zu helfen, und er daher ganz allein auf sich selbst gestellt gewesen sei.*
   **Erlebte Rede:** Der Erzähler gibt die Gedanken und Gefühle in der 3. Person und meistens im Präteritum wieder: *Als alle den Raum verlassen hatten, war Jan*

*sehr niedergeschlagen. War es nicht auch sein Fehler, dass es so weit gekommen war? War er nicht einfach zu stolz gewesen?*
**Innerer Monolog:** Die Gedanken und Gefühle werden in der Ich-Form dargestellt, häufig im Präsens: *Jan nahm sein Handy und suchte die Nummer von Marion. Ich werde ihr alles erklären. Ich werde sie nicht um Verzeihung bitten, denn mein Verhalten kann man nicht entschuldigen.*

4. **Satzbau:** Man unterscheidet folgende Möglichkeiten des Satzbaus:
   - **Satzreihe (Parataxe):** Es werden nur Hauptsätze aneinandergereiht. Häufig sind sie kurz: *Jan schwieg. Sein Puls raste. Blut schoss ihm in den Kopf. Dann sprang er auf.*
   - **Satzgefüge (Hypotaxe):** Darunter versteht man den Verbund von Haupt- und Nebensätzen: *Als er die Tür öffnete* (Nebensatz), *blies ihm ein kalter Wind entgegen* (Hauptsatz), *der schon vor geraumer Zeit begonnen hatte zu wehen und sich nun zu einem Sturm entwickelte* (Relativsatz).
   - **Unvollständige Sätze (Ellipse):** → *Sprachliche Mittel*

   Die Wirkung dieser Satzformen kann sehr unterschiedlich sein und kann nur aus dem Zusammenhang des Textes erschlossen werden.

5. **Sprachliche Mittel:** → *Sprachliche Mittel*

**Metapher:** → *Sprachliche Mittel*

**Metrum:** → *Lyrik*

**Neologismus:** → *Sprachliche Mittel*

**Operatoren:** In jeder Aufgabenstellung werden Anweisungen gegeben. Diese Anweisungen bezeichnet man als Operatoren. Wichtige Operatoren sind:
**zusammenfassen** (Inhalte, Aussagen und Zusammenhänge komprimiert und strukturiert wiedergeben),
**beschreiben** (Textaussagen in eigenen Worten strukturiert wiedergeben),
**(be)nennen** (Informationen zusammentragen),
**darstellen** (Inhalte, Aussagen oder Zusammenhänge sachlich und strukturiert formulieren),
**erläutern** (Textaussagen oder Sachverhalte auf der Basis von Kenntnissen/Einsichten darstellen und durch Informationen/Beispiele veranschaulichen),
**erklären** (Textaussagen oder Sachverhalte auf der Basis von Kenntnissen und Einsichten darstellen),
**bewerten** (zu einer Textaussage, einem Sachverhalt ein selbstständiges Urteil abgeben und dabei die eigenen Wertmaßstäbe offenlegen),
**begründen** (eigene Aussagen erklären, z. B. durch Konjunktionen (*weil, denn, …*) einleiten),
**schlussfolgern** (auf der Grundlage gegebener Informationen zu eigenen Erkenntnissen gelangen),
**Stellung nehmen** (eine Problemstellung oder einen Sachverhalt auf der Grundlage von Kenntnissen, Einsichten und Erfahrungen kritisch prüfen und die Einschätzung sorgfältig abwägend formulieren),
**verfassen** (einen Text unter Beachtung der Vorgaben für eine bestimmte Textsorte formulieren).

**Parabel:** Eine lehrhafte Erzählung über eine allgemeine Erkenntnis oder Wahrheit, in der anders als im Gleichnis der direkte Vergleich mit dem Vergleichswort „wie“ fehlt. Die Parabel enthält eine Sachebene (Sachteil) und eine Bildebene (Bildteil). Die Leser müssen selbstständig von der Bildebene auf die Sachebene schließen.

**Paradoxon:** → *Sprachliche Mittel*

**Parallelismus:** → *Sprachliche Mittel*

**Personaler Erzähler:** → *Merkmale erzählender Texte*

**Personifikation:** → *Sprachliche Mittel*

**Redeformen:** → *Merkmale erzählender Texte*

**Reim:** → *Lyrik*

**Reportage:** → *Journalistische Textsorten*

**Rhetorische Frage:** → *Sprachliche Mittel*

**Roman:** Der Roman ist eine lange Erzählung, die zwischen hundert und mehreren tausend Seiten umfassen kann. Im Zentrum eines Romans steht oft die ausführliche Schilderung der problematischen Situation eines Einzelnen. Beschrieben wird, wie er in seiner Umgebung und mit seinen Mitmenschen lebt, sich verändert und entwickelt.

**Rückblick:** Vor allem in der → *Epik* (Erzählung, Roman) gibt es solche Einschübe, die vor der Zeit der eigentlichen Handlung spielen. Sie dienen dazu, die jetzige Situation oder das Handeln einer Figur zu erklären.

**Sachtext:** Ein Sachtext informiert über Tatsachen, Vorgänge und Sachverhalte. Er kann z. B. über die Tier- oder Pflanzenwelt informieren oder über bedeutsame Ereignisse. Sachtexte findet man in Zeitungen, Zeitschriften (→ *Journalistische Textsorten)* oder in Sach- oder Schulbüchern.

**Satire:** Eine satirische Darstellung zeigt menschliche Schwächen oder Fehler in stark übertriebener Darstellungsweise auf. Sie will diese lächerlich machen, zum Nachdenken anregen, kritisieren und häufig auch eine Änderung von Verhaltensweisen bewirken. Satire kann in den verschiedensten Textsorten auftreten.

**Merkmale:**
1. Ironie → *Sprachliche Mittel*
2. Übertreibungen und überzogene Vergleiche
3. Verspottungen durch ins Lächerliche gezogene Situationen
4. Wortspiele

**Satzgefüge:** → *Merkmale erzählender Texte*

**Satzreihe:** → *Merkmale erzählender Texte*

**Sprachliche Mittel:** Nahezu in allen Texten werden gezielt sprachliche Mittel eingesetzt, um bestimmte Wirkungen zu erzielen (siehe Übersicht am Ende dieser Seite).

**Sonett:** → *Lyrik*

**Strophe:** → *Lyrik*

**Umarmender Reim:** → *Lyrik*

**Vergleich:** → *Sprachliche Mittel*

**Vers:** → *Lyrik*

**Vorausdeutung:** Vor allem in der → *Epik* (Erzählung, Roman) gibt es solche Hinweise auf das, was nach der Zeit der eigentlichen Handlung passiert. Vorausdeutungen dienen einerseits dazu, das Interesse an der weiteren Entwicklung zu wecken, ordnen das Geschehen aber auch in einen Gesamtzusammenhang ein.

**Zeitdeckung:** → *Merkmale erzählender Texte*

**Zeitdehnung:** → *Merkmale erzählender Texte*

**Zeitraffung:** → *Merkmale erzählender Texte*

**Zeitverhältnisse:** → *Merkmale erzählender Texte*

| Sprachliche Mittel | Erläuterung | Beispiel | mögliche Wirkung |
|---|---|---|---|
| Alliteration, die | Wiederholung von Anfangslauten bei aufeinanderfolgenden Wörtern | Milch macht müde Männer munter. | emotionale Verstärkung des gewünschten Eindrucks |
| Anapher, die | Wiederholung derselben Wortgruppe an Satz-/Versanfängen | Worte sind verletzend. Worte sind unersetzlich. | Eindringlichkeit; Rhythmisierung erreichen |
| Ellipse, die | unvollständiger Satz, der aber sinngemäß leicht zu ergänzen ist | Feuer! / Je früher der Ab-schied, desto kürzer die Qual. | der wichtigste Aspekt soll hervorgehoben werden |
| Euphemismus, der | Beschönigung | vollschlank statt dick / eingeschlafen statt gestorben | abgemilderte Negativbotschaft, taktisches Verhalten |
| Hyperbel, die | starke Unter- oder Übertreibung | Es ist zum Haareausraufen! / ein Meer von Tränen | Dramatisierung; starke Veranschaulichung |
| Ironie, die | Äußerung, die durchblicken lässt, dass das Gegenteil gemeint ist | Das hast du ja ganz toll hinbekommen! / Vier Wochen Regen. Super! | Herabsetzung; kritische Anmerkung; Stellungnahme |
| Klimax, die | Steigerung; meist dreigliedrig | Er kam, sah und siegte. | Dramatisierung |
| Metapher, die | verkürzter Vergleich, Verwendung eines Wortes in übertragener Bedeutung | Geldwäsche / Er war ein Löwe in der Schlacht. / Du bist meine Sonne. | Veranschaulichung |
| Neologismus, der | Wortneuschöpfung | Mobbing / Gammelfleisch / unkaputtbar (Werbesprache) | Hervorhebung |
| Oxymoron, das | Verbindung von sich ausschließenden Begriffen | Weniger ist mehr / Eile mit Weile / unblutiger Krieg | Verdeutlichung; Ausdruck von Widersprüchlichkeit |
| Paradoxon, das | Zusammenstellung von Wörtern, die sich eigentlich widersprechen | bittersüß / Vor lauter Individualismus tragen sie eine Uniform. | starker Anreiz zum Nachdenken |
| Parallelismus, der | Wiederholung gleicher Satzstrukturen | Ein Blitz leuchtete, der Donner folgte, ein Gewitter setzte ein. | Dramatisierung, Intensivierung |
| Personifikation, die | Vermenschlichung; Gegenstände oder Tiere erhalten die Eigenschaften oder Fähigkeiten von Menschen | Die Sonne lacht. / Die Smileys haben uns fest im Griff. / Mutter Natur | lebendige und anschauliche Darstellung |
| Rhetorische Frage, die | scheinbare Frage, deren Antwort jeder kennt; Leser und Zuhörer müssen zustimmen, da ihr Einverständnis vorausgesetzt wird | Gibt es den idealen Menschen? / Wer ist schon perfekt? / Wer glaubt denn das noch? | Mobilisierung einer bestätigenden Reaktion der Leser |
| Vergleich, der | Verknüpfung zweier Begriffe mit *wie* | Der Kämpfer ist stark wie ein Löwe. | anschauliche Darstellung |